高等继续教育财经专业精品教材系列

财智睿读

财经应用文写作

Practical Writing for Finance and Economics （第二版）

范瑞雪　刘召明　主编

中国财经出版传媒集团
经济科学出版社
Economic Science Press

图书在版编目（CIP）数据

财经应用文写作/范瑞雪，刘召明主编．—2版．—北京：经济科学出版社，2020.7
高等继续教育财经专业精品教材系列
ISBN 978－7－5218－1710－2

Ⅰ．①财…　Ⅱ．①范…②刘…　Ⅲ．①经济－应用文－写作－成人高等教育－教材　Ⅳ．①F

中国版本图书馆CIP数据核字（2020）第124840号

责任编辑：宋　涛
责任校对：郑淑艳
版式设计：齐　杰
责任印制：李　鹏　范　艳

财经应用文写作
（第二版）
范瑞雪　刘召明　主编
经济科学出版社出版、发行　新华书店经销
社址：北京市海淀区阜成路甲28号　邮编：100142
总编部电话：010－88191217　发行部电话：010－88191522
网址：www.esp.com.cn
电子邮箱：esp@esp.com.cn
天猫网店：经济科学出版社旗舰店
网址：http://jjkxcbs.tmall.com
北京密兴印刷有限公司印装
787×1092　16开　19.5印张　340000字
2020年11月第2版　2020年11月第1次印刷
印数：0000—6000册
ISBN 978－7－5218－1710－2　定价：35.00元
（图书出现印装问题，本社负责调换。电话：010－88191510）

前　言

党的十八大以来，以习近平同志为核心的党中央坚定不移地实施科教兴国战略和人才强国战略，党的十九大明确提出要“办好继续教育”，为落实这一要求，推动高等继续教育提质增效，内涵式发展，同时也为了适应互联网技术快速发展带来的教育领域教学模式和学习方式的新变化，山东财经大学在原有成人高等教育财经专业精品教材系列的基础上，重新组织编写制作了新的高等继续教育财经专业精品教材系列。

该系列教材的编写制作，在内容上紧扣财经类专业课程设置和教学大纲，科学、系统地涵盖了专业教学的基本内容，适用于经济、管理学科，尤其是经济学、会计学、金融学和工商管理等专业高等继续教育的教学，对指导和帮助学生获取专业基础知识和基本技能具有较强的针对性；在形式上，注重突破传统纸媒局限，将课程内容中的重点、难点等用微课的形式加以呈现，实现教师授课“一扫即现”，知识点讲解深入浅出，满足学生在学习传统网络课程的基础上利用互联网进行移动学习、远程学习、在线学习等信息化学习需求，为学生提供更直观、更便捷的学习方式。

另外，这套教材的作者都是多年从事一线教学的教师，经验丰富，了解学生的学习特点和需求，在篇章安排及体例设计方面融合了国内外相应领域优秀教材的编写方法，每章开头提示“本章要点”，结束进行“本章小结”，前后呼应，并根据章节重点内容设计相应的练习题，对知识点加以巩固，符合学生学习的认知规律。该系列教材在使用范围和地域上，具有广泛的适应性。

《财经应用文写作》是高等继续教育财经专业精品系列教材之一。财经应用文写作是高等学历继续教育财经类专业必修的一门基础课。应用文与我们的日常生活和工作有着密切的关系，在社会生活中具有重要的作用。有学者指出："在这个文字密集的社会里，我们比以往任何时候都更需要具备最基本的读写技能。"著名教育家、语言学家叶圣陶先生在《作文要道》中也曾强调："大学毕业生不一定要能写小说、诗歌，但一定要能写工作和生活中的实用文章，而且非写得既通顺又扎实不可。"为帮助学生掌握应用文写作的基本知识，提高写作技能，根据高等学历继续教育的教学要求，结合多年的教学经验，我们组织编写了这本《财经应用文写作》教材。

本教材以科学性、系统性、实用性为原则，教材内容设计既包括普适性的写作理论阐释和各行各业通用文书的介绍，也注重兼顾财经类专业的学习需要。全书分上、下两编，上编为"应用文写作原理论"，下编为"应用文写作文体论"。写作基础理论，对于工作经验较为丰富而又注重实用的成人学生来说，是不可或缺的理论知识；文体写作理论，具体指导学生掌握工作、学习中常见常用的党政机关公文、机关事务文书和财经专用文书中相应文体的写作方法。

本教材突出理论与实践的结合，重在写作能力的培养。每种文体之后，结合写作理论，着意精选了典型、新颖并富有时代特色的例文供研习参考，增加感性认识；每章开头有"本章要点"提示，结束有"本章小结"收尾，并配有相应的思考与练习题，有针对性地进行强化训练，帮助掌握写作要领，为自学提供方便。本教材既可用于高等继续教育、高职高专以及高等教育自学考试的教学，也可作为广大读者日常工作学习的案头参考。

本教材由山东财经大学范瑞雪副教授、刘召明教授共同编写。在编写过程中，参阅了大量的专著、教材和论文，吸收了应用文写作研究方面的许多最新成果，选用了网站和书刊（比如《应用写作》《新闻与写作》《秘书工作》等）上公开发表的不少例文，链接了权威的最新国家标准——《标点符号用法》（GB/T 15834—2011）、《党政机关公文格式》（GB/T 9704—2012），在此谨向有关编者和作者表示诚挚的谢意！教材的出版得到了经济科学出版社的大力支持，我们深表感谢！

由于编者的水平所限，书中疏漏与错误在所难免，真诚地期待各位读者朋友提出宝贵意见，以便将来进行修改和完善。

编　者

2020年6月

目　录

上编　应用文写作原理论

下编　应用文写作文体论

上编

应用文写作原理论

第 1 章
绪　论

本章要点

- ✧ 应用文的概念
- ✧ 应用文的分类
- ✧ 应用文的特点

1.1　应用文的概念、分类及特点

1.1.1　应用文的概念

认识应用文

应用文是各级各类机构或个人在处理公、私事务中形成并使用的具有特定用途和规范体式的文章。它是机构之间、机构与个人之间以及个人与个人之间实现业务性、事务性、专业性沟通和交流的必要工具。①

应用文是文章大家族中的重要成员，与文学作品不同，它以实际应用为目的。有学者概括说："应用文就是'应'付生活，'用'于实务的文章。"从应用文的源流演变来看，它是伴随着文字的起源而产生、适应社会的需要而发展的一类文章。社会生活的迅猛发展和日益丰富，使得应用文的文体种类越来越多，使用范围越来越广，使用

① 谈青、郭建庆：《应用写作进阶》，上海人民出版社 2008 年版，第 3 页。

频率越来越高，使用队伍也越来越庞大。可以说，应用文已经成为这个时代不可缺少的、最为大众化的信息沟通工具，它在文章大家族中独树一帜。

1.1.2 应用文的分类

根据文章作者的不同，写作目的、使用范围的差异等，应用文可分为公务文书和私人文书两大类。

1. 公务文书

凡是党政机关、企事业单位、群众团体等各级各类机构在处理公共事务的活动中形成和使用的内容完整、体式完备的书面材料，可统称为公务文书。公务文书包括通用文书和专用文书两大系列。

（1）通用文书：是指党政机关、企事业单位、群众团体在公务活动中共同使用的应用文章，如机关公文、机关事务文书等。

根据文书在内容、结构和格式方面所遵行的规定和标准的不同，通用文书可分为法定公文和事务文书两种情况。前者如机关公文，遵行中共中央办公厅、国务院办公厅印发的《党政机关公文处理工作条例》，后者如计划、总结类文体，遵行长期写作实践中形成的约定俗成的规定和标准。

（2）专用文书：是指具有专门职能的机关、部门或团体为特定的目的而写作，在一定领域内使用的应用文章。这类文章具有特定的内容、格式和用途，有其各自的特殊性和明显的专业特点。如财经专用文书中的合同、审计报告、市场调查报告等，司法文书中的起诉书、调解书、公证书等，科技应用文书中的科技实验报告、专利申请书、科技成果鉴定书等。

2. 私人文书

凡是人们为处理个人事务，表达个人的意向、情感，以实现个人的某种目的而撰写的应用文章，可统称为私人文书。如求职书、契约、私人书信、电文、演讲稿等。

私人文书是和公务文书相对而言的，前者为处理私人事务而写，以个人名义制作；后者则为公务而作，以法定作者的名义发出。

1.1.3 应用文的特点

1. 实用性

实用性是应用文的根本特性，也是应用文写作的根本要求，它是应用文在长期的写作实践中形成的区别于其他文章的鲜明个性，可以说，应用文的其他特点都是由这一根本特性决定的。应用文都是为处理某项公私事务、解决某个实际问题而写的，或提出解决某一问题的政策、措施，或协商处理某一纠纷，或发布需要周知的事项，或个人之间关于某一事务的契约，等等，都有着明确的目的性和针对性。对于应用文而言，“为世用者，百篇无害；不为用者，一章无补。”（王充《论衡》）要办事，要解决问题，才要写相应的应用文，每一篇应用文都为实际生活中一件具体的事服务。如果所写的文章不务实，不办事，不反映问题，不解决问题，或不提出建议，不提供方案，那就不实用，也就称不上是好的应用文。因此，写作应用文，应当从实际出发，确有必要行文的，一定要写；而且在写作过程中，一定要围绕解决实际问题这一目的来组织材料，阐明观点，不能讲假话、空话、套话，否则就违背了应用文的根本要求。

2. 规范性

规范性是指应用文从内容到形式都有一种约定俗成的规定体式。这种体式在很多类别的应用文中都不能随意突破，突破了就叫“不合体”，不伦不类，就会削弱它的应用价值。写文章讲究量体裁衣，这一要求在应用文写作中表现尤为突出。应用文体式的规范性主要体现在以下几个方面：

一是每种文体都有自己独特的文体风格，如新闻中的动态消息，其文体风格主要表现为客观地报道新近发生的事件，不掺杂带有主观情感的评述和议论。再如机关公文，主要是向行文对象讲明情况、问题和要求，或要对方知情，或要对方答复，或要对方执行，语言简洁，表意明确，文体风格严肃平易。

二是每种文体都有各自特定的使用范围和文体名称，不能错用。如报告和请示，都是下级对上级的行文，但报告是向上级汇报工作、反映情况，而请示是向上级请求指示、批准，如果写请示事项却选用报告，就是错用文体，不合规范。

三是应用文一般都有各自相对稳定的文体格式。如党政机关公文，由《党政机关公文处理工作条例》明确规定了制作格式，不得违反；而各类事务文书、专用文书，沿用的是长期写作实践中形成的惯用格式，一般也不得突破。前者可以说是“法定使成”，后者是“约定俗成”，两者之“成”——成熟稳定的格式，都需要严格遵循，否则，格式不规范，会影响执行的严肃性和约束力，从而影响其实用性的发挥。

应用文的规范性与实用性是密切联系的。一方面，应用文的规定体式是为提高工作效率、解决实际问题，在长期的使用过程中逐渐达成的共识，在一定的阶段内保持相对稳定，有利于应用文实际应用目的的实现；另一方面，应用文的规范体式也不是一成不变的，它随着时代的发展而不断变化，不适应时代与社会发展的文体必将被淘汰，适应时代和社会需要的新文体也会不断产生，应用文的规定体式也要适应时代的需要而及时调整。因此，对于应用文的规范性在认识和应用上不要陷入一成不变的误区，也不要在文体写作与文体格式之间简单地画等号，认为学习应用文就是学格式。正确的态度应当是在重视、遵守应用文规范的前提下，根据实际内容，发挥主观创造性，力求取得更好的实用效果。

3. 针对性

应用文的针对性包含两层含义：一是应用文的内容具有很强的针对性。或针对实际工作、生活中存在的问题，或针对单位、地区、国家大事，或针对私人事务，行文目的明确而具体。二是应用文有特定的读者对象。一般来说，散文、小说这些文学作品，读者对象往往比较笼统，不具体，不明确，并且读者愿意读就读，不愿意读完全可以不读；而应用文的读者对象十分明确和具体，告知某个事项，提出某项要求，必须指向明确的接受对象，否则其行文目的将难以达成，同时这种读者身份并不取决于读者本身的主观意愿，不存在愿不愿意读的问题，表现在公文中，其主送机关、抄送机关都是对读者范围的明确界定。

4. 平易性

应用文以实际应用为根本目的，因此，其内容要求简明扼要，不需要高谈阔论，说明情况就行；表述要求明白畅达，解决问题即可，避免隐晦、曲折。其总体风格表现为朴实平易。

应用文平易性的特点，主要体现在语言运用上，要精练、准确、平实、规范。写人要真有其人，写事要确有其事，汇报情况要完整，合乎事实。人名、地名、数字、引文要准确，不能夸张、虚构、想象，避免使用描写、抒情等手法。应用文要真正写得平易，并不容易，要达到这一境界，作者不仅要有深厚的知识修养和娴熟运用语言文字的功底，还要具有良好的文风。

5. 时效性

应用文多为解决实际问题而作，而问题的解决往往有时间要求，因此，应用文具有时效性的特点。应用文的写作往往是限时而写，限时发挥效用。所谓限时而写，就是要在规定的时间内写作完成并及时交付。历史上曾有“倚马可待”的记载：晋代桓温领兵北征，命令袁虎速拟文告，袁虎倚靠着战马，一会儿就写成七张纸。很显然，公文如果不在规定的时间内完成，就起不到应有的作用。

所谓限时发挥效用，是指应用文一般都有一定的有效期限，如合同、协约等，约定的事项在一定的期限内有效；条规一类的应用文在执行过程中，也往往随着情况的变化而需要修订，通常新的条规一产生，原有的即宣告失效；再如，各级党政部门发的文件，一般都是针对某个问题或某项工作，一旦问题解决或工作完成，文件也就完成了它的既定使命，之后可以作为档案资料保存，仅具查考价值，而不再对读者发挥现实效用。

1.2 应用文写作的重要意义和应用文作者的基本素质

1.2.1 应用文写作的重要意义

应用文写作作为一种制作精神产品的脑力劳动，产生于人们的生产、生活实践，直接为生产、管理、经营等各项工作服务。对于个人而言，写作行为不仅是个人工作能力与水平的重要体现，也是提高个人素质的有效途径。

1. 社会工作开展的需要

应用文是党政机关、企事业单位、社会团体以及个人处理公共与私人事务的文书，对社会生活中各项工作的开展，发挥着不可低估的作用。比如在国家的经济工作中，经济工作的组织、运行与管理主要就是由机关公文来指导、部署的。在企业经济活动中，财经应用文扮演了极为重要的角色。企业经济活动的重点就是处理好人、财、物、产、供、销之间的关系，而财经应用文中的经济合同、经济规章制度等，对促进这些关系的协调发展发挥了指导、调节与纽带的作用。在企业日常业务中，财经应用文还起着重要的凭证与参考作用。经济活动业务头绪纷繁，复杂多变，难以脱离以文字为工具的记录工作，而这些记录文字对于反映企业实际业务情况，对以后生产发展发挥着备查、咨询的凭证与参考作用。此外，经济新闻对于优化经济环境，经济法律文书对于保护正常经济活动，商业广告对于经济活动的刺激等都充分发挥了应用文的重要影响力。在个人事务中，私人文书中的个人述职报告、应聘书、借据、协议等，在个人的成长、生活中发挥的作用也不可小视。因此，从大处讲，应用文关系到国计民生，从小处说，关系到日常生活，作用不可谓不大。如果没有应用文，社会各项工作将难以正常运转，社会生活也会受到极大影响。

2. 个人工作能力与水平的重要体现

写作本质上是一种创造性思维的表现，这种创造性思维，来源于客观生活，同时又是对客观生活进行鉴别、分析、开拓、提炼、综合的结果，作者的能力、素质、知识结构、气质禀赋等全部化合于文章之中，因此，对于应用文而言，它不仅是客观社会生活实践的反映，也是个人工作能力与水平的重要体现。个人工作能力强，水平高，就能驾驭工作，反映在应用文写作中，不仅能把工作的过程有条不紊地表述出来，而且对工作中经验与成绩、问题与不足也能作深入思考，进行更深层次与更高水平的分析与综合，表现出可贵的全局意识、创新意识与团队意识。相反，如果个人不能胜任工作，水平较差，自然对工作难以作全面、深入而独特的分析。因此，应用文写作水平，不仅能反映出个人文章写作能力的强弱，也是衡量个人工作能力与水平的重要标尺。

3. 提高个人素质的有效途径

应用文不仅能体现出作者写作能力与水平的高低，而且能够体现出作者的素质、修养与综合能力。反之，如果从应用文写作的角度来提高个人素质，也不失为一种有效的途径。从工作的角度来看，通过写作应用文，可以对工作进行全面分析，理清思路，寻找问题，总结既往，规划未来，这对于增强个人的自信心、责任感与使命感，发挥个人在工作中的主动性，提高工作效率、工作能力与水平，具有重要的意义。从个体的角度来看，通过写作应用文，还能增强个人的整体素质与综合能力。写作是一种综合性、创造性的行为。通过写作，不仅可以督促自己广泛学习各种知识，丰富个人的知识储备，增强利用知识进行自我创造与更新的能力，还可以培养敏捷的思维反应能力，有条不紊的办事能力，追求完美的审美能力和坚韧不拔的意志力，以及严肃认真的工作态度，等等。因此，写作应用文对于个人的自我完善与成长具有重要的作用。特别是在社会生活瞬息万变的今天，要不断适应各种变化，勇敢地面对各种挑战，就必须重视个人素质的完善与提高，而写作应用文无疑是其中最有效的途径之一。

1.2.2 应用文作者的基本素质

1. 思想政治素质

思想政治素质是应用文作者必备的基本素质。它既包含思想认识水平与道德品质表现，也包含政治理论修养与政策研究水平。应用文写作，无论是私人文书，还是公务文书，都是即事而作，应时而用，为解决实际工作、生活中的问题而进行的。应用文写作牵涉面广，政策性强，不仅需要作者具备诚信朴实的人格品质、客观公正的处世态度，更需要具有较高的思想认识与政策理论水平。因为一个人思想认识水平、政策理论水平的高低，决定了他认识、研究问题的角度与深度，也决定了他处理问题的能力与效果。应用文写作的过程，从认识论的角度看，都是以马克思列宁主义、毛泽东思想、邓小平理论、“三个代表”重要思想、科学发展观和习近平新时代中国特色社会主义思想为指导，在对当前形势进行深入调查、研究基础上提出工作思路与要求的创造性思维过程。应用文的质量、水平如何，关键看认识问题是否全面客观、分析问题是否深刻恰当、解决方案是否切实可行。这一切主要取决于作者的政策理论素养与思想认识水平。很难想象，一个思想平庸、认识肤浅、政策理论水平低的人能够写出一篇立意准确、分析透彻、政策性与理论性都很强的应用文章。

特别是在当前，社会变化日新月异，各种利益关系错综复杂，新事物、新情况、新问题层出不穷。这既为社会管理带来棘手的难题，也使应用文作者面临新的挑战。写作者只有提高思想认识水平，才能处变不惊，透过纷繁复杂的社会现象，抓住事物本质，把握解决问题的思路与方法，写出高质量、高水平的文章。因此，应用文作者一定要注意加强学习，努力提高自己的思想认识水平，提高自己的政治理论素质，切实提高分析问题、解决问题的实际能力。只有这样，才能从较高层次上为应用文章的写作奠定深厚的理论功底，提供不竭的精神动力与智力资源。

2. 文化业务素质

如果说较高的思想政治素质是写好应用文的基本前提，那么坚实的文化业务素质则是写好应用文的重要保证。应用文写作的专业性很强，问题的提出、内容的展开以及采取的对策绝大多数来自现实工作实际，指导具体的工作实践。对于公务文书而言，大多具有一定的适用范围，其内容涉及本行业、本系统、本部门的专业技术知识。如果作者一味在理论上高谈阔论，蹈空驾虚，脱离业务，或者不熟悉、不掌握相关的业务知识，那么就会分析问题无关痛痒，提出对策无的放矢，甚至连基本的字面行文也难免说外行话，闹出笑话。从这一意义上讲，应用文写作也是专业写作。只有熟悉专业技术知识，才有可能写出符合要求的应用文章。

在掌握专业基本知识的同时，应用文作者还要尽可能地拓宽知识面，努力掌握相关领域的专业知识。随着现代科学技术的发展，生产力水平的提高，社会分工越来越细，专业部门越来越多，部门之间的相互依赖也越来越强。如果仅仅满足于单位内部的文稿拟订，已有的业务知识足以应对，但是随着单位之间往来的频繁，业务领域的不断扩大，应用文作者必须不断更新原有的业务知识和补充新的知识。只有这样，才能在不断变化的形势和任务面前立于不败之地。例如，作为公司会计，如果仅仅满足于单位内部的日常做账，进行简单的会计核算，那么写一份简单的“财务分析报告”对他来说或许轻而易举，运用原有的知识游刃有余。如果公司业务不断扩大，增加了外贸出口业务，那么他就必须学习了解相关的国际贸易知识，学习国际金融、涉外税收等方面的专业知识，否则就会落伍，难以胜任不断变化的岗位需求。

3. 掌握应用文写作的规范和技巧

专家谈怎样写文章

应用文作者不仅需要具备思想政治、文化业务等方面的基本素质，还需要熟练掌握应用文写作的规范和技巧。因为应用文写作归根到底是一项写作实践活动，是知识、素质、能力的外化与物化。如果不具备应有的规范和技巧，就难以把政策理论水平、分析解决问题的能力以及专业技术知识充分地表现出来，就会对实际工作产生不利的影响。只有具备了应用文写作的基本能力和规范技巧，自觉掌握、驾驭写作规律，才能在已有理论素养与业务素质的基础上，写出高水平的应用文章。

这里还需要纠正两种错误认识。一是认为应用文与文学创作、普通文章写作没有什么区别，只要会写一般的文章，就一定能写好应用文；二是以为应用文写作就是一个格式的问题，掌握了格式就会写作。这两种错误认识实际上是不熟悉、不理解应用文写作规律的必然结果。诚然，应用文写作离不开写作的基础理论与基本知识，但作为文章中的一个大类，它又具有自身的写作规律与基本要求。应用文在立意取材、结构安排、遣词造句等方面均有不同于其他文章写作的特殊性。另外，虽然应用文的外在结构与部分用语带有一定的通用性，但是如果把应用文写作归结为简单的格式，就一定学不好、写不好应用文。因为所谓的格式仅仅是文章最外在的表现形式，内容的提炼表达、组织安排、语言的风格、措辞等无不需要作者专门的写作能力。因此，学习应用文写作必须把握应用文不同于其他文章的本质属性，掌握应用文写作的基本知识，在此基础上多读、多练，把应用文写作的基本规范技巧和特殊规律转化为自身的写作能力与水平，这样才能写出好的应用文章。

本章小结

本章内容是关于应用文的基础知识，重点介绍了应用文的概念、分类和主要特点。

1. 应用文和文学作品是文章大家族中的孪生姐妹，应用文不同于文学作品，它是“应”付生活，“用”于实务的文章。

2. 应用文的文体种类繁多，可以从文章作者、写作目的、使用范围的差异这一角度切入进行分类。

3. 与文学作品相比，实用性是应用文章的根本特性，其他特点均与此有密切联系。

4. 应用文写作具有重要的实践意义，应用文作者应具备多方面的素质。

思考与练习

1. 什么是应用文？应用文有哪些主要特点？

2. 结合时代特点和自身学习、工作的实际，谈谈学习应用文写作的重要意义。

第 2 章
立意选材

本章要点

- ✧ 主题、立意与材料的含义、作用
- ✧ 应用文立意的基本要求
- ✧ 应用文主题的表达特点
- ✧ 应用文材料的收集、选择与运用

2.1 主题、立意与材料

2.1.1 主题、立意、材料的含义

1. 主题、立意的含义

主题，是作者在文章中所表达的中心内容和思想倾向。主题集中体现了作者的写作意图，是文章内容的重要组成部分。

在不同文体的文章中，对主题的称谓也各有不同。一般而言，在文学作品和记叙类文章中，称之为主题、主题思想或中心思想；在议论类文章中称之为中心论点或基本论点；在说明类文章中多称之为中心意思；在应用文中则有人称之为主旨。

主题这一概念，在我国古已有之，古代文论中所说的“意”“义”“旨”“主意”“理”“主脑”等概念，就是今天所说的主题。如：“凡为文以意为主”（杜牧《答庄充书》），“古人作文一篇，定

有一篇之主脑。主脑非他，即作者立言之本意也。”（李渔《闲情偶记》）

写文章首先要确立主题，确立主题在文章写作学中称为“立意”。

2. 材料的含义

材料，指作者为特定的写作目的而收集的，或写入文章中的一系列事实现象和理论依据，如人物、事件、景物、情理、数据、例证、名言等。材料与主题构成了文章的内容。

材料与素材、题材、资料等概念既有联系，也有区别。

在文艺创作和文艺评论中，经常使用“素材”“题材”的概念。凡作者在创作前从现实生活中搜集、积累，未经综合、整理的那些零碎、分散、不系统的原始材料，一般称为“素材”；从大量素材中经过作者选择、集中、加工、提炼而写入文章中的创作材料，则称为“题材”。

应用文一般不使用“素材”和“题材”的概念，而使用含义较为宽泛的“材料”。它既包括那些没有写进文章中去的大量原始材料，也包括那些经过作者选择、集中、加工、提炼，写入文章中的材料。

在应用文中，有时还使用“资料”这一概念。所谓资料，主要指作者在写作过程中用来参考和引用的各种材料，以及专为工作、学习和科学研究等实际需要而搜集、编写的有关材料。它和写作材料的内涵较为接近。

2. 1. 2　主题、立意、材料的作用

1. 主题、立意的作用

确立主题——立意，是文章写作的第一要务。这主要表现在：

首先，主题是文章的“灵魂”。主题是作者思想、情感、态度和观点的集中反映，在文章中起着主导和决定作用。一篇文章如果没有主题，犹如一个人没有灵魂，也就没有生命力。如清人刘熙载所言：“凡作一篇文，其用意俱要可以一言以蔽之。扩之则为千万言，约之则为一言，所谓主脑是也。……主脑既得，则制动以静，治繁以简，一线到底，万变不离其宗，如兵非将不御，射非鹄不志也。”这里的“主脑”指的就是文章的主题，主题对于文章就像领兵的“将”、射箭用的“鹄”一样不可缺少。现代学者朱光潜说得更为明白：“每篇文章必有一个主旨，你须把着重点完全摆在这主旨上，在这上面鞭辟入里，烘染尽致，使你所写的事理情态成一个世界，突出于其他一切

世界之上，像浮雕突出于石面一样。”因此，无论多么色彩斑斓的素材，把它们写到文章当中去的时候，必须有一根穿线把它们联结起来，“寓意则灵”。如果没有主题这根穿线，文章就会“魂不附体”“好像是没有灵魂的行尸走肉”。因此，写作文章时必须牢记主题在文章中的“灵魂”地位。

主题还决定着文章的质量、价值、作用和影响。文章涉及面有广有狭，影响力有强有弱，发挥的作用也有大有小，其价值不可等量齐观，究其根本，则在于文章的主题。主题正确与否，有无深刻内涵，往往是衡量文章质量高低、价值大小、作用强弱与影响好坏的重要标准。因此，在动笔写作之前，一定要实事求是，深入思考，广泛联系，多层次、多角度、全方位地发掘材料，提炼主题，以充分发挥主题应有的作用。

其次，主题是文章的“统帅”，对应用文其他构成要素具有聚合作用，处于统摄全文的关键地位。主题的作用如同军队统帅，决策调度，掌控全局。一篇文章，由主题、材料、语言、结构、表达方式等要素组成，主题对材料的取舍、结构的安排、语言的锤炼、表达方式的综合运用等，起着决定性的制约作用。这些要素必须服从、服务于主题的需要。围绕主题，作者才能在纷繁复杂的材料中抓住主要矛盾、中心环节、全文主线；没有主题，作者就难以组织材料、谋篇布局，再丰富生动的材料也难以构成文章，更起不到表情达意、交流思想的作用。如果主题不正确，不集中，那么，即使选用的材料典型精当，结构天衣无缝，语言清新流畅，表达新颖精彩，也不能算是好文章。总之，只有主题才能在一篇文章中贯通首尾、统领全篇，将文章的各个要素紧密地联系起来，使之成为一个有机整体。

2. 材料的作用

材料是构成文章内容的基本要素之一，它的作用主要体现在以下三个方面：

首先，材料是文章写作的基础。文章写作需要材料，犹如建房盖屋需要砖木石瓦，制造机器需要钢材一样。没有材料，如同“巧妇难为无米之炊”，任何写作活动都无法进行。没有材料的支撑，文章必然会言之无物，虚而不实，流于空泛；勉强硬写，也是干干巴巴，缺乏生机，因此，写文章需要占有大量的材料，这是古今文章家总结出来的最基本、最重要的经验。法国著名科幻小说家凡尔纳，一生创作了 100 多部科学幻想小说，800 多万字，内容遍及当时科学技术的各个领域。然而比他的创作本身更令人惊叹的是，在他死后，人们从他的书房里发现，他亲手整理摘录的各种资料有 2 500 多本。还发现，他为写《月球探险记》一书，查阅的资料竟然来自 500 多册书。科学奇才原来不奇，名人名家也是积累大家。因此，写文章，必须从积累材料入手，积累得越多、越新颖，写作的依据就越充分，选择的余地就越大。美国有句俗语："空无一物的袋子是难以站得笔直的"，不积累足够的材料，是写不出好文章的，因此，积累材料是作者动笔前首要的工作。

其次，材料是形成主题的前提。人们写文章，总是要表明自己的观点，反映一种思想和认识，但人的正确思想和认识从哪里来？既不是从天上掉下来的，也不是人的头脑中固有的，而是来源于社会实践、来源于对现实材料的分析研究和科学概括。毛泽东同志曾经在《改造我们的学习》一文中指出：学习和研究问题，应当"不凭主观想象，不凭一时的热情，不凭死的书本，而凭客观存在的事实，详细地占有材料，在马克思列宁主义一般原理的指导下，从这些材料中引出正确的结论"。学习和研究问题是这样，写文章也是如此。马克思的光辉巨著《资本论》是怎样产生的？列宁曾做过这样的说明："《资本论》不是别的，正是把堆积如山的材料总结为几点概括的、彼此紧相联系的思想。"这就是说，《资本论》的主要"思想"，是大量"实际材料"的科学"总结"。没有事实、材料，就不可能产生任何正确的思想，也形成不了任何有价值的主题。

从主题形成的几种情形看，或是作者在长期工作生活实践中孕育而成，或是作者通过调查、采集，从所得材料中分析归纳而产生，或是作者受到某一事物、事理的启迪，触动灵感，思想豁然开朗，而产生出明确而独到的见解等。实际上，它们都是以平时积累的材料为前提，离开了材料，主题就成了没有根基的空中楼阁，是根本立不起来的。主题不是外在的、游离于材料之外的东西，也不是作者单纯"主观意念"的产物，更不是人为硬贴上去的"标签"，而是对全部材料思想意蕴的高度概括，主题只能从材料中产生。因此，材料是引发感受、提炼观点、形成主题的前提。只有从所占有的全部材料中对其内涵本质进行深入开掘，领悟其深刻意义，才能形成有价值的主题。

最后，材料是表现主题的支柱。动笔前，材料是形成主题的前提和基础，主题一旦形成，行文时材料则成为表现主题的支柱。

文章写作的过程，其实就是以材料表现、说明、论证观点的过程。没有材料的支撑，主题根本无法树立；没有恰当的、能够说明问题的材料的支撑，主题即使树起来了也立不牢。俄国著名科学家巴甫洛夫说过："要研究事实，对比事实，积累事实。无论鸟翼是多么完美，但如果不凭借着空气，它是永远不会飞翔高空的。事实就是科学家的空气，你们如果不凭借事实，就永远不会腾飞起来。”我国宋代学者朱熹也说过：“作文需是靠实……不可驾空纤巧。大要七分实，只二三分文。”这里的“事实”和“实”，指的就是材料。如果没有材料，就无法对各种现象进行研究、对比，主题就无从产生，也根本无法表现，作者的思想当然也就永远“腾飞”不起来。

2.2 应用文的立意

2.2.1 应用文立意的基本要求

应用文主题的特点

1. 正确

主题要正确，是对应用文立意的基本要求。对私人文书而言，正确意味着要遵守法律和有关制度规定，符合客观实际情况，合乎人情事理；对公务文书而言，主题正确是指主题要符合客观实际，符合事物的发展规律，符合党和国家的方针政策，文章所提出的问题，应该有针对性，所提出的办法、措施、各种观点，应该实事求是，要和国家的政令法规相一致。具体来讲，公务文书的主题要正确，须从以下三个方面予以考虑：

（1）符合党的理论路线方针政策和国家的法律法规。公务文书是保证公务活动正常进行的工具，而党和政府的方针政策是公文的灵魂，合法合规是公文存在的根基，这些都是保证公文主题正确的基础。因此，草拟公文必须在遵守法律法规，遵守党和政府方针政策的前提下进行，只有这样才能确保其主题的正确性和内容的可行性。

（2）符合本地区、本部门的领导意图。所谓领导意图，就是党和政府的方针政策在本地区或本部门的具体化。从表现形式来说，领导意图本身反映着方针政策，有时二者紧密结合，甚至融为一体。离开了方针政策，领导意图就失去了存在依据，反之，如果照搬方针政策，而缺少结合实际的具体内容，这样的领导意图也不会对工作有什么促进作用。

（3）具体办法和措施符合实际情况，切实可行。应用文，尤其是公文总是为解决工作中的实际问题而制发的，再英明的方针政策，再正确的领导意图，也要通过具体的办法和措施付诸实施，因此，实事求是地制定具体办法和措施是保证公文主题正确的关键所在。

2. 鲜明

主题要鲜明，就是要十分明确地表达出作者的立场、态度和看法，赞成什么，反对什么，提倡什么，批判什么，都要旗帜鲜明，毫不含糊，不能“打太极”。文学作品的主题往往通过艺术形象，以曲折委婉的手法，含蓄间接地流露或暗示出来，主题越隐蔽，越含蓄，越耐人寻味，越能给人留下思考、回味和想象的空间，而且对同一部作品的主题，不同的读者还可以有不同的理解。应用文的主题，与此完全不同，它必须鲜明突出，让读者迅速、准确地把握作者的写作意图，了解到问题的实质，并且只能这样理解，而不能曲解、误解或产生歧义。

好的文章一定是“观点立文”，今天是信息海量化、阅读便捷化的时代，被称为读题时代或读屏时代，但归根结底是读观点时代。如果观点不鲜明，你的文章将难以激发受众进一步阅读或聆听的兴趣，这样的文章也会迅速淹没在信息的海洋之中而无影无踪。

应用文要做到主题鲜明，应把握以下三点：一是正确而鲜明地阐发党和政府的方针政策；二是直接而明白地表达作者的主要意图、立场和态度；三是具体意见、办法和要求等必须明确，便于执行和操作。

3. 务实

所谓务实，是指主题的确立要从实际出发，切实可行。鉴别应用文好不好的标准之一，就是看其内容是否务实，能否解决实际问题。反映情况、交流信息，情况、信息就要有用；指导工作、制定规划，意见、办法就要可行；宣传教育，揭露批评，就应当切中时弊，深入人心。确立主题，既要注意解决日常工作中的旧问题，又应当特别注意解决前进中产生的新矛盾。如果只是照抄照转，照搬照套，或是赶时髦、随大流，写些应景文章，或者说些假、大、空、套话，洋洋洒洒，离题万里，哪怕素材再新鲜、论述再严谨、文笔再优美，终是纸上谈兵，很难成为好文章。

应用文的主题要做到务实，首先，要树立以人民为中心的观点，工作和决策必须以人民群众利益为重，以人民群众期盼为念，识民情、接地气，真诚倾听群众呼声，真实反映群众愿望，只有深入基层，深入实际，鞋子沾地，才会思想着地，政策落地，作出务实的文章。其次，要坚持问题导向，部署工作、提出措施要奔着问题去，把中央精神、党委要求和基层关切统一起来，增强政策措施的指导性、针对性和操作性，不提哗众取宠的口号、脱离实际的目标和落实不了的要求。只有在理论与实际、上级政策与地方实践、顶层设计与基层探索、外地经验与本地发展、过去做法与现在工作、政府服务与群众需求的结合上作文章，才会形成鲜活的、有价值的、务实的主题。

4. 集中

所谓集中，是要求一篇应用文只能有一个主题、一个中心，集中表达一个主要意图、一个基本观点，全文围绕这个中心，把它说深说透。不管文章是三言两语，还是千言万语，要求都只能有一个中心贯穿全篇。只有主题集中了，才能突出重点，抓住关键，便于读者掌握文章的基本精神，也才能有针对性地解决主要问题。如1929年毛泽东同志写的《湖南农民运动考察报告》，尽管内容很多，篇幅也较长，但中心意思只有一个：必须正确认识农民运动在中国革命中的重要作用，正确对待群众运动。再如1952年毛泽东同志起草的《中共中央关于西藏工作的指示》，涉及好几个问题，但都围绕一个中心：在西藏工作中要团结多数，孤立少数，注意策略。提倡一个中心，就是不要多主旨、多中心。古人说“立意要纯”“意多乱文”也是这个意思。魏巍在《我怎样写〈谁是最可爱的人〉》这篇文章中说：

> 一篇东西的目的性，要简单明确。一篇短东西，能把一个意思说透，的确不是一件很容易的事，可是，动起笔来，又总爱面面俱到，想告诉人家这个，又想告诉人家那个。结果呢，问题提得不尖锐、不明确，更别说深入地解决问题。因为哪个意思也没说透，怎么能给人以深刻的印象呢？我写这篇东西之初，原也想说好几个意思，最后没有那样做。

这段话针对文学创作，意思是说，如果在一篇文章中什么都想说，结果只能是什么都说不清楚；对什么都不肯割爱，结果便是什么都不能突出，换言之，都重要，则都不重要，多中心则无中心。这对应用文的写作也有借鉴意义。特别是对以执行公务、解决问题为目的的应用文来说，一定要防止一篇之中多主旨并列的现象。比如有一份批评性通报，主要是批评××县齿轮厂违反财经纪律，滥发奖金，可是文中又表扬了该厂“扭亏增盈”有起色。该文写了对立的两件事，批评中有表扬，令受文单位无所适从：这发奖金到底是该还是不该？倘若一篇文章包罗万象，头绪纷繁，主题分散，就会令人难以把握，正如杜牧所云：“苟意不先立，止以文彩辞句绕前捧后，是言愈多而理愈乱”。

要使文章主题集中，应注意以下三点：一是一文一事，突出单一性；二是动笔前要目的明确，想清楚为什么要写，要解决什么问题；三是重点要突出，防止面面俱到。如果下笔之前，就已酝酿出一个中心，胸有成竹，心中有数，行文时就不会想到哪里写到哪里，就能有计划有步骤地表达出“立言之本意”，表达出业已确立的那唯一的一个中心。

总之，对应用文的主题，必须进行反复提炼，才能做到立意正确、鲜明、务实、集中。

2.2.2　应用文立意的来源

文学作品的立意较为自由灵活，而应用文以解决工作生活中的实际问题为着眼点，为“事”而写，为“行”而作，因此，应用文的立意要受到领导、决策部门、约稿单位或约稿人的制约，同时，还要受到本地区、本系统、本部门具体情况、群众意愿和行文规则的制约，并不完全取决于撰稿者本人。它要求对人对事的分析、评价，必须客观、公正，不能从个人的好恶出发，不能掺杂主观的感情色彩。一般来说，应用文的立意主要源于以下几个方面：

1. 来源于领导意图

有些应用文，尤其是机关公文，具有非常明显的“受命写作”“遵命写作”的特点，这些文章的主题，往往不是撰稿人直接从事实材料中归纳概括出来，而是按照领导意图确立的。比如要发一个通知，告知有关部门开展一项工作，怎样开展这项工作，在开展工作的过程中应注意哪些问题等，都不是由通知的具体撰写者自己决定，而必须根据领导的意图来确立。这里所说的“领导”，是指各级领导机关的主要负责人或领导集体，他们是单位的法定代表。需要注意的是，领导意图也不是凭空产生的，而是建立在对上级的方针政策、工作任务要求以及对相关工作认真调研的前提之下，以工作实践为基础的。在这种情况下，领导交办往往是某些应用文写作的起点，应用文的撰写者应当正确领会领导意图，写好“遵命文章”。

2. 来源于客观实际情况和工作实践的需要

文章是社会生活的反映，应用文章是社会生活中客观情况和工作实践的一种表现形式。人们在纷繁复杂的社会生活中遇到大量的客观情况需要研究，在具体的工作实践过程中出现种种实际问题需要解决。比如编制计划，联系商洽，总结汇报，拟订办法，以此来推动和指导工作，解决或处理问题等。这就是说，客观情况和工作实践的需要决定了应用文章的写作目的和内容，因此，这类文章在立意时，要求我们一方面密切注意社会生活中出现的各种各样的客观情况，了解这些情况的发展进程及其在不同阶段上的特点；另一方面，在工作实践过程中，要善于发现问题，分析问题，并从实际需要出发，按照不同时期党和国家的方针政策，提出解决问题的正确主张。比如有一份财政部《关于诉讼费和聘请律师的费用改由企业成本列支的函》，其主旨是“诉讼费和聘请律师的费用改由企业成本列支”，它是根据客观实际情况确立的。企业为了处理经济法律事务而聘请了临时律师或常年律师，所发生的律师聘请费和诉讼费应如何列支，自然就成了问题，财政部为了解决这一问题，就发了这份函件。反之，如果企业没有这一问题，这一函件也就无由立意了。

3. 来源于党和国家的方针政策、有关规章制度和上级指示精神

应用文的立意除了直接来源于领导意图和实际工作、生活需要外，有时还根据党和国家的方针政策、有关规章制度和上级指示精神确定。在党政组织系统中，下级部门除了办理上级部门直接交办的事项外，还要依据上级的有关文件主动地、有创造性地开展工作。比如，每年的中央经济工作会议开过以后，中央各职能部门就要根据会议确定的指导思想和任务要求，分别制订各系统的工作计划，其立意符合程序，合法有效，在实践中有关单位和个人应当遵照执行。

当然，应用文的立意方式不一定都是单一的，有时可能考虑到多种实际情况。例如，地方政府在上级有关文件精神的指导下，结合本地的实际情况，探索适合本地特点的经济发展思路，这时文章的立意方式就比较综合了。

2.2.3 应用文主题的表达

文学作品的主题，往往通过对事件过程的叙述、人物形象的刻画、作者的议论，甚至细节的描写等诸多方式表达出来，没有哪一部文学作品会开宗明义“我这部作品的中心思想是……”，然而我们却能够通过对作品中诸多因素的分析、归纳，认识到作品的主题意旨。因此，优秀的文学作品，总是精义内含，神余言外，让读者透过冷静、平淡、含蓄的叙述与描写，充分发挥联想和想象去领略作者的写作意图。

应用文在这一点上与文学作品截然不同。文学作品的欣赏可以“仁者见仁，智者见智”，而应用文的主题却不耐烦让读者去归纳、去综合，它必须在文章中用最直接的语言毫不含糊地表述出来，而且还要让受文者在理解上不产生任何歧义，由此，应用文在主题表达方面便形成了自己独特的方式，主要表现在：

1. 一文一事

一文一事，即一篇文章集中只讲一件事情，围绕一个主题，把主要意见表达清楚。

2. 片言撮要

晋代文论家陆机在其代表作《文赋》中说："立片言以居要，乃一篇之警策。"意思是说，写文章要用一两句精练扼要的话，概括出文章的主要内容，揭示出文章的主题。这种用"片言"揭示主题的方法，我们称为"片言撮要"。在应用文中，"撮要"经常被安置在篇首或者段首，起着不同的提示作用。

（1）篇首撮要。将整篇文章的主要内容概括出来，也就是撮要，放在文章的开头，开门见山点明主旨。如有一份经济消息《全国粮食库存充裕市场平稳》①，报道的主要内容是2019年夏粮丰收，上半年国内粮食市场价格呈现'两涨两跌'特点。作者在开头即对主要内容进行了概括："今年夏粮实现恢复性增产，又是一个丰收年。7月4日，国家粮油信息中心发布上半年粮食市场分析报告显示，上半年国内粮食供需总体宽松，库存充裕。国家粮油信息中心负责人告诉《经济日报》记者，上半年国内粮食市场价格呈现'两涨两跌'特点，小麦稻谷价格回落，玉米大豆价格有所上升，市场运行总体平稳。"然后紧承这一撮要，在主体部分对"两涨两跌"，即小麦稻谷价格回落，玉米大豆价格上升的原因进行了具体分析。很显然，篇首撮要便于读者在最短的时间内抓住文章的主要精神或主要观点。

（2）段首撮要。也称段旨撮要，这是应用文表达一段或一个层次主要内容时所使用的方法。有时是将一段或一个层次的要点，用一两句精练扼要的话归纳概括出来，放在一段或一个层次的开头，有人也将其称为"条首句"，句后用句号作断，与下面的详细阐述区分开；有时将其提炼成小标题的形式，单独占行。为了层次更加清晰，上述两种情况有时还分条列项，标明序号。

段首撮要常用于较长的文章之中。一篇文章有一个总的主题或观点，为了表现这一总的主题或观点，还要从几个方面分别阐述，于是将文章分成若干层次或若干段，每一层次或段落又有其自身的段旨，这是分观点。总观点对各分观点具有统摄作用，分观点从各个方面支持总观点。

---

① 原载《经济日报》，2019年7月8日。

篇首撮要和段首撮要配合使用，可以使文章层次分明，结构清晰。一篇较长的文章，通过浏览篇首、段首撮要，便可迅速了解全文的主要内容和行文思路。

3. 标题现旨

标题现旨，即把文章的主题在标题中概括体现出来，这种方式便于读者迅速、准确地把握文章的中心内容或基本观点。尤其是在机关公文写作中，标题的拟订非常关键。“标题”能否“现旨”，是不是准确简要地概括了公文最主要的内容，往往是衡量公文标题是否合格的重要标准。公文的标题一般由发文机关名称、事由和文种三部分组成，其中，事由部分必须把“事”概括清楚，这是突出公文主题的关键要素。例如《国务院关于稳定消费价格总水平保障群众基本生活的通知》，这一标题中的事由“稳定消费价格总水平保障群众基本生活”便是主题。读者通过看标题，就能抓住主题，迅速把握通知的内容。

2.3 应用文的选材

2.3.1 应用文材料的收集

1. 收集材料的范围

明确材料收集的范围，是应用文内容做到客观、全面的重要保证。那么应用文的写作需要占有哪些材料呢？

（1）正面的材料和反面的材料。正面的东西，总是在同错误的东西作斗争的过程中发展起来的，掌握两方面的材料，有利于进行比较研究，使认识更加全面。有些反面材料，还可以用来衬托正面材料，或作为反驳和批判的对象，起到比正面说教更大的作用。

（2）点上的、具体的、典型的材料和面上的、概括的、一般的材料。点上的、具体的、典型的材料能够反映事物的深度；面上的、概括的、一般的材料能够反映事物的广度，把两者结合起来，所写出来的文章，才能点面结合，既反映事物的全貌，又能突出重点；既有针对性，又有指导性。

（3）现实的材料和历史的材料。应用文的实用性很强，现实的材料能够体现新情况、新问题、新经验，对应用文来说是非常重要的。但是历史材料可以作对比、研究之用，有时也是必不可少的，掌握了历史材料，才可以搞清楚发展的脉络和趋向。比如，要写一个工厂本年度成本变化的财务活动分析报告，势必要用本年度的成本与去年的成本相比较，如果不掌握历史资料，也就无从比较，难以得出正确的结论。

（4）直接的材料和间接的材料。这里有两层含义，一是指不仅要深入实际，获取第一手材料——作者亲身观察、感受、体验、经历、调查所得到的材料，即直接材料，还要充分利用别人的成果——通过文字材料、书籍报刊、文件资料以及听取汇报、他人口传所得到的别人实际经历的材料，即间接材料；二是指不仅要收集和所写事物有直接关系的材料，还要注意收集和所写事物有间接关系的材料。

直接材料当然是最基本的，但我们不可能，也没有必要对所有的材料都通过亲身实践来获取。因此在收集直接材料的同时，还需要充分利用别人提供的间接材料。间接材料倘能运用得当，其在文章中也会发挥不可估量的作用。

（5）事实材料和事理材料。事实材料是反映问题、表现思想和制定政策的重要依据，有了充足的事实材料，才能把问题认识得更清楚，把政策制定得更合理，写作应用文离不开事实材料；事理材料同样不可忽视，马克思列宁主义的基本观点、党和国家的方针政策、上级有关的指示精神、理论界的各种新见解以及历史的经验教训等，也都是形成文章主题、表现作者观点的有力根据。应用文写作中，把事实材料和事理依据紧密联系起来，能够使文章既具理论的深刻性，又有现实的可靠性。

（6）文字材料和数据材料。文字材料指的是那些用文字记录、表达的情况和事例，这类材料生动具体。数据材料是指那些用数量表示的事物和现象，它通常包括各种计划指标、统计数字等。数据材料是相关的社会现象的高度浓缩，虽然看上去比较枯燥、抽象，但用来说明问题往往比一般的文字叙述更有力、更清楚，因此写作中应该注意收集。

2. 收集材料的原则和方法

（1）全面详尽，贪多务得。材料多了，才能从中找出规律性的东西，才能形成自己正确的观点。从一百个事例的概括中得出的结论显然要比从十个事例的概括中得出的结论更客观、更有说服力。材料多了，在写作时才能有比较、有鉴别，才能旁征博引，随手拈来。从一百个事例中挑选出的三个显然要比从十个事例中挑选出的三个更典型、更生动，因为它的选择范围广、余地大、代表性强。没有一定的数量也就没有一定的质量，所以要全面而且尽可能多地收集材料。既不可“主题先行”，带着框框为既定观点，或领导意图，或个人主观愿望去寻求材料，也不可浅尝辄止，掌握了一点材料就心满意足。

材料在收集阶段或许尚不能辨明其价值，这时就要有“贪多务得”的精神。韩愈认为：占有材料应该“贪多务得，细大不捐”，“俱收并蓄，待用无遗”。（《进学解》）茅盾先生在谈到写作收集材料时也说：“采集之时，贪多务得，要跟奸商一般，只要风闻得何处有门路，有货，便千方百计钻挖，弄到手方死心，不管是什么东西，只要是可称为‘货’的，便囤积，不厌其多。”（《有意为之——谈如何收集材料》）日本有一位著名记者曾经说过：“要写一百行的报道，就要积累两千行素材，如果用一百行素材写一百行报道，就会失之肤浅。想写出深刻的报道，必须用两千行素材垫底。”一些作家的经验和写作实践都说明，占有材料应该不厌其多，越多越好。积累丰厚，应有尽有，才便于鉴别、比较，择优录用，写作起来，也才能得心应手，使文章既有深度，又有广度。

（2）明确方向，限定范围。这与上述“全面的原则”是相辅相成的。收集材料有两种情形：一是有了清晰、明确的写作意图后，现用现收集；二是平时日积月累。一般而言，在写作活动中，两种情形同时并存。前者固然收集材料的针对性强，效率高，但是仓促之间难免有所疏漏；后者虽然写作的意图不够清晰、具体，看似漫无目的，其实大致的方向和范围还是有的。

收集材料时，一方面，我们可以围绕自己的业务工作收集材料，并进行合理的分类、整理，这样应用时就能有效地组织相关材料，构思成文；另一方面，关注自己感兴趣的问题，并注意收集有关材料，久而久之，也会在大量材料的基础上，形成自己的认识和观点。因此，收集材料总要围绕一定的方向，在一定的范围内进行。目的不明和漫无边际的材料收集，既耗费大量的人力、物力，所收集的材料也难以在必要的时候发挥作用。

（3）整理分类，分析研究。材料如果只放在本子里、卡片上、档案室、文件夹内，那是死材料，要叫它活起来，既好用又能用得好，就要经常整理分类。在明确方向、限定范围的基础上，再划分小的门类，以实用为导向，把材料分门别类储存起来，建立自己的政策措施库、名言警句库、典型经验库、数据资料库。整理分类的过程，也是对材料进行鉴别、深化认识的过程。在这个过程中，经常把新的知识与以往积累联系贯通起来消化吸收，学思践悟，还可以发现材料之间由此及彼的联系，比较出主次轻重的不同，并通过进一步的分析研究，在大量材料的基础上逐渐形成明确具体的认识，这同时也为写作过程中材料的选择、运用做好了准备。所以说，整理分类、分析研究也是写作活动中的一个重要环节。

3. 收集材料的途径

（1）深入实际，调查研究。确立主题最有力的材料是第一手材料，而获取第一手材料的主要途径是深入实际，调查研究。毛泽东同志在《反对本本主义》一文中曾反复强调："没有调查，就没有发言权。"有的作者说："文章是用脚跑出来的，三分写，七分跑。"跑，就是迈开双脚，去进行调查。起草政策性文件，拟订计划和实施方案，撰写调查报告、总结，都离不开深入实际进行调查，否则根本无法动笔。

为了占有丰富的材料，必须进行深入的调查研究。陈云同志曾经提出："领导机关制定政策，要用 90% 以上的时间做调查研究工作，最后讨论决定，用不到 10% 的时间就够了。"调查研究的方式很多，如个别访问、开调查会、抽样调查、典型调查等，但无论采用哪种方式方法，都必须放下架子，同群众打成一片，这样才能调查到真实、可靠的材料。正如毛泽东同志所说："没有满腔的热忱，没有眼睛向下的决心，没有求知的渴望，没有放下臭架子，甘当小学生的精神，是一定不能做，也一定做不好的。"

（2）广泛阅读，勤做笔记。阅读，是获取间接材料的主要途径。人的知识，很大一部分是通过阅读积累起来的。人们在亲身实践中获取的直接材料总是有限的，由于时间和精力的限制，一个人根本不可能对每一件事都去调查了解，大量的资料是从阅读书报、杂志、文件、文献中获取的。通过阅读，可以开阔视野，启迪思维，提高认识，丰富知识，学习写作技巧，领悟写作范式等。随着信息时代的来临，人们会越来越重视通过阅读来获取信息，获得知识和写作的材料，特别是对于学术著作、论文等文体的写作来说，通过阅读获取材料具有更重要的意义。有位历史学教授对学生说，如果你们能收集两万张卡片，你就可以在历史学界成为权威。鲁迅先生也说过，无论什么事，如果持续十年收集资料，总可成为一学者。《人民日报》原总编范敬宜说："积累好比作者存在头脑里的火石，现实生活一接触它，就会发出耀眼的火花。如果没有积累，就引不起任何反应。"这些论述，充分说明积累材料的重要性。好的材料不是笔杆子写出来的，而是对手头和头脑中已有资料经过梳理、组合加工出来的，是丰厚素材积累的结晶。

如何通过平时的积累占有间接材料？其要诀就是多读勤记。由于各人的习惯不同，所以采取的方法各式各样。阅读的方法有泛读和精读，还可具体细分为探测性、理解性、评价性、借鉴性、欣赏性、创造性阅读等，可根据需要加以选择。为了提高阅读效果，获取必要的写作材料，读书要“三到”：眼到、心到、手到。随时做笔记、札记和卡片，将有价值的材料分类剪贴。还要掌握文献检索的方法，学会利用互联网等现代化技术手段去检索有关资料，以备不时之需。

2.3.2 应用文材料的选择

应用文如何选择材料

收集、积累材料当然是越多越好，但不能有多少材料，就用多少材料，需要先进行一番挑选，这就是材料的选择。

选择材料，就是经过分析、比较、鉴别之后，对材料进行取舍。茅盾先生在谈了收集材料要“贪多务得”之后，还明确指出：“选用的时候，可就要像关卡的税吏似的百般挑剔了：整整一卡车的‘货’，全要翻过身来，硬的要敲一敲，软的要扪一把，薄而成片的，还要对着阳光照了又照——一句话，用心尽力，总想找个把柄，便扣下来，不让过卡。”这段话充分体现了选择材料要“严”字当头的总原则。

那么，如何对材料进行选择呢？

1. 围绕主题选择材料

这是选择材料的一条最重要的原则。主题是文章的灵魂和统帅，材料必须受它的支配。在主题形成之前，材料是形成主题的基础，而主题一旦确立，材料便成为表现主题的支柱。因此只有选择那些最能说明、表现主题的材料，才能突出主题。凡是与主题无关或关系不大的材料，哪怕极为生动，作者十分喜爱，都要坚决舍弃。否则，材料芜杂，枝蔓丛生，就会“繁花损枝”“膏腴害骨”。比如写调查报告、工作研究、论文等，如果罗列材料过多，主题反而会被众多材料所淹没。

围绕主题选材，一方面要善于辨析鉴别材料，包括材料的内涵、与主题关系的密切程度等；另一方面要能忍痛割爱，下决心将那些与主题关系不密切的材料舍弃。据说，罗丹雕刻巴尔扎克像，完工后让学生们评议，学生们都一致称赞塑像中的那只手很好，谁知罗丹听后，当即就把那只手砍掉了。因为那只手太突出了，它不但不能与其他部分一起和谐地表现人物风貌，反而损害了塑像的整体。这件事启示我们：有所失，才能有所得；有所舍，才能有所取。我们写作应用文，或舍或取，其依据就是看这个材料对主题的表现是否有利。俄国作家契诃夫曾经说：“要知道在大理石上刻出人脸来，无非是把这块石头上不是人脸的地方都剔掉罢了。”写作应用文，强调根据主题的需要选择材料，无非是要把不利于表现主题的材料“剔掉”，将主题表现得更突出罢了。

在这方面最容易出现的问题是“若即若离”或“似是而非”。比如，起草一篇以“转变机关作风、优化营商环境”为主题的领导讲话，讲到存在的问题时，举了一个“因为不懂金融常识，加上沟通不够，某部门为一家企业协调银行贷款时反而帮了倒忙”的例子。这个例子里“沟通不够”与“机关作风”有一定关系，但是仔细分析，其中主要反映的还是“能力不足”“业务不精”的问题，与主题存在偏差，所以这个材料选用得不够贴切，降低了文章的质量。总之，只有在加深理解文章主题的基础上，认真辨析，真正围绕主题来选择材料，才能使文章显得精练、充实。

2. 选择真实的材料

文章的生命在于真实。但是不同类别的文章对真实性的要求是不同的。文学作品中小说、诗歌、散文、戏剧等文体，选材范围非常宽广，不受时间、空间限制，既可“视通万里，思接千载”，又可“上穷碧落下黄泉”，材料通过合理想象和虚构，组织到一起，使作品活灵活现。其材料符合艺术的真实，合乎事理的逻辑即可，不要求生活中实有其人其事。如鲁迅先生在《我怎样做起小说来》一文中说：“所写的事迹，大抵有一点见过或听到过的缘由，但决不全用这事实，只是采取一端加以改造，或生发开去，到足以几乎完全发表我的意思为止。人物的模特也是一样，没有专用过一个人，往往是嘴在浙江，脸在北京，衣服在山西，是一个拼凑起来的角色。”

应用文选材要求绝对的真实，事实上的真实，即必须真有其人，实有其事，确有此论，时间、地点、事例、数据、甚至细节，都要经过核查，不能夸大，不能缩小，更不能随意编造、虚构，而要如实反映事物的本来面貌。这是应用文写作时选择材料的一个基本要求，是由应用文的本质特征——实用性，即解决实际问题的现实需要所决定的。应用文使用材料时，对材料的取舍、梳理、集中、综合，绝不能任意改变材料的性质，否则，材料本身的价值就会发生变异，导致歪曲事实真相，使应用文的可靠性、可行性和指导工作的价值丧失殆尽。例如，我们写请示、报告、总结、调查报告等，其中每一个事例、数据、图表、引文等都必须准确无误，保证材料的绝对真实，这样才会有说服力，才有利于问题的解决。如果文字材料或数据图表失真，就会引起人们对整篇文章的怀疑，造成不良影响。

要使材料真实、准确，作者就要亲自调查采访，细心观察，尽可能使用第一手材料；引用别人的材料时要细心鉴别，核对原文，不可断章取义，更不能歪曲原意；要坚决杜绝使用捕风捉影、道听途说的材料，不可以讹传讹。

3. 选择典型的材料

通过“个别”反映“一般”，通过“典型”反映“共性”，这是应用文写作反映现实生活和客观事物的共同规律。所谓典型材料，指的是最具代表性、最能概括和揭示事物本质的材料。这类材料的典型性是建立在普遍性基础上的，具有强大的说服力，能够小中见大，以一当十，以少胜多。我们写一篇总结、报告、经验介绍、调查报告等，往往要收集八个、十个甚至几十个事例，而最终写进去的，可能只有几个。可见，写文章，材料不在多而在精，只要能说明问题的本质，解剖一只或几只“麻雀”也就够了。

当然，一个材料的典型性并不是绝对的，这要看其反映、表现主题的程度。同一则材料，从不同的角度看，其典型性的内涵是不同的。例如，“滥竽充数”的故事，用以比喻不学无术、没有真才实学而混世，无疑是典型的材料；如果用以说明齐王管理制度不严，导致南郭先生长期混迹其中，虽然也有一定的道理，但是材料本身却不甚典型了。

需要注意的是，那些偶然的、个别的表象，是不能当作典型材料来使用的。比如，某县委办公室起草一份关于脱贫攻坚的工作总结，其中选择了一个贫困户依靠当年在他家乡插队知青的全力支持，成为知名农产品电商一举致富的事例。像这样并不具有普遍性的特例，作为新闻热点宣传报道一下是可以的，而如果把它作为脱贫攻坚的典型材料，就没有太大的说服力了。

4. 选择新颖的材料

社会在发展，时代在前进，新事物层出不穷，写作文章，要敢于和善于从前进的新生活中选用新鲜的材料，包括新人、新事、新情况、新成果、新经验、新数据、新思想等，这样才能反映新面貌、提出新问题、揭示新矛盾、讲出新道理，从而使读者耳目一新，印象深刻，引起思想上的共鸣，从中获得新的启示。

同时，对于一些普通常用、司空见惯的材料，也可以从不同的角度，挖掘新内涵，提炼新观点。比如“红军长征”，通常用来阐释理想信念、艰苦奋斗等主题，而在一篇关于当代青年责任担当的讲话中，作者列举了多位长征时我党领导人和红军将领的年龄，当时他们都非常年轻。通过这个“老材料”的新挖掘、新运用，有力地支撑了观点，给人留下了深刻的印象。

2.3.3　应用文材料的运用

经过选择后的材料固然是文章写作所必需的材料，但是这些材料自身的价值、作用并不一样，作者不能原封不动地照搬进文章之中。而且不同的作者在运用这些材料时会有不同的处理方式，致使材料的使用效果也因人而异。因此，如何根据主题表达的需要和文章的总体安排，对这些材料进行鉴别、开拓、剪裁、综合，使其达到最优化的效果，是文章写作中必须予以考虑的。

1. 精于鉴别

选择材料时的鉴别主要是指鉴别材料的真伪、新旧以及是否与主题相关，而运用材料时的鉴别主要是指鉴别材料的意义与价值。因为每一则材料有不同的内涵，对于作者的写作意图表现有不同的意义。比如在起草某市政府的一份工作报告时，“加大科技投入，推进农作物秸秆综合利用”这一材料，可以用在“农业”或“环保”部分，作为一项具体工作，也可以用在“科技”部分，写成科技创新的成果，还可以用在“树立发展新理念”部分，作为贯彻绿色发展理念的具体事例。因此，在运用材料之前，首先要识别材料在文章中所起的作用与价值，进而确定其恰当的位置，做到材尽其用。

2. 善于开拓

任何一则单独的材料，如果不加以联系、拓展，写进文章中就显得孤立、单薄，给人以生搬硬套的感觉。如果围绕这则材料，加以灵活联系，多方开拓，就能纵横自如，发掘出很多有用的内涵，使文章内容丰富，生气灌注。因此，在运用材料时，要善于从以下几方面进行开拓：

第一，要善于联系。材料的内涵往往是有限的，但是如果把这则材料同其他相近的材料进行由此及彼的联系，就会从中找出很多有规律性的东西，进而不断发掘、丰富原有材料的蕴涵。

第二，要善于拓展。材料的表现往往是静态的、现时的。如果能将其置于历时性的考察中，放在过去—现在—未来的链条上，考察其对于过去的突破意义，对于未来的开拓作用，就更能深入发掘其现实表现的深刻内涵。如果能够由表及里，在不同层次上开掘出材料的蕴涵，同样能增强文章的纵深感。

第三，要善于多角度思考问题。呈现在我们面前的材料，基本上是正面的、单一角度的，我们可以从多个角度甚至是从假设的角度，从反向的角度，拓展材料的现实意义。比如一则《关于危房改造的请示》中，危房的数量、现状、资金不足等是现实的材料，如果行文的时候，从假设的角度，假定危房垮塌将会造成人员伤亡等严重后果，活用这些材料，文章的说服力将会大大增强。

3. 巧于剪裁

剪裁是运用材料的基本功，是指对材料的取舍、详略的安排等。对材料的取舍一般通过鉴别即可确定，而对材料的详略处理，则需从文章结构的全局出发，根据材料在文章中的地位和作用，进行详略疏密的安排。主要之处应详写，做到泼墨如水，密不透风；次要之处应略写，做到惜墨如金，疏能走马。只有这样，文章才能简洁清楚，有理有力。朱光潜先生在《选择与安排》一文中曾以调兵布阵比喻材料安排：

> 在调兵布阵时，步、骑、炮、工、辎须有联络照顾，将、校、尉、士、卒须按部就班，全战线的中坚与侧翼，前锋与后备，尤须有条不紊。虽是精锐，如果摆布不周密，纪律不严明，那也就成为乌合之众，打不来胜仗。文章的布局也就是一种阵势，每一段就是一个队伍，摆在最有力的地位才可以发挥最大的效用。

切忌在运用材料的过程中，不分主次，不顾详略，平均用力。比如在对于安全生产事故的通报中，对事故的结果、损失要详写，对事故过程则需略写。如果详略处理不当，则会影响制发通报的实际效果。

4. 长于综合

综合是指对个别的、零散的材料进行分析、综合，寻找共性，把握规律，让材料完全为作者所驾驭和运用。因为在文章写作过程中，涉及的材料很多，而且有些材料的属性、内涵重叠，如果对每则材料都采用相同的处理方式，就会拖沓烦琐，而且容易影响文章内容的组织与观点的表达。如果在具体运用材料的时候，善于归纳相近材料，概括其共同特征，综合其内容内涵，文章自然就会精练简洁。

综合绝不是任意拼凑，也不是把各个材料机械相加，而是以分析为基础，根据材料之间的有机联系加以运用。因此，在综合运用材料之前，一定要善于研究材料，深入分析材料的本质与规律，找出材料之间的差异与共性，在此基础上，通过综合，实现一般与个别、本质与现象、必然与偶然、多样性与单一性的统一，更深刻地揭示对象的本质与规律。

本 章 小 结

应用文是由一定的内容以及与内容相适应的形式构成的。内容的构成要素是主题和材料，形式的构成要素是结构、语言和表达方式。本章从分析应用文构成要素的角度切入，重点介绍了内容方面的要素：主题和材料，以及两者之间的关系。

1. 主题与材料构成了文章的内容。

2. 主题是文章的灵魂与统帅，在文章中处于主导和决定性的地位，对材料等各要素起着统摄作用。材料是文章写作的基础，是形成主题的前提，又是表现主题的支柱。

3. 写文章首先要确立主题，确立主题就是立意。与文学作品相比，应用文章的立意要做到正确、鲜明、务实和集中。应用文的立意既要考虑上级领导的意图，有关文件、指示精神，也要结合客观工作实践。应用文主题的表达特点除一文一事外，还要掌握片言撮要和标题现旨的特点。

4. 写文章还要学会收集材料、选择材料和运用材料，掌握相应的原则和方法。

思考与练习

一、简答题

1. 什么是主题？简述主题在文章中的地位和作用。
2. 什么是材料？简述材料的作用。
3. 简述应用文立意的基本要求。
4. 应用文主题的表达有哪些特点？
5. 简述应用文主题与材料的关系。
6. 收集材料应遵循哪些原则？
7. 获取材料的途径与方法有哪些？你常用的方法有哪些？
8. 应用文选择材料的原则有哪些？
9. 应用文写作时应如何运用材料？

二、分析题

指出下列各文在主题或材料方面存在的问题，并提出修改意见。

1. ××县财政局关于对××厂违反财经纪律滥发奖金的通报

×××：

我局××厂历年是亏损单位，年初由我局、主管局组成财务检查小组，通过清仓查库与财务检查发现该厂在生产过程中损失浪费严重，财务管理不严，造成企业亏损500万元，责令限期扭亏增盈。

该厂1～9月共发奖金185 040元，为该厂标准工资的3.9倍，超过奖金指标32 050元。特别严重的是，该厂为了逃避监督，不经批准擅自从银行骗取大量资金发放奖金，这种弄虚作假、骗取奖金的行为严重违反了财经纪律。

现决定收回超发的奖金，并予以通报批评。

2. ××省财政厅关于解决××县广播电视设备问题的请示

财政部：

××县是我省贫困县之一。近几年在中央和各级领导大力支持下，广播电视事业较以前有了很大的发展，但是，由于该县纯属山区，自然条件很差，经济实力非常薄弱，财政资金十分困难，所以，县广播电视事业发展比较缓慢，长期以来全县人民收看不到中央电视台的节目，省电视台的节目也看不好。

鉴于以上情况，应该怎么办，请领导批示。

3. ×××关于××区土产杂品行业财务管理问题的情况反映

×××：

××区土产杂品行业有××个国营基层商店。近年来，在区公司领导下，努力扩大经营，取得了一定的成绩，但是在财务管理上还相当薄弱。经查有以下一些问题：

（1）有家商店一次购进锯板木材××立方米，因未按制度验收，短少报损××元。

（2）有些商店资金管理较差，大量应收、预付款被拖欠占用，发外加工周期过长。

（3）有些商店经营条件较差，摊位商品、材料的仓库大多狭小，有的还是几家商店合用一个货栈。

（4）有些商店管理基础较差，最基本的进料验收和发料手续都没有建立制度。

（5）全行业19××年的费用总额比19××年降低2.2%。主要原因是19××年全行业装修门面的商店较多，支出近5万元。19××年只有1万元。

（6）全行业19××年全部流动资金××万元，19××年增至××万元，19××年又增至××万元。

（7）有些商店费用报销审核没有严格管理制度，有不少不按制度报销的情况。

第 3 章
营构表达

本章要点

- ✧ 应用文结构、语言、表达方式的含义与作用
- ✧ 应用文结构的内容、原则与要求
- ✧ 应用文语言的特点
- ✧ 应用文表达方式的特点

3.1 结　　构

3.1.1 结构的含义

所谓结构，就是文章的组织框架，即作者根据主题的需要和体裁的特点，按照事物的发展规律和内在联系，对材料进行合理的安排而形成的文章的内部构造。

文章的结构实质上是作者思路的反映。关于什么是思路的问题，语言学家张志公在《怎样锻炼思路》一文中曾做过这样的解释："作者的思路是他对客观事物怎样观察、理解、认识的反映。思路不是凭空产生的，而是以客观事物为基础的。客观事物反映在作者头脑里，经过观察、理解、认识的过程，形成了他对这件事物的印象、看法、态度或感情。把这些印象、看法、态度或感情理出个头绪来，就是所谓的思路。按照这个思路写成文章，就是所谓组

织结构。文章的结构组织是否清晰严密，表明他对所写的客观事物是否形成了鲜明的印象、看法、态度或感情。”由此可见文章反映客观事物，不是简单、机械、照相式的摹写，而是经过作者头脑的思考和加工，制作出来的精神产品。作者在动笔前，文章的大体框架就已经在头脑中“内现出来”；形诸文字后，其思路就“外化”成了文章的结构。因此，思路是文章结构的内在依据，结构则是思路的具体体现和外在形式。由于人们的思想观点、生活经历、文化素质、才情禀性不同，写作目的和文体等存在差异，所以思考问题的习惯、方法和轨迹也有区别，这种情况反映到文章里，就形成了各篇文章不同的思路。

3.1.2 结构的作用

结构在文章写作中有着重要的作用。它是凸显文章主题，表现文章内容的重要手段。如果说主题是文章的“灵魂”，材料是文章的“血肉”，那么结构就是文章的“骨架”。一个人如果没有一个健壮、匀称的骨架，灵魂便无所寄托，血肉就无所依附。同样，一篇文章如果没有一个好的组织结构，那么材料就会散乱无序，更谈不上表现主题，也就不成其为一篇文章。因此，结构是文章必不可少的要素，安排结构也是文章写作过程中不可缺少的一个步骤。

古今中外的作家，无一例外地对文章的结构给予高度的重视和自觉的追求。清代戏剧理论家李渔有个形象的说法，他说，布局好比“工师之建宅”，“基地初平，间架未立，先筹何处建厅，何方开户，栋需何木，梁用何材，必俟成局了然，始可挥斤运斧”。（李渔《闲情偶记》）意思是说，安排文章结构，好比盖房子先要有间架，哪里作厅，哪里作堂，哪里立柱安梁，哪里留门开窗，栋需何木，梁需何材，事先都应有一个统筹安排。文章写作过程中，当材料齐备，主题确立，下一步就要考虑文章的结构了，比如怎样对材料进行合理排队，哪些材料先写，哪些材料后写，哪些材料详写，哪些材料略写，怎样开头，如何展开，在哪里照应，如何过渡，怎样结尾，等等。这种把材料系统化、条理化，组成一篇完整文章的过程，就是安排结构的过程。日本一位著名作家曾经说过：“结构两个字的字面含义同盖房子一样，不管你的材料多么优良，不管你的目的是多么高尚，如果盖得不好，摇摇晃晃，结果是毫无用场。”这段话形象生动地说明了结构在文章写作中的重要作用。

3.1.3 结构的基本内容

文章的结构有宏观结构和微观结构之分。宏观结构指的是文章的整体思路、总体框架、整篇设计；微观结构指的是文章结构的具体内容，包括标题、开头、结尾，层次、段落，过渡、照应，主次、详略等的设计。宏观结构是微观结构依循的前提，微观结构是宏观结构的具体体现。

下面主要介绍微观结构的几项内容：层次和段落、过渡和照应、开头和结尾。

1. 层次和段落

（1）层次。层次，也称“意义段”、“结构段”、“逻辑段”或“部分”，是文章内容之间的关系和次序，即文章内容展开的步骤。人们通常所说的先写什么，后写什么，指的就是层次。层次是文章内容的基本组成单位，它是事物发展的阶段性、客观矛盾的各个侧面以及人们认识和表达的思维过程在文章中的反映。安排好文章的层次，有助于受文者准确清晰地接收信息，把握要领，从而更好地贯彻执行相关要求。

在行文中，层次的划分通常以序码、关联词、重复词语、过渡句段、空行、小标题等形式来显示。层次的划分要依据主题表达的需要和文体的特点，体现客观事物本身发展、变化和人们认识事物的规律性和条理性，各个层次之间要有内在的联系，体现出某种逻辑关系，如连续、并列、补充、转折、因果、递进等。

应用文安排层次常见的主要有并列式、递进式、总分式。

并列式：即各层之间的关系为并列关系。如《关于进一步加强证券公司监管的若干意见》一文中，主体部分并列 5 个层次，分别从“关于证券公司的设立”“关于证券公司的变更”“关于证券公司的风险管理”“关于证券公司的日常监管”“信托投资公司在分业过程中设立证券公司”5 个方面对加强证券公司的监督管理，规范证券公司的行为进行了详细说明。5 个层次分条列项，层次清晰。

递进式：即层次之间的关系是层进关系。各层次之间有一定的顺序，并且这种顺序不能颠倒。常见的有按时间顺序、按事件发展过程或发展阶段、按逻辑关系等来安排层次。

如有一篇市场调查报告《皇帝的女儿也愁嫁——舟山鱼为什么游不动》，全文分三个层次展开：首先，叙述了舟山鱼的积压滞销情况，提出了“舟山鱼游不动了”这一问题；其次，从供、需两个方面，分析了“舟山鱼游不动”这个问题产生的原因；最后，提出建议，解决“舟山鱼游不动”的问题，使舟山鱼重新畅销起来。全文从提出问题、分析问题，到解决问题，三个层次，三个环节，环环相扣，层层递进，逻辑关系非常明晰。采用这种写法，能使结构紧凑，来龙去脉比较清楚。

一些指挥性公文，如决定、批复、通知等，或传达贯彻上级领导部门的指示精神，或就某一方面的问题作出决定，下发所属部门，对文中的指示精神或决定事项等，无须分析议论，这样的文件多由两部分组成，即“提出问题—解决问题”，而“分析问题”这一环节则不在文中体现。

有不少文件，常常将并列式与递进式结合起来使用。或是大层之间为递进关系，各个大层中的小层次用并列关系；或者先大层为并列关系，大层里的小层分析，用递进方式。

总分式：即各层次之间是总述和分述的关系。可以先总后分，可以先分后总，还可以总—分—总。先总后分的结构用得较多，总结、调查报告等常采用这种方式。如《关于搞活县域经济的调查》，用的就是总分式结构。开头总述调查的基本情况，中间分述调查到的情况的具体内容，详细介绍了 5 个突出特点，结尾再次强调县域经济发展在中国当前经济发展中的重要意义，呼应了开头。这种先总述再分述，最后再予以总结的形态，也可以说是总分式的延伸，往往是在总说、分说完了以后，由于文章篇幅较长，为了进一步突出文章的主题，最后再予以强调。

（2）段落。段落，又叫自然段，是文章中最小的，可以独立的结构单位，代表作者思路发展的一个步骤。段落，它的形式标志是换行、空格，即另起一段要转行，段的开头空两格。

在写作中，内容单一、意思完整的自然段称为规范段；由于受文件格式、主题要求以及某种语境的制约而形成的，与规范段不同的段落形态，称为非规范段。在应用文中，兼义段和过渡段是常见的段落形式。

兼义段，是指在一个自然段中表达两个或两个以上的意思，形成段落大于层次的现象。这种兼义段多见于机关公文，如常见的通知，有的仅一个自然段：“现将《中华人民共和国企业所得税暂行条例实施细则》发给你们，望认真贯彻执行”。这一自然段，有两层意思，一是发布文件，二是提出希望。按照规范段的要求，应该分两个自然段，可它没有，这就形成了篇、段、层合一的非规范段。

过渡段，它的作用是承上启下，也属非规范段。如上面提到的市场调查《皇帝的女儿也愁嫁——舟山鱼为什么游不动》一文中，在提出问题和分析问题之间，有这样一句话："为什么舟山鱼游不动了呢？行家们最近分析认为，主要有以下四条原因"。另外，还有一些起强调、提示、称谓、提问作用的段落，也单独分行，但在内容上并不是一个完整的、单一的意思。这也属于非规范段。如经济评论《以鲜明特色赢得大市场》一文中，用了一个设问句"小小饺子，何以赢得大市场?"作为一个自然段，起到了强调、提示作用。

段落和层次，两者关系很密切。层次总是借助于一定的段落，才得以显现，一个内容较复杂的层次，可能包括几个甚至更多的段落。划分层次是为了反映文章内容的先后次序，而安排段落则主要着眼于表达过程中的间歇、转折和强调。它们之间：

大多数情况下是段落小于层次，由几个段落组成段落群，表达一层意思；有的一个段落正好反映了一个完整的内容，成为一个层次，这是常规：规范段；在特殊情况下，段落也可能大于层次，即一个大的段落中包含几个内容不同的层次，这是变格：兼义段。

段落的划分，要注意单一性、完整性；要匀称得当，不宜过长或过短；各段之间要有内在联系，上下段之间要衔接自然。

2. 过渡和照应

文章的结构，不仅要求层次清楚，还要紧凑严密，各层次、各段落要互相衔接，前后连贯，成为有机的整体。为此，就需要过渡和照应。

（1）过渡。过渡是文章层次、段落之间的衔接与转换。它在文章中起承上启下的作用，使相邻的层次、段落上下连贯，前后衔接，使文章文脉贯通，浑然一体。

应用文中的过渡常见的有两种情况：

一是在层次与层次之间由总到分或由分到总时，中间一般需要过渡。如《××县财政局关于收回到期周转金的情况报告》一文中，第一层次末尾"未收回的原因主要有三条"，第二层次末尾"鉴于以上情况我们提出三条措施"，都是由总到分的过渡语，最后"总之，我们要多方面做好工作，力争把……"这是由分到总的过渡语。这种过渡在大型报告、总结中经常用到。

二是内容转换时，特别是段与段之间的对比转折处，常常需要过渡。如《解放牌汽车为什么滞销》一文，第一层次介绍长春一汽建厂以来为社会主义建设所做的贡献，第二层次转到问题的介绍，之间用了过渡词"但是"。

过渡，有时用词，如前后对比转折的，常用"但是"过渡；前后有次序关系的，常用“首先”“其次”“再次”等词语过渡；需对前面内容作总括的，常用“总之”“以上”等词语过渡。有时用句，如介绍典型经验的调查报告，开始用对比材料概括说明所取得的成绩，怎样过渡到对具体经验的介绍呢？中间常用这样一些设问句：“他们腾飞的奥秘是什么呢?”“他们为什么会取得这样大的成绩?”“他们取得成绩的原因是什么呢?”“他们成功的秘诀何在?”等。有时用段来过渡。运用过渡一定要合理、恰当，根据文章的需要来定。一篇文章之中，过渡之处不宜过多，否则，会给人以矫揉造作之感。

（2）照应。照应，指前后内容的关照呼应。前面提到的问题，后面要有着落；后面谈到的内容，前面要有所铺垫，有所交代。照应，既可以帮助读者把握文章的脉络和各层次之间的内在联系，又可以使文章重点突出，结构严谨。

照应的方式，常用的有首尾照应、前后照应和题文照应。

首尾照应。有些总结，调查报告等文种，开头概括总述，结尾处再就有关问题总结一下，和开头呼应。如调查报告《解放牌汽车为什么滞销》，开头写道：“长春第一汽车制造厂自 1953 年建厂以来，生产了 92 万余辆汽车，为我国社会主义建设做出了很大贡献。”在结尾处写道：“我们相信，在各方面的支持下，解放牌汽车一定可以尽快地取得在国际市场的竞争力，为我国汽车工业的发展做出新的贡献。”

前后照应。即通过前后呼应，突出所照应的文章内容，以加深读者的印象。如某单位年度工作报告开头部分谈到“坚持加强思想政治工作带动全局工作的指导方针”，较好地完成了各项工作任务后，在“主要体会”部分再次强调：“坚持加强思想政治工作，是顺利完成各项工作任务的根本保证。”

题文照应。即文章正文的内容和标题相照应，多半是开篇点题，如《关于城市燃气管道事故的通报》开头：“近一个时期，城市燃气管道事故频繁发生，造成城市居民伤亡和财产损失。现将今年 1 月和 2 月燃气管道重大事故通报如下”。

当然，并不是每篇文章都需要照应，那些篇幅较短，内容较少的文章，就无须照应，顺其自然就可以了。

总之，过渡和照应主要是解决文章整体美的问题，属于布局技巧。用好了这个技巧，结构就可以承前启后，脉络贯通，前后呼应，反之，应用得不自然，便会弄巧成拙，“画虎不成反类犬”。

3. 开头和结尾

（1）开头。文章的开头，古人称之为“起笔”，是指文章从哪里下笔，从什么问题写起。它是组成文章的第一层“阶梯”。由于它的位置比较特殊，而且又带有“奠基”的意味，因此，历来文章家都对其非常重视。谢臻主张“起句当如爆竹，骤响易彻”；陶宗仪要求“起要美丽”，如“处女于前”；李渔认为“开卷之初，当以奇句夺目，使人一见而惊，不敢弃去”；林纾比喻“身到名山，来到菁华荟萃处，已有一股香气，先来扑人”等。

开头是不容易的。高尔基在《论写作》中说：“开头第一句是最困难的，好像在音乐里定调一样，往往要费很长的时间才能找到它。”唱歌时，调子定高了，后面唱不上去；调子定低了，又放不开嗓子。文章开头的写作，和唱歌定调一样重要。

文章开头难，并不是说无规律可循。应用文重在务实，要解决实际问题，不同于文学作品，它的开头不需要描写环境，渲染气氛，抒发感情，引人入胜等“形象化”的手法，绝大多数是开门见山，直奔主题，让读者“一望而知其余味所在”。其具体的表现形式，常见的有以下几种：

目的、根据式开头。这种开头方式简明交代文章写作的目的和根据，以明确文章内容的重要性和合理性。如《国务院关于授权和委托用地审批权的决定》开头：“为贯彻落实党的十九届四中全会和中央经济工作会议精神，根据《中华人民共和国土地管理法》相关规定，在严格保护耕地、节约集约用地的前提下，进一步深化‘放管服’改革，改革土地管理制度，赋予省级人民政府更大用地自主权，现决定如下：这种开头方式写作意图指向明确直接，有利于取得较好的执行效果。”

阐述式开头。这种开头方式围绕文章主题，阐述基本观点，为具体内容的展开奠定基调。例如《国务院关于实行公民身份号码制度的决定》：“建立和实行公民身份号码制度，是国家加强社会管理的一项重要基础建设，也是实现社会信息化管理的重要措施，对于促进我国社会主义现代化建设和经济体制改革，方便群众生活和保护公民的合法权益，具有十分重要的作用。”通过简短论证，阐述实行公民身份号码制度的重要意义，加深读者对全文内容的理解。这种开头在指挥性公文中运用较多。

背景式开头。这种开头方式概述文章观点产生的背景，以之作为行文依据，同时有利于作者和读者统一思想认识，以便更好地理解和执行文章的有关要求。例如《国务院关于稳定消费价格总水平保障群众基本生活的通知》的开头：“今年以来，按照党中央、国务院关于处理好保持经济平稳较快发展、调整经济结构和管理通胀预期关系的要求，各地区、各部门积极采取措施，发展生产、保障供应、强化监管，保证了市场供应和价格总水平基本稳定。7 月份以来，受国内外多种因素影响，以农产品为主的生活必需品价格上涨较快，价格总水平逐月攀升，加大了城乡居民特别是中低收入群体的生活负担。”这种开头方式表述极为概括，不需要展开铺陈，有利于自然导入正文内容。

导语式开头。这种开头方式以简要的文字，揭示文章的主题，使读者对全文内容形成大致的认识。例如，一份经验总结的开头：“今年，我县组织开展建设 100 个小康示范村的活动，取得了可喜成绩。这 100 个村中，有 96 个以开发果业和种植毛竹、油桐为主，共开发基地 11 721. 4 亩，人均达到 1 亩。据测算，100 个村 80% 的农民人均纯收入 3 年后可超过 1 万元。实践证明，建设小康示范村，是运用典型的力量引导农民奔小康的有益尝试。也是改进工作方法和工作作风、密切与农民联系的一条有效途径。”这种开头概述文章内容，引领全文，常用于调查报告、总结、纪要等文体。

提问式开头。这种开头方式以提问的方式引出文章的主要内容，并在此基础上层层深入，揭示出问题的实质，从而给人以水到渠成之感。如经济新闻《大型国企引领中国经济增长》：“目前从国家经贸委经济信息中心传出消息，515 户国家重点企业去年共实现利润 2 253. 2 亿元，与上年相比增幅近九成，预计占全部国有企业利润的 98%，国家重点大中企业已成为引领中国经济增长的重要力量，快速增长的利润到底是从哪里来的呢?”提问式开头便于引起读者的注意和思考，而且能够使下面的内容顺接自然。

致意式开头。这种开头方式多用于表达欢迎、祝贺、感谢、哀悼等的公关礼仪文书中。如中国修辞学会致澳门写作学会的贺信：“欣闻贵会主办的‘语言风格学与翻译写作国际研讨会’在澳门举行，谨向大会致热烈的祝贺。”

规定式开头。这种开头方式是指那些有明文规定如何开头，或是虽无明文规定，但是长期以来形成比较固定的开头方式。如合同契约类文件，一般有示范文本，明确文本开头的具体内容及格式。再如公文中的批复，开头一般引叙来文作为批复依据。凡规定性的开头方式，除特殊情况外，一般都应严格遵守。

总之，在写作中，无论采用哪一种开头方式，都既要考虑表达效果，又要考虑文体特征和文章主题表达的需要，清除空话、套话等“穿靴戴帽”的形式主义做法和“下笔千言，离题万里”的不良文风。

（2）结尾。文章的结尾，古人称为“收笔”，它是全文内容发展的自然收束。俗话说，编筐编篓，重在收口。结尾的好坏，同开头一样，直接影响文章的质量。好的结尾，能使文章“锦上添花”，不恰当的结尾往往导致文章“前功尽弃”。

结尾的艺术表现功能较之开头要更强一些。一篇文章，如果开头美妙至极，结尾不能善终，无异于“为山九仞，功亏一篑”；相反，如果起句平平，而结尾精彩，则使读者难忘“临去秋波那一转”。古代文章大家对文章结尾也十分重视，白居易提出“卒章显其志”；姜夔强调“一篇全在尾句，如截奔马”；谢臻要求“结句当如撞钟，清音有余”；李渔则强调“终篇之际，当如媚语摄魂，使之执卷流连，若难遽别”；林纾在《春觉斋论文》中说“为人重晚节，行文看结穴。”足见结尾在文章中占据着十分重要的位置。

文学作品的结尾，可以不点破主题，写得十分含蓄，可以提出几种不同意见让读者去分析、研究、探讨、回味，可以言有尽而意无穷，“巧酿余味”。而应用文多是为解决问题而作，因此，特别强调在结尾处要提出结论性的意见、建议、办法或措施，要言尽意止，意尽笔停，似“力截奔马”，不能有弦外之音。应用文的结尾方式，常用的有以下几种：

总结式结尾。这种结尾方式是指在文章的最后，对全文的主题进行简要的总结概括，帮助读者进一步理解全文，加深印象。如《没有围墙的大学——全国政协高教自考调查随行记》：“全国政协调查组通过大量的调查之后认为，自考事业的发展和繁荣，最根本的原因在于它适应了我国改革开放和社会经济发展的需要；而社会主义建设事业的进一步发展，必将为自考事业开辟更加广阔的发展道路。”篇末点明题旨，收束全文，从而给人留下深刻的印象。

强调式结尾。是指在结尾处对文章的主题进行强调、说明，以引起重视，便于贯彻执行。通知、通报、决定等公文，以及总结、调查报告等事务文书多用这种结尾方式。如《国务院办公厅关于对少数地方和单位违反国家规定集资问题的通报》：“为了维护正常的金融秩序，保持社会稳定，促进改革开放和国民经济既快又好地健康发展，各地区、各部门和各单位都必须严格按照国务院有关文件的规定执行。各地区、各部门都要对本地区、本部门集资和发行各种证券的情况进行一次检查，凡违反规定的，要比照上述办法进行处理；对情节严重的，要加重处罚，同时登报公布。今后，对违反国家规定的集资活动，各新闻单位要发挥舆论监督作用，公开揭露其错误做法和违纪行为。”这个结尾语气严肃，态度坚决，进一步强化了文章的主题，突出了作者的发文意图。

鼓舞式结尾。指在结尾处，根据主旨的要求，展望未来，鼓舞斗志，常见于总结、报告以及新闻宣传类的一些文种。如《××市税务局××年税收工作总结》：“在新的一年里，我们将遵照国务院《关于整顿税收秩序加强税收管理的决定》等三个文件的精神，发扬成绩，克服缺点，振奋精神，努力工作，为增加税收，平衡国家财政预算，振兴地方经济做出新贡献。”

说明式结尾。这种结尾方式一般用于法规性文体，说明生效时间、处罚办法、解释权限等内容。如《党政机关公文处理工作条例》：“本条例由中共中央办公厅、国务院办公厅负责解释。”“本条例自 2012 年 7 月 1 日起施行。1996 年 5 月 3 日中共中央办公厅发布的《中国共产党机关公文处理条例》和 2000 年 8 月 24 日国务院发布的《国家行政机关公文处理办法》停止执行。”言简意赅，意尽言止，表现出法规性文件的严肃性。

规定式结尾。这种结尾方式是指以明文规定或约定俗成的用语收束全文。如合同的结尾，最后一般要写明合同的有效期限、份数及保管等内容：“本合同正本两份，双方各执一份；副本五份，甲方三份，乙方两份。本合同自双方盖章之日起生效。”再如公文中的一些文种在长期的使用过程中形成的特定的结尾语：“当否，请指示。”“以上如无不妥，请批准。”“特此批复。”等。这种结尾程式性较强，在写作实践中运用广泛，一般情况下应予以遵守。

自然收尾。指文章的主要内容写完之后，不加任何言外之文，自然收尾。这种结尾方式在应用文中也较为常见。

总之，无论采用哪一种结尾方式，都要根据文章主题表达的需要和作者的写作意图来确定，只有这样，文章结构才能给人以严谨完整、流畅自然之感。

3.1.4 应用文结构的原则和要求

1. 应用文结构的原则

（1）正确反映客观事物的发展规律和内在联系。文章是客观事物的反映，而一切客观事物本是相互联系和具有内在规律的，因此文章的结构必须反映客观事物本身的发展规律和内在联系。这是安排应用文结构的一项基本原则。比如一项工作的开展，总有个从开始到结束的过程；一个问题的处理，总有个提出问题、分析问题、解决问题的顺序；一个现象的出现、存在，其自身也必定有着一定的原因和结果、表面和本质、正面和反面、主体和从属等方方面面的种种联系。

当我们写文章来反映这些工作、问题和现象时，就要符合它本身的这种内在联系，这便是文章组织结构的依据。如果文章的组织结构正确反映了事物的发展规律和内在联系，就能把事物表现得眉目清楚，条理分明；反之，文章结构违背了客观事物的内在联系，那就难以准确地反映事物的本来面貌。因此，好的文章结构，既反映客观事物发生、发展、变化和结果的轨迹，有条不紊，顺“理”成“章”，又反映人们认识客观事物思维的路线，表现出严密的逻辑性。

（2）必须服从表现主题思想的需要。主题属于文章的思想内容，结构属于文章的外在表现形式，形式必须为内容服务。

主题是文章的灵魂和统帅，是文章的总纲。一篇文章安排结构的根本目的，在于更好地表现主题。因此，写文章时，究竟怎样合理安排材料，从何处讲起，到哪里收束，哪些内容在前，哪些内容殿后，怎样分段，如何划分层次等，都必须根据主题表达的需要来考虑。刘勰在《文心雕龙·附会》中曾运用比喻对此做了较为全面的阐述：“凡大体文章，类多枝派，整派者依源，理枝者循干，是以附辞会义，务总纲领，驱万途于同归，贞百虑于一致，使众理虽繁，而无倒置之乖，群言虽多，而无棼丝之乱。”其中的“源”“干”指的就是文章的中心，“众理”“群言”等所有材料的整理和安排都要“依源”“循干”，服从表现主题思想的需要。

（3）要适应不同文体的特点和要求。不同的文章体裁，在反映生活的角度、容量及表现方式上也不尽相同。应用文种类繁多，文种不同，其结构方式也有所不同。

从外部的格式要求看，有些文种，如机关公文，具有国家明文规定的统一格式，内容安排也相对固定，这些在写作时必须严格遵守；有些文种虽然没有明文规定，但在长期的写作实践中也形成了较为成熟的约定俗成的内容安排模式，写作时也要尽可能遵从。从文章内容的安排组合上看，要合乎一般的逻辑思路，比如总结性文稿一般写工作进展、存在问题和下一步打算，部署性文稿一般写是什么、为什么、干什么、怎么干等，这些都已经成为这类文体比较成熟的结构范式。

文种的不同结构特点，是由其反映内容的特殊规律所决定的，也是为体现应用文“务实、办事”的原则，为提高读写效率服务的，因此我们在写作应用文时，一定要使文章结构符合不同文种的特点和要求。好的应用文在谋篇布局上总会给人以眉清目秀或坚忍挺拔之感。

需要注意的是，文章是客观事物的反映，其结构形式应多姿多彩，各具特色。如果墨守成规，蹈袭前人模式，就成了毫无生气的“八股调”、千篇一律的“老面孔”，是没有人愿意看的。“文似看山不喜平”，结构只有巧妙新颖，富于变化，才能更好地表现纷纭复杂的社会内容。应用文体在长期写作实践中形成了某些约定俗成的稳定体式，但那只是一个大致的框框，对于一篇具体文章来说，在规范的体式里仍有一个如何布局谋篇的问题。因此，每篇文章在写作之前，都要根据特定的写作目的和实际内容，精心构思，恰当安排，以求其结构形式灵活多样，具有鲜明的个性，从而更好地反映丰富多彩的客观世界。

2. 应用文结构的要求

（1）严谨。指文章各部分之间有严密的逻辑联系，精当细密，无懈可击。这主要是就文章内容之间的深层次联系而言的。安排文章的结构，必须首先依据客观事物的内在联系，对先写什么，后写什么，何者为主，何者为次，前后内容之间有什么必然联系等，事先一一考虑清楚，做到既无挂一漏万、顾此失彼的情形，也无颠三倒四、破绽百出的毛病。如《中共中央关于加强和改进党的作风建设的决定》，先写加强和改进党的作风建设的极端重要性和紧迫性，次写指导思想和主要任务，再写具体内容，最后写加强对作风建设的领导。四部分内容逻辑严密，符合人们认识问题和开展工作的普遍思路。

（2）自然。指文章结构顺理成章，行止自如。好的文章结构自然流畅，没有牵强拼凑的痕迹，从开头到展开，再到收束，内容的推进，自然而然，前呼后应，过渡巧妙，一气呵成。如《铁道部关于193 次旅客快车发生重大颠覆事故的报告》，首段叙写事故发生及损失情况，次段写事故的善后处理，再写事故原因的调查分析，事故性质，最后提出处理意见和整改措施。报告从事件的概述，原因的分析，到性质的确认，再到措施、意见的提出，自然成文，水到渠成。

（3）完整。指内容齐全，结构完备。文章结构的完整，首先来自内容的全面完整，如果内容本身残缺不全，结构看似完整，实则有很大缺陷。结构的完备，还指形式上的要素齐全。比如文章开头、结尾要具备，必要的过渡照应要安排，等等。有些文章在分述时，写完“一方面”的情况，漏了“另一方面”；说了“首先”，忘了“其次”，这些都是结构不完整的表现。古人作文有所谓“凤头、猪肚、豹尾”的说法，要求文章不但开头、主体、结尾各部分齐全，而且要各有特色，文章的开头要像凤凰的头那样秀气、漂亮，吸引人，文章的结尾要像豹子尾巴那样有力、刚健，而中间的主体部分则要像猪的肚子那样沉甸甸、有分量，充实饱满。

（4）明晰。指文章自始至终的线索清楚明了。如前所述，结构是作者思路的反映，是作者思维运行路线的外化。文章的内容意念要条理分明，起、承、转、合要衔接自然，结构才能做到一线贯穿，脉络清楚，有条不紊。清晰的文章结构既有利于文章内容的组织安排，也有利于读者尽快地掌握内容，把握作者的写作意图。如《中共中央关于加强和改进党的作风建设的决定》，不仅全文结构严谨，具体内容安排也清晰明了。在第一部分“加强和改进党的作风建设的极端重要性和紧迫性”中，先写党风建设面临的国际环境、国内形势和党的队伍建设的新情况，次写党面临的新任务，再写到党的作风建设的经验成绩、问题不足，然后由存在的问题自然而然过渡到党的作风建设的重要性与紧迫性，思路非常明晰。

3.1.5 如何提高应用文结构安排的能力

安排文章的结构，不是单纯的写作技巧问题，本质上应该是思路问题。古人云：“袖手于前，始能疾书于后”（李渔《闲情偶记》），强调动笔前要下苦功“袖手”思考，理清思路，然后才会出现握笔“疾书”的写作佳境。清人崔学古在《学海津梁》中说：“作文须先闭目静坐，理会题旨。思本题中有几层意思，孰为正意可用，孰为旁意可删。一篇体段，行文之光景，具在胸中，然后下笔，则文理贯通，自成一家文章。若逐句杜撰，文必不成。”同样强调了整体构思的重要性。文章的结构，实质上是作者根据客观事物本身的内部规律和事物之间的相互联系，经过深思熟虑所形成的思路在文章中的体现和反映。这种体现和反映，在应用文写作中通常都是明显、直接的。一篇文章的结构，与作者观察、理解、认识客观事物的思维脉络是密切相关的。

结构是思路的直接现实和外在表现形式，作者用书面语言将自己的思路清晰缜密地反映出来，就形成了结构。叶圣陶先生说：“思想是有一条路的，一句一句，一段一段，都是有路的，好的文章作者是决不乱走的。”由此可见，写文章需要先把思路理顺。当我们还没有理清思路、组织好材料时，千万别急于动笔。要安排好文章的结构，必须锻炼自己的思路。在《怎样锻炼思路》一文中，语言学家张志公先生指出：“要文章的结构好，必须求之于思路。要思路清晰严密，必须善于观察事物，能够认识和理解事物。只有从锻炼观察能力和理解、认识的能力入手，才能培养起既活泼而又严密的思路；只有培养起这样的思路，写文章才会有好的结构。”

提高应用文结构安排的能力，可以从以下 5 个方面入手：

1. 养成认真观察事物、分析问题的良好习惯

人们认识外界事物是有个过程的，即由不认识到认识，由认识得少到认识得多，由认识得浅到认识得深。观察在整个认识过程中起着重要的作用。观察不但可以获得第一手材料，而且可以开阔思路，促进认识的深化。所以，锻炼思路，首先要养成认真、细致观察事物的习惯。

观察事物，不能只停留在事物的表面，还要把观察和分析研究结合起来，冷静地进行思考，才能真正把握事物的实质和精髓。郑板桥总结绘画创作的规律是："眼中之竹—胸中之竹—手中之竹"，即看竹、思竹到画竹。"胸中之竹"就是通常所说的"胸有成竹"，即经过头脑思考，殚精竭虑，反复酝酿，达到了"了然于心"的地步，再动笔画竹，"胸无成竹不动笔"。绘画的运思过程如此，写文章的运思过程同样如此，即要自觉养成细致观察事物、深入分析问题的良好习惯。

2. 学习和掌握一定的逻辑知识

作家们历来十分重视逻辑对文章写作的重要性，指出写文章"要讲逻辑"，要学点"文法和逻辑"，培养和提高思维的能力。思维，是人脑对客观事物的本质属性和内在规律的反映。而逻辑，或称逻辑学，正是关于思维形式及其规律的一门科学，或者说是一门指导人们正确思维、认识客观真理的科学。应用文写作主要运用逻辑思维，有时也运用形象思维。逻辑思维又称抽象思维，是以概念为主要材料，运用判断、推理等形式来反映客观事物，揭示事物本质特征和内在联系的思维活动形式。形象思维又称艺术思维，是以表象为主要材料，始终有形象伴随，并带有浓郁感情色彩的思维活动形式。合乎逻辑，就是要符合客观事物的实际情况，符合思维的规律性。具体地说，就是要做到概念明确、判断恰当、推理科学、论证和反驳有说服力、结论可靠。在思维行进过程中，要善于分析和综合、归纳和演绎、比较和分类、抽象和概括、系统化和具体化。表现在文章中逻辑结构的标志是纲举目张、中心突出，层次清楚、次序井然，严谨细密、匀称饱满，完整统一、通篇一贯，开头、中间和结尾有一种内在的联系，而不要互相冲突。

3. 善于运用联想和创造性思维来开阔思路

联想，是以表象为基础，由一事物想到另一事物的心理活动。在写作过程中，构思的进行、思路的开拓、文思的推进、意境的创造、方法和技巧的运用等，都离不开联想。刘勰说："文之思也，其神远矣。故寂然凝虑，思接千载；悄然动容，视通万里；吟咏之间，吐纳珠玉之色；眉睫之间，卷舒风云之声；其思理之致乎。”说的就是联想在开阔思路、结构文章中的重要作用。

创造性思维，是一种具有开放性、动态性、科学性、多样性、灵活性、超前性特点的思维方式。有意识地运用创造性思维，往往能够拓展思路，另辟蹊径，出奇制胜。写作，从本质上说，是一种富有创造性的精神生产活动。一个具有创造性思维的作者，必定视野开阔，思想活跃，思路宽广，在认识和表述客观事物的思维活动中，具有独创性，能够开阔新领域，进入到新境界，获得创新的成果。

4. 拟订写作提纲

拟制提纲，就是把头脑中想好的文章格局，用文字固定下来，以此作为写作时遵循的蓝图。无论起草什么样的文稿，第一道工序就是要拿出“设计图纸”，制订“施工方案”，拉架子、写提纲、定框架在文稿起草中至关重要。提纲是文章的骨架，是写作准备工作完成后将构思付诸实施的重要环节，是作者执笔成文的依据，是文章写作中不可缺少的酝酿过程。通过拟订提纲，把作者大脑中漂浮的意念、朦胧的思绪、散乱的材料外化出来，这样不仅可以使作者思路清晰，文脉畅通，上下衔接，有条不紊，而且能综观全局，通盘考虑，抓住要领，突出中心。陶铸曾说过编写提纲的好处：“目的确定以后，最好先拟订简单提纲，写稿提纲和发言提纲的作用一样，是为了文章有组织（短文当然可以不用）。按提纲写稿子，有这样许多好处：一、可以帮助你组织材料；二、可以使你想问题更周到；三、免得一面写一面想，写时吃力不讨好；又可免遗漏。”写作提纲有“粗纲”和“细纲”之分，可依各人的习惯和文章的性质、篇幅而定。

5. 要掌握不同应用文体的结构特点

应用文在长期的使用过程中，形成了大致稳定的结构体式。有的文体，如机关公文，不仅外在的规格样式有严格的规定，而且其内容的结构安排也形成了相对固定的模式，如请示，一般要按照“请示缘由—请示事项—结尾语”的结构顺序来安排材料；批复的正文也由“引叙来文—批复意见—结尾语”三部分组成，等等。应用文体的格式特点是提高办文效率的重要保证，写作时应熟知并遵守，这样才可以提高驾驭不同文体的结构能力。当然，应用文的结构并非固定不变，任何作者单靠套用现成格式都是难以提高结构能力的，他必须在掌握不同文章格式的内在结构原理、因循原有体式的基础上，依据不同的内容，最大限度地发挥自己的创造性，找到最为合适的表达文章主题的结构。

3.2 语 言

3.2.1 语言的含义

语言是以语音为物质外壳，以语词为建筑材料，以语法为结构规律而构成的符号体系。语言是一种特殊的社会现象，是人类社会最重要的思维工具和交际工具，是人区别于动物的本质特征之一。

语言有口头语言和书面语言之分。口头语言，是人们口头上交际使用的语言，它是人类语言的基本形态，是书面语言产生和发展的基础和源泉。口头语言简练、干脆、灵活、生动，可表达的内容极其丰富，范围无限广阔，并可借助手势、面部表情等表情达意，使人感到生动逼真。由于人们日常口头谈话是即兴的，脱口而出，所以句子比较简短，多用省略句、独立句，常出现句子不完整、用词不准确、说话不连贯，甚至中断和转换话题等现象。

书面语言，是写文章时用的信息符号，即人们书面交际使用的语言。书面语言是以口头语言为基础和源泉产生和发展起来的。它一经产生，就突破了口头语言在空间上的障碍和时间上的局限，能在更广阔的范围内和更长久的时间里流传，大大丰富和加强了语言的交际功能，并同口头语言一起成为人类社会语言交际的基本形态。同口头语言相比，书面语言失去了口头语言表达的表情态势、语言直观性和交际各方当场迅速反应等优点，但却比口头语言更加精密、严谨、准确、规范和富于变化，这是因为书面语言是在大众口头语言的基础上，通过历代文章家们反复提炼加工，经传播后为人们在写文章时广泛使用的缘故。

3.2.2 语言的作用

语言的作用可以从与思维的关系、与写作的关系两方面来体会：

1. 语言和思维

语言和思维有着直接的联系。语言是思想的外衣，是思想的直接现实。它既是人类表达思想的工具，也是进行思维活动的工具。没有语言载体的思想是不存在的。高尔基说过“语言是一切事实和思想的外衣。”思想有了语言的“外衣”，才能产生和存在，这说明了思想对语言的依赖性；另一方面，语言又是从属于思想的东西，不论是口头语言还是书面语言，都要受思想的支配和制约。文章的语言应该是“词意相符”，即用准确的语言完美地表达出文章的思想内容。如果“词不逮意”，即写作时遇到了语言障碍，那就难以表达出文章的思想内容，实现作者的写作意图。

2. 语言和写作

语言是文章的第一要素。刘勰在《文心雕龙·章句》中说：“夫人之立言，因字而生句，积句而为章，积章而成篇。”不论什么人，只要写文章，就得使用语言这个表情达意的工具。写作的过程，就是运用语言能动地反映客观事物和作者思想感情的过程。

语言是文章的“细胞”，是文章最基本的建筑材料。一篇文章，有了明确的主题、精选的材料和巧妙的组织结构，但最终还要通过语言文字表达出来，使它成为有形的东西。离开了语言，不论多么深刻的思想，多么丰富的材料，多么精妙的结构，多么高明的表现手法，不过是装在作者的头脑里看不见、听不到、摸不着的东西，当然也就无法进行表达和交流。老舍曾经打比方说：“我们既然搞写作，就必须掌握语言技巧。这并非侧重，而是应当的。一个画家而不会用颜色，一个木匠而不会用刨子，都是不可想象的。”古今中外的文章大家，无不是精通语言的大师。孙犁说：“从事写作的人，应当像追求真理一样去追求语言。”俗语说：“工欲善其事，必先利其器”，对于学习写文章的人来说，练就正确、规范地运用语言文字的过硬本领，乃是最重要的基本功。

3.2.3　应用文语言的主要特点

1. 平实

所谓平实，是指语言要平直、朴实，如鲁迅先生所说：“有真意，去粉饰，少做作，勿卖弄。”（《作文秘诀谈》）平直，是就应用文的笔法而言的，应用文是为解决实际问题而说服读者，而不是用形象化的描绘去感染读者，故其用笔贵在直言，采用直陈方式，不拐弯抹角，不矫饰夸张；朴实，是就应用文的用词而言，朴素实在，如实表现事物的本来面目，不管是叙述事实，还是说明事理，不追求藻饰铺陈，基本不用或少用修饰性词语，于平淡中见神采，呈现语言的本色之美。学习《毛泽东选集》，其中很多文章都平直朴实，但是道理讲得深入浅出、通俗易懂，现在读起来还有一种鲜活的感觉，显示了

应用文的语言要平实

不朽的强大生命力和感染力。

在语言运用方面，应用文和文学作品语言总体风格的差别是显而易见的。文学作品的语言追求形象性和情感性，在语言材料的运用方面，多用形象的、富于情感色彩的词，广泛使用描绘性的、积极的修辞方法，如比喻、拟人、夸张，甚至双关、通感等，以增强语言的表现力和感染力；而应用文则一般不需要进行形象描写，也不使用夸张、双关等修辞方式，不追求华丽的文采，只需将事情交代清楚，让人明白即可，它的特征是语言的明确性、简要性和程式性。

2. 准确

所谓准确，是指写作应用文选用的词语和句式，表义确定，不产生歧义。对某个说法或某一段话，可以这样理解，也可以那样理解，就是语义不确定，容易产生歧义。比较典型的案例是：张三向李四借款 10 万元，同时出具借条写明借款 10 万元，几个月后，张三归还李四 1 万元，遂将原借条撕毁，张三重新为李四出具借条一份："张三原向李四借款 10 万元，现还欠款 1 万元。"这里的"还"字既可以理解为"归还（huán）"，又可以解释为"还（hái）欠""尚欠"。由此产生争议，对出借人非常不利。再如有的单位这样规定："如果售货员与顾客吵架，值班经理应立即向负有责任的售货员提出警告，并记录在案，作为奖金发放的依据。"这里就有可能产生歧义，作者的本意应表达为"作为少发或扣发奖金的依据"，但咬文嚼字的话就有可能理解为吵架也是生财之道。所以说，语言准确与否，直接影响着应用文处理事务的现行效用，如果模棱两可，含糊其词，便会让受文单位无所适从。

文学作品追求含蓄之美，往往给读者留下思考回味的余地，而应用文的语言不允许这样。应用文，有的是传递信息，据以作出决策的；有的是传递决策，要人照办的；有的是阐明有关政策，要人执行的，所以，它要求语言必须准确、清楚，让人看了就懂，懂了就能立即行动起来。因此，用语准确是应用文写作对语言的重要要求。

写作应用文要做到语言准确，应注意这样几点：一是表述中语义要确定；二是选词要注意辨析词义；三是语句要合乎语法、逻辑；四是要正确使用标点符号。

3. 简明

应用文应力求用语简单，表述明确，增加信息密度，以质取胜。恩格斯曾经指出："言简意赅的句子，一经了解，就能牢牢记住，变成口号；而这是冗长的论述绝对做不到的。"当然，简明，并不是说写文章越短越好，以至削足适履，不能将意思表达清楚，正如毛泽东同志在《纠正文字缺点》一文中所指出的："压缩是指分清条理，去掉空话，并不是说可以省略必不可少的词类，可以违背文法，也不是说可以不顾文字的形象性和鲜明性。有些写得好的报告，虽然篇幅颇长，却能引人阅读，使人不厌其长。有些写得不好的报告，虽然篇幅不长，却使人难看。这里的区别就在是否有条理，是否说空话和是否合文法。"毛泽东同志还曾具体规定各级领导干部给中央送的"报告文字每次一千字左右为限，除特殊情况外，至多不要超过两千字"。

古今中外用短文章讲清大道理的例子很多。邓小平同志写的公文，每篇大多是两三千字左右，短的只有一二百字，但内容丰富，主题突出，意味深长，很能说明问题。

写作应用文要做到语言简明，应注意：一是吃透所写事物；二是注意炼字炼句；三是可以适当选用文言词和单音单纯词，适当运用简称。

4. 得体

所谓得体，简单地说就是要合乎特定的语境及文体特点。要符合作者的身份和读者对象的实际，与所要达到的目的及客观环境和谐一致，恰到好处。说什么，不说什么，说到什么程度，用什么语气，选择什么词汇，都要考虑最后的效果。

（1）合乎读者对象的实际。应用文是用于交际的，所以文章体现的思想情感要符合人们的惯常心理和情绪，内容要契合受众接受程度，表达方式要符合受众的接受习惯，对于特定的受众对象，还要考虑他们的兴趣、偏好及信息需求，这样才能形成有效的、有诚意的沟通。作为写作者与受文者沟通联系的工具，应用文在起草时，作者心里一定要装着受众，要到什么山唱什么歌。如果受众是基层群众，用语就要尽可能生动形象、通俗易懂，多举例子、多摆事实，少用枯燥的数字或深奥的理论；如果受众是兄弟单位或上级领导，对于本单位的特色工作、专业内容要适当解释，否则别人会一头雾水；如果受众是学者专家，那就可以把相关问题的复杂性讲清楚，不妨理论性、专业性强一点，这样有利于受众思考，提出好的意见建议。

周恩来总理在世时特别注重语言的得体，当时国家领导人接待外宾的一份通信报道，用了"接见"这个词，周总理看到后，指示记者改成"会见"，即平等的双方见面。这就避免了"接见"居高临下的意味，防止外宾产生不愉快的感觉，体现了大小国家一律平等的精神。一字之改，改得非常得体，合乎读者对象的实际。

（2）合乎文体要求。每一篇具体的文章总有一定的文体归属，文学文体与应用文体的语言风格各具特色，因此，在运用语言时必须注意保持这些特色，自觉受其约束，否则就很难写出有实际效果的文章来。如果在应用文，尤其在公文文体中滥用文学性的语言，滥用无助于直接表意的语言形式，如拟人、夸张、反语等修辞格，那么，这种公文就不成其为公文，轻则闹出笑话，重则使文章产生负面效应，给工作带来损害。

5. 程式化

人们在长期的应用文写作实践中，逐渐总结出了一些比较固定的特殊句式、特殊行款和规范用语，而且一般不允许用别的形式、别的词语去代替它们，由此形成了应用文语言程式化的特点，使应用文语言呈现出言简意赅、简洁准确和典雅庄重的风格。比如机关公文，在写作中常用的程式性词语主要有：开端用语，如“为了”“根据”；引叙用语，如“欣悉”“近接”“据查”；过渡用语，如“为此”“据此”“现通知如下”“现函复如下”；征询用语，如“妥否”“是否可行”；期复用语，如“请回复”“请批复”；综述用语，如“综上所述”“总之”；结尾用语，如“此复”“为盼”“特此函达”等。这些语言模式便于作者很快掌握公文的特有语言形式，且与其他文体有效地区分开来，体现公文特有的语言风格。

3.2.4　提高应用文语言表达能力的途径

语言是文章的第一要素。文章的优劣在很大程度上取决于作者语言表达能力的高低。因此，语言表达能力是学习写作的最基本的功底。那么如何提高应用文的语言表达能力呢？

1. 加强思维训练

语言是思想的直接现实。语言不仅是思维活动的工具，也是思维内容的现实表达。语言表达能力的高低，往往取决于思维的质量，包括思路是否清晰，认识是否深刻，思维的视角是否新颖，等等。一般而言，思想清楚，认识深刻，视角新颖的人，写出的文章才能脉络清晰自然，表现力强，语言生动活泼。反之，如果思维混乱，头脑中一团乱麻，认识肤浅，视角陈旧，那么写出的文章一定平庸、晦涩，令人不知所云，正如作家秦牧所说：“文字的暧昧是由于思想的朦胧。”因此，提高语言表达能力，一定要注意加强思维训练。比如，平时读书看报的过程中，要有意识地把握作者思路的展开与推进，作者思想认识的角度与深度。与他人交谈中，既要自觉地检视本人意见与态度表达是否清晰、严密、新颖，也要用心体会别人思维表达的优点与缺陷。久而久之，个人思维的水平与质量就会逐渐提高，语言表达能力也会逐步增强。

2. 提高语言素养

思维训练对于语言表达能力的提高固然重要，但是如果作者语言素养较低，词汇贫乏，语法不通，高质量的思维成果表达不出，或词不达意，还是写不出令人满意的篇章。因此，提高语言素养对于写作来说也很重要。

专家谈写文章
如何推敲文字

阅读经典美文对于提高语言素养非常有帮助。经典性的文章，其在语言运用方面堪称表率。对应用文而言，其中也有相当多的机关公文、事务和专用文书在语言运用方面非常典范。如党中央和国务院发布的重要文件，一些著名的调查报告与学术论文等，其语言表达也值得细细学习和品味。通过阅读，一方面，可以感受、学习、借鉴其突出的语言文字表达优点，另一方面，也可以丰富个人的词汇语料库，为今后的写作做好准备。

提高语言素养，还需要在日常生活和写作中，培养对语言的兴趣和敏感，通过推敲词义，辨别词性，培养语感，逐渐提高语言表达能力。曹禺在《语言学习杂感》中说："要培养自己对语言的兴趣""有了强烈的兴趣，才更容易领略语言的妙境，才更能摸索语言的精微""语言的进步便如水之就下那样顺当，反之，只有锻炼语言的愿望而无兴趣，语言的进步就如激水上山那样的艰难。"兴趣是最好的老师。在兴趣的引导下，才能敏锐地把握语言的精妙，在点点滴滴的训练中进一步提高。辨析词义词性，选用最恰当的词语是语言表达过程中最基本的步骤之一。特别对于应用文写作来说，所选词语的恰当与否，不仅体现个人的语言表达能力，甚至关系到工作的顺利开展，大局的稳定与事业的兴衰成败。因此，根据内容或对象的特点仔细辨析词语的内涵，选择恰当的词语是提高应用文写作能力的重要手段。

培养语感也是提高语言素养的重要环节。语感表现为对音节的节奏、句子的匀称、句意的完整、语调的流畅自然等的感觉。在写作过程中，语感对于作者的遣词造句、字句成篇有很大的影响，甚至对内容的表达也起着支配、制约作用，并最终影响文章风格的形成。因此，在平时对经典篇章的大量阅读与写作实践的深切感受中，要学会对语言的审美，养就良好的语感，以提高个人的语言素养和语言表达能力。

总之，只有加强思维训练与提高语言素养双管齐下，才会使两者相得益彰，不断提高个人的语言表达能力。

3.3 表达方式

3.3.1 表达方式的含义

表达方式是构成文章的要素之一，是作者运用语言反映客观事物和主观思想的方法和手段。

由于客观事物本身千差万别，而人们反映客观事物的目的又各不相同，因而所采用的方法和手段也各有侧重：有的陈述过程，有的描绘形象，有的抒发感情，有的阐述见解，有的解说事物的性状，这样就形成了叙述、描写、抒情、议论和说明五种不同的表达方式。

3.3.2 表达方式的作用

选择合适的表达方式是增强文章表达效果的重要手段。我们写文章，除了要有正确的主题、精当的语言之外，还需要采用丰富多样的、恰当的表达方式，才能使文章的思想内容得以圆满的表现。

俄国的普列汉诺夫在《才能和劳动》一文中用形象的比喻强调指出："要知道，食物所含的热量是绝不排斥高明的烹饪艺术。重要的不仅仅是原料是否新鲜，还有烧法。大家都知道，面粉可以做面包，也可以做糨糊，一条富有营养的鲜鱼在疏忽的厨子手里可以变成木匠用的胶，也可以变成肥料，这两者都是不好吃的。"这里，他把写文章和烧饭两件事作比，表达方式就好比烹饪技术，烹饪技术高，烧出的饭就不但有营养，而且好吃；写文章时表达方式运用得好，文章的思想内容才会完美地展现出来。

日本一位著名作家也举过一个类似的例子，他说："例如同一首提琴曲《幽默曲》，名家爱尔曼演奏起来就和二、三流的提琴手演奏出来的纯粹不同。由此可见，即使是相同的主题，使用同一的题材，以同一的结构进行写作，但在叙述以及描写的过程中，由于叙述或是描写的技术和技巧的不同，写出来的东西，给人的艺术上的感受，仍将是大大不一样的。"这也强调了表达方式对于写作的重要性。

同一个题材，有人写成小学作文，有人却能写成经典，例如，去过地坛的人千千万，但唯有史铁生的《我与地坛》，把一个老园子里的寻常日子，赋予如此曼妙的哲思。文章要让人喜爱，百读不厌，就一定要写得富有文采，能够感染人、说服人、启示人。而恰当地运用各种表达方式，正是增强文章表达效果和文采的重要手段。在写作中选用各种表达方式，旨在充分发挥语言创造性的再现功能，使读者如见其人、如睹其物、如临其境，达到有声可闻、有色可观、有情可品、有味可寻的境地，追求最佳的传播效果。由此可见，表达方式运用得是否恰当、娴熟、和谐，是衡量作者写作水平的重要标志之一。

在文章中，各种表达方式常常是综合运用的。孤立地使用某一种表达方式，很难使文章具有良好的表达效果。但不同的文体往往有其主要运用的表达方式，议论文主要运用议论，说明文主要运用说明，记叙文主要运用叙述、描写。对于应用文而言，主要使用的表达方式是叙述、议论和说明。

3.3.3　应用文中常用的几种表达方式

1. 叙述

（1）叙述的含义和作用。叙述，就是作者在文章中对事情发展和人物经历所作的述说和交代。它是写作中最基本、最常见的表达方式之一。

叙述包含六个要素，即时间、地点、人物、事件、原因、结果。在叙述时一般要把这六个要素交代清楚，给读者以清晰完整的印象。当然，并非每篇文章都必须把这六个要素完全加以交代，倘使读者不会产生疑问，某些要素可以略去。

叙述的作用主要体现在以下几个方面：

①记述事件发生、发展的过程。事件的发生、发展有一定的原因，各种事物之间有复杂的联系，通过叙述，可以把事件的过程和结果交代清楚，揭示其发展变化的原因及事物的内在联系，让读者掌握事态全貌及其本质。

②介绍人物的经历和事迹。通过对人物身世、地位、经历、事迹等的介绍，使读者对所写的人物有一个全面、概括的了解。

③为议论说理的文章提供论据。议论中作为论据的事实材料，主要通过叙述来提供。在说明文中，对解说对象的一般交代，有时也离不开叙述。

（2）叙述的人称。叙述往往有一定的视角，即由谁来叙述，表现出来就是人称。因此，所谓人称，就是作者认识和表现事物的角度和立足点。人称主要有第一人称和第三人称。人称的划分是有相对独立性的，但人称的使用却是可以转换的。一篇文章在交换使用一、三人称时，改换不宜频繁，且务必交代清楚。必要时，可以运用过渡句或过渡段进行提示，以免造成混乱。

（3）叙述的方式。叙述有多种方式，从叙述的先后次序上分，有顺叙、倒叙、插叙、平叙。

所谓顺叙，就是按照事情发生、发展的先后顺序来叙述。有的按照时间先后顺序展开叙述，有的按照事件的发展过程进行叙述，有的按照作者认识的变化加以叙述。顺叙的长处在于由头至尾，次第井然，便于组织材料，容易贯通文理。但是，顺叙容易流于平淡，缺少波澜。

所谓倒叙，就是把事件的结局或某个最突出的片段提到前边来叙述，然后再从头叙述。倒叙的优点是以其突发性造成对读者的强烈刺激，以撩人的悬念吸引读者阅读的兴味，使文章开卷生波。采用倒叙要找准倒叙的起讫点，一则新人耳目，吸引读者；二则衔接自然，文理贯通，勿使纠缠，令人模糊不清。

所谓插叙，是指在叙述进行中，中断原来的叙述，插入另一段叙述，这段插入的叙述结束后，再继续原来的叙述。使用插叙，文章容量加大，对表现人物和实现主题具有积极作用，而且有断有续，能调剂读者的神经。

所谓平叙，是指叙述两件或两件以上同时发生的事情，先叙述一件再叙述另一件，或两件交叉进行叙述。这种叙述有分有合，一般是先合，然后中断合叙的线索，用“花开两朵，各表一枝”的办法，最后复归于合叙。

从叙述的详略程度上分，有具体叙述、概括叙述。概括叙述，是对人物事件作简括的介绍，给读者一个概要的印象；具体叙述，是对人物事件进行详尽的介绍，力求给人切实生动的印象。

另外，从叙述的线索上分，有合叙、分叙；从叙述的不同角度上分，有直叙、借叙等。

（4）叙述的基本要求。

①线索分明，交代清楚。线索是穿结文章材料、推进内容发展的筋节。叙述时不把线索梳理清楚，就会杂乱无章，头绪纷乱。因而，叙述时无论是以时间为线索、以人物为线索，还是以中心事件为线索；或者以单线和复线、明线和暗线进行叙述，都要穿结有条，次第井然。对于叙述的六要素，一般都要作交代，使读者对事物的来龙去脉有一个清晰的印象，要省略时必须不影响读者的理解和接受，否则不能随意省略。

②详略得当，突出重点。无论是人物，还是事件，凡是重要的地方，能深刻表现主题之处，叙述要详细，有所侧重，突出重点。对于次要的地方，不需要着力叙述的地方，就要略写，无须使用大量笔墨。否则，轻重倒置，冲淡要害，影响主题的表达。

③起伏曲折，力戒平淡。“文似看山不喜平”。叙述也需波澜跌宕，起伏多变，快慢适宜，断续恰当，妙趣横生，激荡读者的心胸；要克服无主次，淡而无味，没有感情高潮的平庸絮叨。

（5）叙述在应用文中的运用。叙述是文章写作中最基本、最常用的表达方式之一，不同类型的文章对叙述的要求不同，这是由文体特点和文章的主题决定的。在一般的记叙类文章中，叙述的目的在于呈现事物发展的真实过程，因此多以直接叙述和具体叙述为主，叙述的人称、角度和方式比较灵活，而且在叙述过程中调动各种积极修辞手法，注重形象地表现事物发展过程中的场面、细节和人物。而在应用文中，虽然有的文体本身以叙述事实、反映情况为宗旨，但绝大多数文体运用叙述的目的是为了处理问题，为了给读者提供了解文件所产生的背景、情况和事实依据，帮助读者领会作者的写作意图和文章的精神要旨。有的文体以所叙述的事实作为立论的根据，如评论、论文和公文中的通报、情况报告等；有的文体依据所叙述的事实作出决策或预测，如计划、调查报告、税务文书、审计文书以及公文中的决定、批复等；有的文体以所叙述的事实作为签订协议的依据，或以所叙述的事实作为凭证，如合同等。因此应用文在运用叙述时，与普通的记叙文便有所不同。应用文在使用叙述这种表达方式时，叙述的人称一般以第三人称为主，如实地叙述事实，力求真实、确切，决不允许夸大或缩小；多以直陈性的概括叙述为主，不迂回铺陈，转弯抹角；为使文章头绪清楚，大多使用顺叙的方式；文笔简练质朴，一般较少使用修饰性的词语。如《国务院办公厅关于表彰奖励中国女子足球队的通报》一文中，是这样叙述中国女子足球队突出事迹的：

> 中国女子足球队是我国体育战线上的一支优秀队伍，长期以来，刻苦训练，锐意进取，在历次重大比赛中都获得了好的成绩，为我国体育事业的发展做出了贡献。中国女子足球队在第三届世界杯女子足球赛中，发扬为国争光、不畏敌手、团结协作、顽强拼搏的精神，荣获亚军，为祖国赢得了荣誉，受到全国人民称赞。为此，国务院决定对中国女子足球队给予表彰并予奖励。

这篇通报对中国女子足球队在重大比赛，包括世界杯赛中的突出表现所采用的叙述方式是概括叙述，没有具体叙述某场比赛的过程、结果，或某个队员的临场表现，文风简洁凝练，平淡朴实。试想，如果是一则体育新闻，作者的叙述方式和叙述风格则会追求具体、生动和形象，表现出迥异于通报的特点。

2. 议论

（1）议论的含义及作用。议论，就是作者通过逻辑推理和事实材料表明自己的观点和态度，达到明辨是非和阐明事理的目的。

议论反映的是事物的因果关系。完整的议论包含三个要素，即论点、论据和论证。论点，指作者的观点、主张，由作者提出来使读者去接受；论据，是指证明论点的事实和道理，它在议论中是建立论点的依据，所以叫论据；论证，就是用论据证明论点的过程，它把论点和论据按照一定方式联系起来，阐明它们之间的因果关系，以合乎逻辑的方式说服读者。

议论的用途广泛。在议论文中，它是议论说理的主要形式，运用概念、判断、推理和证明的思维形式阐明事理。在记叙文中，它用来评价作品中的人物和事实，为升华人物情感和深化主题服务。在应用文中的议论和评价，往往是画龙点睛，一语中的，指明事物的内蕴，使文章主题更加鲜明。

（2）议论的种类。议论可分为两种：一种是以论证正面观点为主的议论，称作立论；另一种是以驳斥反面观点为主的议论，称作驳论。立论与驳论不能截然分开，一般情况是：在立论的文章中，需要批驳错误论点来进一步阐明正面观点，即立中有驳；在驳论的文章中，也要在批驳错误论点的同时，确立正面的观点，即驳中有立。

（3）议论的方法。

例证法。例证法是列举事实来证明论点的方法。正确的论点来自客观存在，用事实做论据是论证论点的有效方法。用来做论据的事实材料，可以是具体事例，可以是概括的事实，也可以是统计数字。其中的关键在于收集和选择最典型、最有说服力的事实，列举出来作为论据对论点加以证明。

分析法。这是一种通过分析问题进行论证的方法。它借助于分析问题，剖析事理，揭示论点和论据之间的因果关系，从而将论点树立起来。

引证法。引用经典著作、名家名言、公理定理等来证明论点的方法叫引证法。引用的事理、言论，是经过实践检验和被公认的，所以它们不需要再论证，直接引用做论据就可以证明论点。

对比法。对比法就是以事物的相互比照来证明论点的方法。事物是互相比较而存在的，在对比中容易辨明是非，说清道理。对比，可以用历史事实或过去情况与当前的事物做纵的比较，也可以用两种对立的事物做横的比较。为此，有人把对比法称作纵横比较法。

类比法。把两种事物相同或相似的特征进行比较，得出与之相关的结论，就叫类比。这种方法通常以讲故事、打比方的形式，把抽象的道理比喻明白，从而得出结论。类比是一种形象化的论证方法。类比的两个对象，必须有相似点。运用类比一定要严格挑选事例，不能停留在现象的比拟上，要抓住类比事物的本质属性。

归纳法。从个别到一般的论证方法叫归纳法，用事实作论据证明论点时，往往使用这种方法。运用归纳法，要防止以偏概全，即不能根据一些个别的、非本质的事实得出一般性的结论。

演绎法。从一般到个别的论证方法叫演绎法，它的论证方向同归纳法正好相反。演绎法的大前提是一个一般原理，结论是特殊场合的道理。使用演绎法，作为一般原理的大前提一定要正确，推理过程要严密，从而保证结论的正确性。

（4）议论的基本要求。

①论点要正确鲜明。论点正确是对议论的最重要、最基本的要求。要反驳的论点必须是错误的，要建立的论点必须是正确的，不能强词夺理，以错反错。此外，论点还应当鲜明，不能吞吞吐吐，模棱两可，搞折衷主义。

②论据要充实可靠。论据是支撑论点的，论据不充足，或者不能得出结论，或者得出的结论不能令人信服。论据还要确凿无疑。郭沫若说：“材料缺乏顶多得不出结论而已，而材料不正确，便会得出错误的结论。这样的结论比没有更要有害。”

③论证要合乎逻辑。论证中，论点与论据之间的联系包含着种种推理，推理一定要准确，分析问题要严密，从而使整个论证过程无懈可击。

（5）议论在应用文中的运用。在应用文写作中，如果说运用叙述是为了给读者提供了解文件产生的背景、情况和事实根据，那么，运用议论则是为了给读者提供理解文件精神的理论依据。作者或根据需要援引党和国家的方针政策，有关学科的基本理论，增强文章主题的说服力；或根据所掌握的情况有针对性地阐明采取措施的缘由、目的，或者指陈利弊得失，以期对读者起到启发、提示作用。在应用文中议论不是目的，而是作者提出观点、表明态度的理论基础、依据和前提。因此应用文在运用议论这一表达方式时与议论文写作的要求不同，不是通篇议论，不要求论点、论据、论证三要素俱全，而是通常以正面立论为主，直接从正面讲出道理，原则性地阐明理由，为读者理解文章主题做出阐释和提示，表现出针对性强、简要凝练、精当深刻等特点。它或在记述某人某事的基础上，画龙点睛地予以评价；或在摆出现象后，精当地阐明其内在实质或意义；或在叙述工作中存在的问题之后，简要地予以分析，并提出解决的办法和意见。议论的笔调多是论断式、评判式和总结式的，强调说理性、逻辑性和通俗性。例如《国务院办公厅关于严格控制外出参观和制止公费旅游的通知》中：

> 近年来，国务院曾几次发出通知，要求各地区、各部门严格控制外出参观活动，坚决制止借出差、开会、参观等名义到处游山玩水的不正之风。但到目前为止，此风尚未刹住，一些地方仍在滋长、蔓延。必须指出，这类活动不仅浪费国家资金，给一些地方的物资供应、食宿、运输等造成很大压力，妨碍先进单位的正常生产和业务活动，而且在群众中造成了很不好的政治影响。

此文在概述了外出参观和公费旅游的种种情况后，分析了这种现象的多重危害，逻辑性、针对性强，具有十分强烈的现实意义。前面的叙述是议论必需的前提和基础，后面的议论是必然形成的观点和结论。

3. 说明

（1）说明的含义及作用。说明，是用简明扼要的文字，把事物的形状、性质、特征、构造、功用、成因、演变等解说清楚的一种表达方式。

被说明的事物，可以是具体的事物、实体，如电脑、松树；也可以是抽象的事理，如相对论、统筹方法等。说明的目的，在于使读者对事物的本质属性获得正确的认识，即教人以知，导人以用。

（2）说明的方法。定义与诠释。定义是用简明扼要的文字，通过揭示概念内涵明确概念的说明方法。用形式逻辑的公式表示就是：被定义者 = 种差 + 邻近的属概念。下定义分三个步骤：第一步，找出被定义者的邻近的属概念。如“文学”的属概念有“艺术”“意识形态”“上层建筑”等，而“艺术”则是“文学”邻近的属概念。第二步，找出被定义者的种差。所谓种差，就是同一个属概念下的几个同级种概念在内涵（即本质属性）上的差别。“文学”在属概念中同级种概念有“音乐”“舞蹈”“绘画”等，它们在内涵方面的差别是“以语言为工具和手段”。第三步，把被定义者和“种差 + 属”组成的定义项联结起来。这样，就得出了“文学是以语言为工具和手段的艺术”。诠释，就是对事物的概念、性质、特点、功能、原理等进行详细解释。

定义与诠释这两种说明方法的区别主要有两点：第一，定义法是抓住被定义者的内涵说明被定义者；诠释法灵活多样，通俗易懂，在内容和形式上不像定义法那样严格完整，只揭示被定义者的一部分内涵就可以了。第二，定义法与诠释法都是用“某某是什么”或“某某怎么样”来表示，定义法“是”字两边的话可以互换，而诠释法“是”字两边的话不能互换。如果将定义法和诠释法结合起来使用，则既可揭示事物的本质特征，又可对事物的性质、状态、功能等进一步加以解释，使读者对事物既有概括的认识，又有具体的了解。

分类与分解。分类就是根据事物的形状、性质、成因、功能等属性的异同将其分成若干类，然后依照类别逐一加以说明。如重工业可分为冶金工业、机器制造工业、采掘工业等，对冶金工业、机器制造工业、采掘工业等逐一加以说明，即为分类法。分解是把被说明的事物分成若干部分，逐一加以说明，从而达到说明整体事物的目的。例如，人体解剖学将人体分为神经系统、呼吸系统、消化系统、循环系统等，然后再对每个系统中的器官分别给予说明，从而达到对人体的完整认识。

分类与分解两种说明方法的区别是：分类是根据事物的特点分别归类，即以某种性质为标准，把大类分成若干小类，大类与小类是属与种的关系。分解是把整体分成许多部分，如把句子分为主语、谓语、宾语等；主语、谓语、宾语是句子的组成部分，而不是句子的种概念。如果把句子分成单句和复句，则是分类了。

举例与引用。举例是通过个别事物的举例，把抽象的道理和复杂事物的概念、特征、功用、原理等解说得具体形象、通俗易懂。引用就是引证有关资料，使说明的对象具有可靠的依据，帮助读者进一步了解说明对象。

比较和比喻。比较就是用熟知的事物去和陌生的事物作比照，使读者有个由此及彼的理解。比喻是用熟知的事物比喻不常见或不易懂的事物或道理的一种说明方法。

数字和图表。运用数字解说事物的属性和特点就叫数字说明法。有的事物、事理有时从别的角度很难说清楚，一旦运用数字说明，便会使人易于了解和接受。为了增强直观性，对一些仅用文字难以说明的事物配以图片、表格，从而帮助读者更好地理解说明对象，这就是图表法，图表法在教科书和应用文中使用较为普遍，效果非常显著。

（3）说明的基本要求。

①表达的客观性。作者要站在客观的立场上，解说事物，阐明事理，不要把自己的主观意志强加入说明之中。

②内容的科学性。要熟悉和了解说明对象，符合科学地解说事物和事理，要把握住特点，说对，说准。

③文字的准确性。对定义、概念的表述，文字要准确严密，援引的数字也必须准确无误。

（4）说明在应用文中的运用。在应用文写作中，说明是最基本、最常用的表达方式之一。应用文在运用说明这一表达方式时，作者一般只作纯客观、公正的介绍，不掺杂主观的好恶和炫示性的夸饰，事实、数据真实准确，而且注重前后内容的逻辑关系、层次顺序，突出重点，简明扼要。如《谁在消费私家车——关于杭州私家车主构成的独立调查》一文中，作者是这样说明调查结果的：

> 调查结果显示，中年车主仍然是私家车主的主流群体，占了调查人数的63.3%。值得注意的是，一部分年轻车主正在崛起，占总人数的26.5%。这部分车主的年龄大致在20～30岁，大多拥有大学本科学历以及较好的职业，年收入在5万～10万元左右，而且50%以上由自己独立出资购车。

写作中的数字运用规范

在应用文中，尤其是财经应用文中，数字是最具说服力的材料。因为任何财经活动、财经信息都与数量有着直接的、密不可分的联系。财经活动往往是围绕数量的变化进行的，经济运行质量往往通过数字表现出来，而财经信息本身常常就是一组数据。因此，在财经应用文中，利用数字来反映情况，说明问题，是其表达方式的重要特点。

总结上述三种表达方式在应用文中的运用情况，我们发现，应用文一般兼用叙述、说明、议论三种表达方式，并根据文书的性质和行文目的的要求，在选用时有所侧重。如工作报告、通报、大事记、纪要等，侧重使用叙述的形式，以展现工作的发展过程、事情的原委以及成绩与不足；发布行政法规、规章、公告，制定合同、协议书等侧重使用说明的形式，使人清楚、明白地知晓应当遵守的规范和应当履行的职责、义务等；撰写决定、讲话稿等侧重使用议论的方式，阐述论点，说明论据并加以论证。还有些内容比较复杂的文书，如总结、调查报告等还要同时兼用两种以上的表达方式，即在说明目的、根据、情况和叙述事实的基础上论证道理，阐明观点。

总之，不论制作哪种文书，都应从实际出发，根据其性质选择恰当的表达方式。

本章小结

如第2章小结所述，应用文是由一定的内容以及与内容相适应的形式构成的。内容的构成要素是主题和材料，形式的构成要素是结构、语言和表达方式。本章从分析应用文构成要素的角度切入，重点介绍了形式方面的要素：结构、语言和表达方式。

1. 文章主题确立之后，就要根据主题的需要考虑安排材料的顺序、详略、衔接等问题，结构是否合理、恰当，直接关系着主题的表达。应用文的结构安排要做到严谨、自然、完整、明晰，要正确反映客观事物的发展规律和内在联系，要服从表现主题思想的需要，还要适应不同文体的特点。

2. 作者的写作意图要通过恰当的语言和表达方式体现出来，与文学作品不同，应用文的语言具有平实、准确、简明、得体、程式化的特点。提高应用文语言表达能力，要从加强思维训练、提高语言素养等方面入手。

3. 叙述、议论、说明是应用文常用的三种表达方式。它们在应用文中运用时有各自不同的特点和要求。掌握这些特点和要求，对于提高应用文写作能力有重要的意义。

思考与练习

一、简答题

1. 什么是结构？简述应用文结构安排应遵循的原则。

2. 简述应用文结构的要求。

3. 如何提高应用文结构安排的能力？

4. 简述文章写作中语言与思维的关系。

5. 简述应用文语言的特点。

6. 联系实际谈谈如何提高应用文语言表达能力。

7. 什么是表达方式？应用文写作中常用的表达方式有哪些？

8. 简述叙述、议论、说明的含义及其基本要求。

9. 举例说明叙述、议论、说明三种表达方式在应用文中的使用特点。

二、分析题

1. 分析下面在材料选择和结构安排等方面存在的问题，并加以修改。

××部计算机中心关于举办 GF20/11A 汉字微机培训班的通知

×××：

近年来，电子计算机在我国有了迅速的发展和广泛的应用。电子计算机不但可以代替人进行计算处理和存贮信息，进行比较和分析，而且能够完成许多人力所不能及的工作。可以加快信息传递和处理速度、提高工作效率。我部电子计算机中心，通过几年的实践，证明在财政方面，计算机的应用是非常广泛和可行的。如税收工作，在国民经济中一直占有重要的地位。然而从税收信息的采集，到各级税务部门的汇总、分析、呈报等环节，过去一直是人完成。由于数量大、传递慢等原因，报表常常出现错误。另外各省市的报表的格式也不一样。使用计算机以来解决了上述不足，提高了工作效率。为此，××部计算中心将在今年八月份举办 GF20/11A 汉字微机培训班。以提高各省、市自治区的工作效率，搞好财政工作。

为了搞好这次培训班，我们有以下几点要求，望各省、市、自治区××厅根据实际情况推选 2～3 名人员，于 8 月 10 日来部招待所报到。

（1）由于这次学习具有系统性，因而无论在深度上和广度上都有一定的分量，所以，我们要求凡报名者文化程度必须在高中以上，有计算机基础并既对计算机有兴趣，又懂财政业务的人。

（2）考虑到今后工作，年龄应在 35 岁以下。

GF20/11A 汉字微机，通用性强，能适应多种汉字输入编号方式，可通过电话、电话线路进行文件传输。这次培训班，我们将学习 BASIC、COBOZ、FORTRAN 等语言和电话网通讯程序、电报网通讯程序、汉字屏幕编辑程序、报表处理程序。六个月学习完毕，学员可独立进行操作应用计算和进行分类、汇总、分析、制表、传递等工作。

2. 下面是一份商调函中的描述，用语是否恰当，如何修改，请结合应用文语言的特点加以分析。

贵厂女工孙××与鄙厂干事金××，是一对恩爱伴侣，两人苦于相隔两地、鸳鸯分飞。双方感情备受煎熬不说，还加重了家庭负担，年迈双亲随女方缺人照料而苦不堪言，幼弱女儿随男方缺少母爱而目不忍睹。这实在是现代生活的一幕大悲剧！

3. 指出下列各句中的语病，并加以修改。

（1）某市政府发布的《市区饲养家畜家禽管理规定》中有这样的内容：

未经批准饲养的家畜家禽，限于×年×月×日前全部自行宰杀。

违者由所在地街道办事处和乡、镇人民政府组织力量强行捕杀，并向禽畜主收取捕杀费用。

(2) 某县政府的《关于取消 × × 等五个单位的文明单位称号的决定》中说：

这五个单位的领导居功自傲，不思进取，放松对干部职工的教育管理，忽视了单位的社会主义精神文明建设，在社会上危害极大。

(3) 某机关《关于制止随意提高各种标准的报告》中："他们为了本单位的利益，通过提高收费标准，达到增加收入，多发奖金。"

(4) 两个企业签订一份《供货合同》，其中有一条：

甲方收到乙方货物后，应通过银行一次性向乙方付清全部货款。

(5) 某市一个机关下发一份《关于加强廉政建设的通知》，其中有一条：

不该收的礼坚决不收，不该吃的饭坚决不吃。

(6) 某校一次毕业典礼上，学生代表发言，开头：

今天在这里隆重召开毕业典礼，我光荣地代表全体毕业生发言。回顾三年的学习生涯，使我们感慨万千。

(7) 某校向上级汇报学生参加社会实践活动的报告：

组织学生参加社会实践活动，对于学生学习风气的加强，自身能力的训练以及精神文明的开展，都有十分重要的意义。

(8) 某单位一职工要求调动工作，向领导写申请，结尾：

万望视本人的实际困难予以批准。切切。

(9) 这个先进集体就在深入开展反腐败斗争中涌现了。

(10) 在这个公司里，勤俭节约的精神日益浓厚。

(11) 在培训班最后三天的学习，是我们收获最大的三天。

(12) 这项主体工程也是我国水泥企业中最大最先进的一项节电措施。

(13) 这场足球赛是在酷热的气温中进行的。

(14) 9 月 13 日，市局召开基层干部会议，请市劳模报告团给基层干部作报告，受到了很大教育。

(15) 我们必须排除种种因素，在年内建成工业品市场。

(16) 培训班的成员都是正科级和副科级干部所组成。

(17) 今年生产任务的提前完成，靠的是全厂干部、工人的齐心协力，各有关协作单位对本厂的积极支持和热情支援取得的。

(18) 会议期间，市领导亲切地向优秀教师代表表示慰问。

(19) 在社会主义现代化建设中，要发挥知识分子的充分才能。

(20) 工程开工以来，省委、市委和中央领导同志都到这里视察过。

（21）这是有效地提高产量的措施。

（22）王伟同志于6月21日下午5时20分，因突发心脏病，医治无效与世长辞。

（23）他们在遇到困难的时候，并没有消沉，而是在大家的信赖和关怀中得到了力量，树立了克服困难的信心。

（24）这部电视剧在塑造邓小平的形象所提供的经验是非常宝贵的。

（25）在激烈的市场竞争中，我们所缺乏的，一是勇气不足；二是谋略不当。

4. 下文综合运用了叙述、议论、说明几种表达方式，具体指出何处是叙述？是具体叙述还是概括叙述？何处是议论？这种议论同一般议论文体的议论有何不同？何处是说明？

查账证明书

关于××厂19××年度的决算报表，已经按照一般的会计原则检查了该厂有关财务账册凭证。对于××等人反映的事项，已向有关单位和人员进行了解得到解决。该厂财务账目是清楚的，对于会计处理不很恰当而影响财务指标的部分，也通过查账做了必要的调整，并重新编制了决算表一份（见附件）。我们认为表内所列指标比较正确地反映了该厂19××年度财务状况及经营结果。

特此证明。

查账单位：××市审计局
查账人：×××
×年×月×日

第 4 章 修改完善

本章要点

- ✧ 应用文的审美特征
- ✧ 应用文修改的原则
- ✧ 应用文修改的具体内容

4.1 应用文的审美特征

应用文的基本特征是实用性。实用与审美并非相互矛盾的一对概念。在人类漫长的生产实践活动中，实用与审美的统一，始终是人类不懈的追求。脱离了审美特性而徒具实用价值的事物往往与简单、呆板、程式化相联系；而脱离了实用价值、徒具审美形式的事物就会变得没有意义。对于应用文来说同样如此。撰写应用文，既要注意其实用价值，也应重视其审美特性。一篇应用文内容与形式的美与不美，直接影响到该文的质量，因为内容与形式是互相依存的。美的内容需要美的形式来表达，美的形式要表现美的内容，二者兼得才能称得上是一篇上乘的应用文。

4.1.1 内容之美

写作的审美活动离不开创作主体和接受主体审美理想的烛照和指引。应用文的创作主体和接受主体的审美理想是一致的。正如有人给公文下的定义，说公文是法定的组织或个人用来指导、制约社会管理工作，以不间断地发挥其使整个社会及其各组成部分有序化运行的规范、纽带与关键作用的文书，是人类用以管理社会，使社会有序化运行、发展的文书。这一说法，从客观上界定了公文的目的就是规范社会、管理社会，使社会有序化运行发展。而这一点和人类最起码的审美理想——整齐、匀称、平衡、明确……是完全一致的。也就是说，人们是按照自己的审美理想去设计生存的社会环境。而制发公文的目的正是这种设计的体现。实际上，每制作、发布一份公文，对社会行为的规范与约束都将起到不小的作用。如《社会治安管理条例》《城市社区管理条例》等，发布之后所产生的效应，都是人们所企盼和认同的，即规范、有序、和谐、平衡、整齐的环境和境界。

总之，不仅公文在它的实用性中显示出审美意义，就是其他的应用文章也都从目的与效果两方面的实用性显示出审美价值来。建立有序、规范、文明、和谐的社会秩序，这是人类的追求和理想。应用文在整个运作过程中，既符合自身的目的，又能满足大众的需要，因而它是“美”的，具有很强的审美价值。

4.1.2 形式之美

应用文的形式之美主要表现为结构美、语言美、文面美三个方面。

1. 规整的结构之美

应用文一般有较为固定的格式。怎样开头，怎样展开，怎样结尾，都有约定俗成的写法。如书信，开头要有称谓，中间写传递给对方的信息，结尾写寄信人的名字和时间。按照这个格式写信，对方就感到清楚、实用，同时又感到亲切，从中获得美感。否则，写的信就不清楚，不实用，当然就更谈不上满足审美的欲求了。

再以公文为例。公文不仅在文面格式上具有规整之美，而且在其结构上也具有一种规整之美。一份公文由眉首、主体、版记三部分组成，每一部分都有自己规范的要求。即使是正文部分，也是由相对稳定的发文缘由、发文事项、发文要求三部分构成。这就使公文的格式相对固定了下来，具有了程式化的特点。这种规整的、程式化的结构，一方面使公文的制作更加规范、简便，有利于行政措施的施行；另一方面又能强化公文的目的，清除接受者在接受上的困难，让人很快领会发文意图，进而提高工作效率，充分发挥公文在社会生活中的作用。

当然应用文的格式只是相对固定，而不是绝对固定不变的。随着时代的发展，有些不适应现代生活、生产、工作需要的格式便逐渐被淘汰了，而一些适应现代工作、生产、生活需要的格式又逐渐形成。这说明应用文的格式也在发展、变化之中。不论是被淘汰的，还是新出现的，其标准都包括实用、美观两个方面。凡是实用的、能产生美感的格式都会逐渐替代不实用的和不够美的格式，这是自然规律。所以既实用，又具有美感的结构，代表了应用文的特点，体现了应用文结构的规整之美。

2. 富有表现力的语言之美

应用文富有表现力的语言之美，主要体现在其朴实、精炼的特点上，但在不同的应用文的类别中又有不同的方式，因而不能一概而论。

就公文而言，公文的用语是很严谨的，“一字入公门，九牛拔不出”，即说明了这个道理。旧公文的用语，有一套程式，诸如：“等因奉此”“令仰遵照”之类。旧公文废止之后，现行新公文依然有一套常用的事务性词语，有一套与业务相关的专用术语。归纳起来可以说是典雅与通俗的统一、固定与变化的统一。公文的产生和使用始终是在公务活动过程中进行的，这就使公文有了一个相对庄重严肃的“语境”，即背景和场合，其语境对公文语体的形成和公文语言的使用形成极大的约束，使得公文的语言也必须庄重严肃、典雅优美，因而公文也多采用规范的书面语，且常用一些文言句法、词法使其语言更加典雅。另外，公文的行文目的是为了传达政令、汇报情况、请示问题、交流经验、商洽业务，它所面对的读者是一定范围内的工作人员，他们的文化程度和接受能力各不相同，这就使公文的语言必须通俗易懂，明白畅达，因此典雅与通俗的特点在公文中非常和谐地表现出来。此外，公文虽然在表达上有一个相对固定的格式，并不是说它就必然会死板枯燥。公文同样也需要生动、多姿多彩和富于变化，因为公文写作的目的是为了更好地为读者服务，提高工作的效率。

试以一则告示为例。在黄山的始信峰，风景区的管理人员为了劝告游人不要乱折花木，曾写出这样一则告示：“杜鹃居山久，春萌夏始开。劝君勿采折，美从自然来。”试想游客读了这样优美、文雅的语言，谁还忍心去随意折枝采花，破坏自然美景呢？这比那些“严禁攀折花木，违者罚款 50 元”等板着面孔训人的一类告示，不是更容易为游客所接受，并乐于遵守吗？这种文野之分，雅俗之别，美的语言带来的社会效应，已经超出了预期的目的。因为这则告示在使人不再随意攀折花木的同时，还让大家受到了文明、文化和美的感染。

再拿广告来说，更需要生动、形象、富有表现力的语言，这点在当今铺天盖地的广告中有突出表现。其实应用文语言之美自古亦然，以郑板桥的卖画广告为例：

> 大幅六两，中幅四两，小幅二两；条幅对联一两，扇子斗方五钱。凡送礼物食物，总不如白银为妙；公之所送，未必弟之所好也。送现银则心中喜乐，书画皆佳。礼物既属纠缠，赊欠尤为赖账。年老体倦，亦不能陪诸君子作无益语言也。
>
> 画竹多于买竹钱，纸高六尺价三千。任渠话旧论交接，只当秋风过耳边。

据说郑板桥曾在坐落于镇江江心的焦山别峰庵静读，许多鄙俗的权豪势要为了冒充斯文，装潢门面，纷纷来请郑板桥给他们写字作画。这些人又爱财如命，依仗权势厚颜纠缠，实际想白要这位名人的字画，郑板桥和庙里的住持和尚对此十分厌恶。为了应付这种局面，于是写了这则广告文字张贴于庙门。这是一篇日常生活中的应用文，但却别具一格，发人深思，堪称艺术佳作。

这则广告采用诗文结合这一传统通俗的形式，语言浅易、简洁、明快，杂以排偶句，整散相间，转折变化，轻快自如。写得既浅显又含蓄，既幽默又严肃。内容深厚，形式生动活泼。它不仅在当时发挥了实际应用效应，还引起后人的共鸣，博得人们的赞赏，给当今的应用文作者以极大的启迪。

3. 整肃的文面之美

文面的美观与否直接影响到应用文效用的发挥。以公文为例，一份公文摆在我们面前，我们首先看到的是其格式、文面，它既是公文的组成部分，又是公文发挥其法定效力的外在标识，是公文具有权威性和约束力在形式上的具体表现。

公文的格式包括用纸规格、印刷要求、公文的组成要素以及这些要素在文面上的排印样式等内容。为了与公务活动的严肃场合相适应，确保公文的严肃性、权威性，使其更好地发挥效用，公文在用纸的规格、各要素的排印位置、字体字号等方面都有明确的规定和标准。这些统一的规定和标准使公文在外观形式上，具有一种整肃之美。这种整肃之美集中体现在两个方面：文面的整齐美；文头标识的严肃美。二者结合起来即能产生一种整齐、和谐、严肃、庄重的美感。

应用文之文面美，主要表现在以下几个方面：

（1）行款。行款格式正确就会给人以美感。以信函为例。假如在给别人的信中，字迹潦草，结构紊乱，标点混乱，词不达意，句不完整，别人一看就犯愁，哪里还谈得上美感？反之，如果文面整洁，字迹清楚，书面符合通行款式，那么，别人看了不仅了解内容，而且获得了美感，同时，此信的作用就充分发挥出来了。

行款格式包括标题、署名、分段、引文、对话、行文中的强调和序码、页码等内容。标题要写在第二行的中间，上边要空一行，前后的空格要尽量相等。这样既醒目又匀称。匀称就能给人以美感。其他行款内容也有严格的规定。

（2）标点。正确使用标点可以给人以美感。关于标点符号，国家制定了专门的标准，明确规定了标点符号的名称、形式和用法，使用时一定要严格遵守。

人民日报发布最易用错的标点

（3）字迹。汉字不同形式的笔画、间架结构会给人不同的美感。字迹写得端正、美观，是应用文形式美不可或缺的一个方面。

（4）文面整洁。文面整洁可以给人以美感。乱涂乱写会使人感到不快。需要修改时要正确使用修改符号，做到整齐划一，不要破坏文面的整洁之美。

当然，一份文档要达到规范要求，达成美感，在计算机办公软件极为成熟的今天，亦非难事，但无论科技发展到什么程度，人脑永远并且必须是电脑的主人，因此掌握这些文化知识远比掌握软件操作方法更为重要，后者是知其然，只有前者才是知其所以然，不然，“傻瓜机器”说的将不是无所不能的计算机而是人类自己。

4.2　应用文的修改

4.2.1　修改的意义

文章是写出来的，但好文章一定是改出来的。文章修改作为写作活动的重要组成部分，是写好一篇文章的关键环节。有人说：“善作不如善改”“文章不厌百回改”是有道理的，因为一篇文章的初稿只能算作半成品，而经过反复修改趋于成熟和完善，才称得上是成品，是有一定价值的文章。

文章修改是恰当地反映客观事物的需要。作为精神产品的文章，是客观事物的反映，而人们的认识并不是一次可以完成的，往往需要反复才行。认识事物的反复性也就是强调了文章修改的重要性。客观事物只有反复研究才能反映准确，那么，写文章也就不可能一挥即成，一蹴而就，而应反复修改才能达到准确地反映客观事物的目的。胡乔木同志堪称秘书界的楷模，据说他写稿子就有“永无定稿”的习惯：只要稿子还没出手，就总在不停地修改；即使稿子面世了，如果哪家报刊要转载，他还得修改。

写作是一项严肃的精神活动，应用文有很重要的实用性。只有反复认真的修改，才是对读者、对事业、对工作负责任的态度。据新华社《面向新时代的政治宣言和行动的纲领——党的十九大报告诞生记》一文披露，这篇报告的起草是一次发扬党内民主、集中党内智慧的过程，是解放思想和统一思想有机结合的过程。从 2017 年 1 月习近平总书记担任报告起草组组长主持召开党的十九大文件起草组第一次全体会议，部署围绕一系列重大理论和实践问题开展广泛调研，到 8 月 25 日，各地区各部门各方面对党的十九大报告征求意见稿的意见和建议按期返回，共计征求 4 700 余人的意见，收到书面反馈材料总计 118 份，这中间经过了调查、研究、论证，再调查、再研究、再论证的多次反复过程。一次次讨论，一处处修改，从议题设置，到谋篇布局，再到具体表述，报告就在这一点一滴中逐步完善起来——经过汇总、整理，各地区各部门各方面共提出修改意见 2 027 条，扣除重复意见后为 1 773 条，其中原则意见 179 条，具体修改意见 1 594 条；具体修改意见中，实质性修改意见 1 208 条，文字性修改意见 386 条。截至提交党的十八届七中全会讨论，文件起草组对党的十九大报告共作出增写、改写、文字精简 986 处，覆盖各方面意见和建议 864 条。党的十九大召开期间，根据各代表团和列席人员讨论反馈的意见，对报告稿又做了修改。

经过反复修改、精心打磨党的十九大报告，在党内外、海内外产生了强烈反响。党的十九大报告庄严宣布：“中国共产党是为中国人民谋幸福的政党，也是为人类进步事业而奋斗的政党。中国共产党始终把为人类作出新的更大的贡献作为自己的使命。”今天，面向“两个一百年”的历史交汇期，党的十九大报告对我们党团结带领全国各族人民迈向新征程至关重要。

通过以上的例子可以看出，修改在文章写作过程中非常重要。重视修改，学会修改，是写作活动的重要原则，也是成功写作的前提，是一个成熟的、有成就的作者必备的良好素质。

4.2.2　修改的原则

1. 统观全局

文章是一个有机统一的整体，牵一发而动全身。其中，主题是灵魂与统帅，材料、结构、表达方式、遣词造句都处于从属和服务的地位。因此修改文章当统观全局，立足全篇，先整体后局部，先大处后细处，先内容后形式，先思想后材料，只有这样才能权衡得失，做出正确而恰当的调整与取舍。倘若脱离文章整体，斤斤于标点之小，拘泥于字词之微，那么文章修改的质量就不会很高。比如在初稿行文过程中，作者的注意力往往为一个个细部所拘牵，材料的选择与安排、线索的厘清与疏导、语意的组织与表达，往往服从于某一局部内容的安排，从而造成文章整体上不协调，不通畅，不严谨。如果从全局出发，对文章进行修改完善，就必须着眼于全篇整体，根据主题表现的需要，对材料进行统一的安排，对全文线索进行自始至终的疏通，该删的删，该减的减，毫不可惜。对语意的矛盾处、重复处、薄弱处进行统一的处理，突出主题、明确重点、突出主线、锤炼语意。只有这样，文章修改才能达到预期的效果。

2. 实事求是

文章修改应遵循实事求是的原则，既不刻意美化与拔高，也不自我贬损与否定，从文章的实际出发，依据优秀文章的要求，严肃认真地对文章进行客观的剖析与改正，做到既精益求精，又合理有度。

文章修改首先应当明确原作的优长劣短，然后再作扬长弃短的修改，在保留原作神采的同时，改掉它存在的缺点与不足。当然，也存在一种情形，就是明知有错而不能忍痛割爱。对此，梁实秋在《作文的三个阶段》中分析：

> 作文知道割爱，才是进入第三个阶段的征象。须知敝帚毕竟不值珍视。不成熟的思想，不稳妥的意见，不切题的材料，不扼要的描写，不恰当的词字，统统要大刀阔斧地加以削删。芟除枝蔓之后，才能显得整洁而有精神，清楚而有姿态，简单而有力量。

真正的文章修改应当秉持公心，以客观的、实事求是的态度对待原作，既不能自以为是，也不能敝帚自珍，只有这样才能达到更高的写作层次。

3. 冷热结合

所谓“冷热结合”，是指文章修改既要趁热打铁，在初稿写成后立即进行修改完善，又要经过冷处理，搁置一段时间后再行修改。

文章初稿写成后，一般作者都容易长时间处于兴奋状态之中，原有的思维定式也持续较长时间。如果立刻进行修改，能够很快投入到兴奋状态中，高效率地完成修改任务。但缺点是与原作距离太近，往往不能发现问题。如果搁置一段时间再行修改，就会帮助作者跳出原作，摆脱惯性思维定式，淡化对原作的偏爱，以客观的立场与眼光，重新审视文章的优长与不足，获得新的思路与角度，从而进一步提高文章修改的质量。

只有经过冷热结合的认真修改后，文章才能从内容到形式趋于完美，做到主题正确、材料翔实、层次井然、语言精练、文面整洁、行款标点规范。

4.2.3 应用文修改的具体内容

1. 完善主题

主题是文章的灵魂，是统帅全文的主脑。在修改文章的时候，应首先审视主题，解决主题方面存在的问题。一篇文章，如果主题有毛病，当然要修改；如果思想深度不够，也要修改。完善主题的根本任务就是要在主题的正确和深刻上下功夫，要着意研究如何使主题更加鲜明集中，更加深刻地反映事物的本质等。如《××市财经纪律检查组关于禁止用白条子报账的通知》：

> 在财务大检查中，我们发现一些单位，特别是集体建筑企业中，用白条报账的现象极为严重，其中大都是经各单位领导同志签字批准的，这些白条子少则几百元，多则几千元，甚至上万元。这种做法不符合会计手续，是一种严重违反财经纪律的现象，必须杜绝。

虽然这份通知的主题很明确，就是禁止用白条子报账，但是，在对主题的提炼和深化上显然不够。文中没有对白条子报账所隐含的危害和根本原因进行深入的揭示，仅仅从不符合会计手续方面，指出要禁止此种现象，主题不够深刻，失之表面化。

文章的主题思想，是客观事物的本质反映，而客观事物的本质往往不是一下子就可以认识清楚的。所以，对于文章主题的完善，绝不仅仅是一个文字变动的问题，作者还必须具备较强的观察生活现象、捕捉事物本质的能力才行。

2. 增删材料

文章的修改要依据表现主题的需要，对材料进行增删。在修改中如果发现材料太少，不能有力、深刻地表现主题，就要充实、增补材料。如果发现材料太多、太杂，并导致主题不够突出，思想不够明确，就要删除那些多余的、不典型的材料，只有这样才能做到重点突出，主题鲜明。例如，某单位承担着繁重的培训任务，原有的培训场所远远不能满足需要，因此拟新建一个功能齐全的高规格培训中心。在呈送给上级机关的请示中，该单位仅仅列举了原培训场所的种种不足，而对未来的培训计划、各种成本核算没有涉及，材料缺乏说服力，不足以全面、深刻地支撑拟新建培训中心这一主题，因此需要进一步增补材料。

3. 调整结构

结构是文章骨架，文章深刻的内容和生动的材料，要通过完整、严谨的结构形式来表现。如果结构混乱，层次不清，段落划分不合理，过渡、照应不密切，开头结尾不得体，就会严重影响思想内容的表达。因此，修改时就要把调整文章结构当成首要问题来考虑。例如有一篇《关于加强会计工作的通知》，先后涉及了以下六条事项：

（1）要认真执行新的《会计制度》，按照统一规定组织会计核算。

（2）加强现金管理。

（3）抓好基层的核算工作。

（4）改进账簿格式和报表。

（5）各级财务部门要加强对会计工作的领导。

（6）坚持日清月结制度，做到逐日逐笔记账。

从列举的事项来看，这份通知的内容是全面的。但是，从几条事项的安排次序看，这份通知的结构还不够严谨，条理不清，逻辑混乱。如果把以上几条事项的顺序调整为首先加强领导，其次执行新会计制度，然后再强调几项业务工作的要求，这样这份通知的整体结构才能算作思路顺畅，自然统一。

一篇文章就是一个完整的统一体。文章的内容改动了，必然要在形式上反映出来；而形式的变动，也必然地要影响到内容的表现。文章的内容和形式是相互依存并互相制约的，因此我们修改文章时，应很好地把握修改内容和修改形式的关系，使两者更加趋于统一。

4. 锤炼语言

常见语法错误例析

语言是人们交流思想、表情达意的工具。任何一篇文章的写作，都必须重视语言的锤炼，而准确、精炼、形象、生动的语言，并不是在写作过程中一步到位的。所以，在修改时还要对所有语言进行推敲锤炼、加工润色，以使其更加准确，更为精彩。例如：

××局关于同意批准××厂来文要求申请成立服务公司的批复

你们的×字第×号请示《关于成立服务公司的请示》已经收到，内容已经知道。经过领导研究，现作出决议，同意批准你们厂成立服务公司。但是你们必须首先根据既办好又讲实效的精神，拿出计划，将情况汇报我局。

特此予以批复。

可以看出这份批复，从标题到正文，语言拖沓繁杂，用语不合规范，既影响了内容的表达，也不具备语言形式上的美感。因此应进行推敲锤炼，使之简洁、凝练，富于表现力。修改后的标题和正文如下：

××局关于同意××厂成立服务公司的批复

你厂《关于成立服务公司的请示》（×字×号）收悉。经研究，同意你厂成立服务公司，希望你们讲求实效，把服务公司办好，并将开办情况及时汇报我局。

此复。

5. 检查文面

文档的编辑现在运用办公软件很容易实现规范化，所以对文面的检查一般集中在行款、格式是否符合相关规定或要求上。如公文的样式要严格按照《党政机关公文处理工作条例》和国家标准《党政机关公文格式》的规定设计制作，一般文书的制作也要检查标题、署名、正文的位置是否正确，字体字号是否恰当，正文每自然段开头是否空两格，文中小标题、层次、序码是否统一等。

4.2.4 应用文修改的方法和修改符号

1. 修改的方法

修改文章有哪些基本方法和技巧

（1）冷却法。由于长时间的专心构思，头脑中往往形成一种固定思路，文章脱稿后毛病往往不易被发现，只有将初稿搁置一个阶段，等头脑冷静清晰之后，才易发现文稿的毛病。鲁迅先生曾在告诉叶紫如何修改文章时说："等到成熟后，搁它几天，然后再来复看，删去若干，改换几字。"鲁迅说的就是冷却法。苏联作家富曼诺夫也说过："写一部短篇小说要快，而送出去付印要慢，短篇小说像酒一样，收藏得愈久愈好。只是有一点区别：酒不能动，不能去打开；而短篇小说却时时抚弄，看一看，摸一摸——相信吧，每一回你都会发现缺点的。"

（2）诵读法。"声入心通"。一边阅读，一边思索，遇到语意不畅，气势不接的地方，加以改正，这也是修改行之有效的办法。老舍先生就很强调通过念自己的文章，不断发现毛病，达到修改的目的。他说："嘴里念，耳朵听，我们会立即听出文字的毛病来。"叶圣陶在《和教师谈写作》一文中，也强调通过朗读修改文章的重要性："修改稿子不要光是'看'，要'念'。就是把全篇稿子放到了口头说说看……一路念下去，疏忽的地方自然会发现。下一句跟上一句不接气啊，后一段跟前一段连不紧啊，词和词的配合照应不对头啊，句子的成分多点儿或者少点儿啊，诸如此类的毛病都可以发现。同时，也很容易发现该怎么说才接气，才紧密，才对头，才不多不少，而这些发现正是修改的办法。"由此可知，诵读法不光对于文章修改，其对语言的锤炼作用也很重要。

（3）求助法。把初稿拿给别人看，或读给别人听，请别人当先生，提出修改意见。自己写的文章，思想与表达已定型化，往往处在"当局者迷"的状态，难于突破；请别人帮助修改，则"旁观者清"，易于发现新问题。据说，徐迟的报告文学《在湍流的旋涡中》就是在臧克家的帮助下修改完成的。徐迟的这篇文章，当时已写了三遍，越写越长，都不成功，最后把它放下，到云南去了。后来，臧克家了解到他写作的情况，指出他写得"太不精练了"，并给他选了方苞的《左忠毅公逸事》和另一篇文章要他读。在臧老的帮助下，徐迟对原先写的稿子来了一个大的改动，重新进行了构思，结果只用了7 000多字就把周培源的一生很好地反映了出来。请人修改文章的重要性由此可见一斑。至于唐代大诗人白居易作诗后读给老妪听，让其解之的故事更是流传甚广，足以说明求助法的重要作用。

2. 修改的符号

文字材料的修改，一般在原稿上进行。修改什么，怎样修改，在书面上应当有清楚的表现，尽量保持整洁。如果随意改写，任意标注，不但不美观，还容易造成文字的混乱。为了规范对文字材料的修改，国家颁布了《校对符号及其用法》的国家标准，统一规定了各种排版校样的专用符号及其用法。因此，无论是编辑修改稿件、文员修改文案，还是老师批改学生的作文，都建议学习使用统一的校对符号。

校对符号及其用法示例

编号	符号形态	符号作用	符号在文中和页边用法示例	说明
一、字符的改动				
1	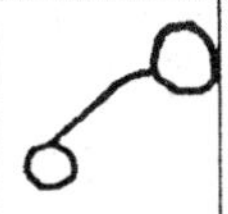	改正	增高出版物质量 提 改革开案 放	改正的字符较多，圈起来有困难时，可用线在页边画清改正的范围 必须更换的损、坏、污字也用改正符号画出
2		删除	提高出版物物质量	
3		增补	要搞好校工作 对	增补的字符较多，圈起来有困难时，可用线在页边画清增补的范围
4	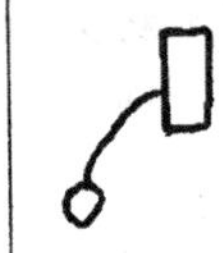	改正上下角	16=42 2 H_2SO4 4 尼古拉 费欧 · 0.25+0.25=0.5 . 举例 2×3=6 : X Y=1：2 :	
二、字符方向位置的移动				
5		转正	字符颠倒要转正	
6	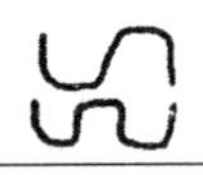	对调	认真经验总结 认真验结经总	用于相邻的字词 用于隔开的字词
7		接排	要重视校对工作， 提高出版物质量	
8		另起段	完成了任务。明年……	

续表

编号	符号形态	符号作用	符号在文中和页边用法示例	说明
9		转移	校对工作，提高出版物质量要重视。 “。以上引文均见中文新版《列宁全集》。 编者　年　月 名位编委：	用于行间附近的转移 用于相邻行首末衔接字符的推移 用于相邻页首末衔接行段的推移
10	或	上下移	序号　名称　数量 01　显微镜　2	字符上移到缺口左右水平线处 字符下移到箭头所指的短线处
11	或	左右移	要重视校对工作，提高出版物质量。 3　4 欢呼　歌唱	字符左移到箭头所指的短线处 字符左移到缺口上下垂直线处，符号画得太小时，要在页边重标
12		排齐	校对工作非常重要 必须提高印刷质量，缩短印刷周期 国家标准	
13		排阶梯形	RH₂	
14		正图		符号横线表示水平位置，竖线表示垂直位置，箭头表示上方
二、字符间空距的改动				
15		加大空距	一、校对程序 校对胶印读物、影印书刊的注意事项：	表示不空或在一定范围内适当加大空距 横式文字画在字头和行头之间
16		减小空距	二、校对程　序 校对胶印读物、影印书刊的注意事项：	表示不空或在一定范围内适当减小空距 横式文字画在字头和行头之间
17			第一章校对职责 1. 责任校对	多个空距相同的，可用引线连出，只标示一个符号
18		分开	Goodmorning	用于外文
四、其他				
19		保留	认真搞好校对工作	除在原删除的字符下画△外，并在原删除符号上画两竖线

续表

编号	符号形态	符号作用	符号在文中和页边用法示例	说明
20	○=	代替	○色的程度不同，从淡○色到深○色具有多种层次，如天○色、湖○色、海○色、宝○色…… ○= 蓝	同页内有两个或多个相同的字符需要改正的，可用符号代替，并在页边注明
21	●○○	说明	第一章 校对的职责 改黑体	说明或指令性文字不要圈起来，在其字下画圈，表示不作为改正的文字。如说明文字较多时，可在首末各三字下面圈

资料来源：摘自《校对符号及其用法》，中华人民共和国国家标准 GB/T 14706—1993。

使用要求：

（1）校对校样，必须用色笔（墨水笔、圆珠笔等）书写校对符号和示意改正的字符，但是不能用灰色铅笔书写。

（2）校样上改正的字符要书写清楚。校对外文，要用印刷体。

（3）校样中的校对引线要从行间画出。墨色相同的校对引线不可交叉。

校对符号应用实例

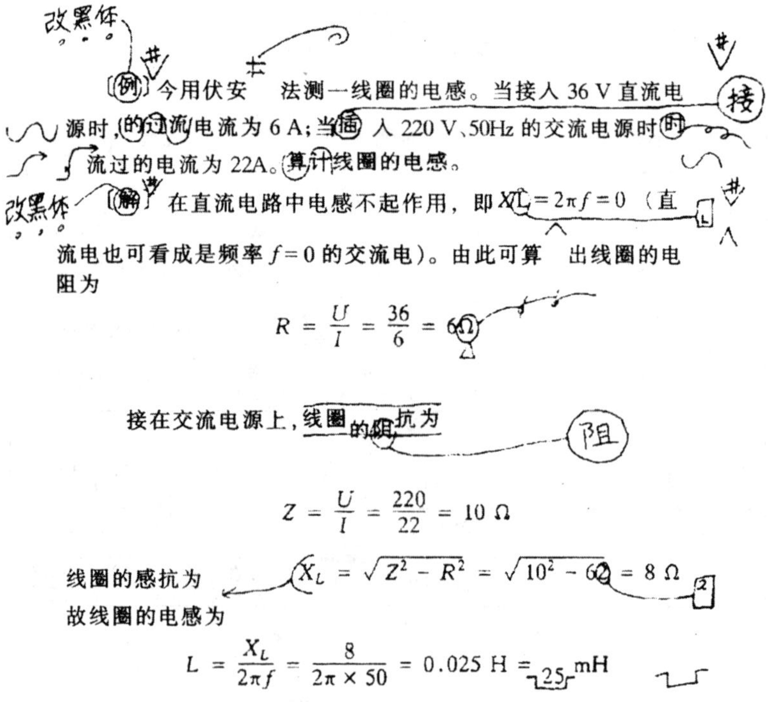
［例］今用伏安　法测一线圈的电感。当接人 36 V 直流电源时，的过流电流为 6 A；当插 人 220 V、50Hz 的交流电源时，流过的电流为 22A。算计线圈的电感。

［解］在直流电路中电感不起作用，即 XL = 2πf = 0（直流电也可看成是频率 f = 0 的交流电）。由此可算　出线圈的电阻为

$$R = \frac{U}{I} = \frac{36}{6} = 6\Omega$$

接在交流电源上，线圈的阻抗为

$$Z = \frac{U}{I} = \frac{220}{22} = 10\ \Omega$$

线圈的感抗为　$X_L = \sqrt{Z^2 - R^2} = \sqrt{10^2 - 62} = 8\ \Omega$

故线圈的电感为

$$L = \frac{X_L}{2\pi f} = \frac{8}{2\pi \times 50} = 0.025\ \text{H} = 25\ \text{mH}$$

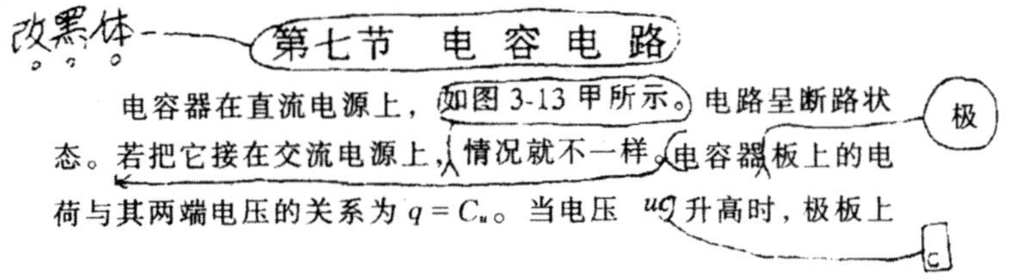
改黑体
第七节　电容电路
电容器在直流电源上，如图 3-13 甲所示。电路呈断路状态。若把它接在交流电源上，情况就不一样。电容器板上的电荷与其两端电压的关系为 $q = C_u$。当电压 u 升高时，极板上
极
c

本章小结

修改是写作活动的重要环节，应用文的修改，应以应用文的审美要求为标准，要在掌握应用文审美特征的基础上，对文章进行内容与形式方面的分析与修改。这一环节，对于提高应用文的写作能力与水平，也有十分重要的意义。

1. 应用文写作是实用与审美的统一。应用文的内容之美表现为对规范与和谐的追求，其形式之美表现为结构美、语言美、文面美。

2. 应用文修改的范围包括内容与形式的修改，其具体内容包括完善主题，增删材料，调整结构，锤炼语言，检查文面等。

思考与练习

1. 谈谈对应用文审美特征的认识。

2. 结合自己的工作实际，写一篇应用文，并从主题、材料、结构、语言、文面等多个方面进行修改，注意正确运用修改符号。

下编

应用文写作文体论

第 1 章
党政机关公文

本章要点

- ✧ 党政机关公文的概念、特点、种类和格式
- ✧ 党政机关公文 15 个文种的写作方法

1.1 党政机关公文概述

1.1.1 党政机关公文的概念

在我国，可以说自从有了文字，就产生了公文。《周易·系辞》中记载："上古结绳而治，后世圣人易之以书契，百官以治，万民以察。"这里的"书契"，既是指文字，也是指用文字写成的文书。在漫长的历史发展过程中，尽管公文的内容和体式不断地经历着变化、发展和创新的过程，公文的载体也从甲骨、金石、竹木、缣帛发展到纸张、磁介质、感光介质、运用在数字设备环境中的数码形式等，但公文的本质属性——作为国家政权和社会集团在自己的活动中用来表达意图、传布决策、联系公务、处理事务、记录政事的书面工具这一基本功能，却一直古今相通，在革故鼎新中存在着明显的传承关系。

"公文"一词，在各朝各代有着不同的名目：殷商时称"典册"，秦时称"典籍"，汉代称"文书""文案"，三国称"公文"，唐宋称"文卷""案卷"，元代称"文卷""簿籍"，明代称"文牍""卷

牍”，清代称“牌子”“本章”，而近代最多的是称“文牍”“文书”等。发展至今，公务文书往往简称“公文”。

公务文书是党政机关、社会团体和企事业单位用来处理公共事务的一类应用文。公务文书由不同历史阶段或时期的不尽相同的许多文种组成，形成一个体系。在公务活动中选择什么样的文种，由公务活动的目的、行文主体的职权及其与行文客体之间的关系来决定。其中，党政机关公文作为党和国家机关行使职权、实施管理的重要工具，是使用范围较广的一个大类，党和国家制定了专门的标准和办法来规范它的制作、处理和使用，而且根据形势的发展和社会的需要进行过多次修订。这类公务文书因其使用时在内容、结构和格式等方面有严格的国家明文规定，与普通的处理日常工作的事务文书有所区别，所以通常被称为法定文书。2012 年 4 月 16 日中共中央办公厅和国务院办公厅印发的《党政机关公文处理工作条例》（2012 年 7 月 1 日起施行。以下简称 2012 年《条例》），对党政机关公文的概念、种类、格式、行文规则，以及公文的拟制、办理和管理等，都作了非常严格和详细的规定，各级各类机关都应严格遵守。

机关公文的发展近 30 年来经历了曲折的变化过程，其中，党的机关公文和国家行政机关公文曾经是有着显著区别又有密切联系的两个系列。

自 20 世纪 80 年代以来，我国党政机关公文进入了日臻规范的发展阶段。从 1981 年开始，国务院或国务院办公厅曾先后四次发布国家行政机关公文处理的《暂行办法》（1981 年 2 月）、《办法》（1987 年 2 月）、修订《办法》（1993 年 11 月）和《办法》（2000 年 8 月，以下简称 2000 年《办法》），这是国家行政机关公文处理依据的一系列发展情况；而中国共产党机关公文处理系统，则有《中国共产党各级领导机关文件处理条例（试行）》（1989 年 4 月）和《中国共产党机关公文处理条例》（1996 年 5 月，以下简称 1996 年《条例》），这是党的机关公文处理所依据的规范。

2012 年 4 月 16 日，中共中央办公厅和国务院办公厅联合印发了《党政机关公文处理工作条例》，将党的机关公文处理与行政机关公文的处理统一起来，标志着我国党政机关公文处理工作的科学化、规范化、制度化建设进入了一个崭新的阶段。也就是说，2012 年《条例》是从 2000 年《办法》和 1996 年《条例》直接继承发展而来，在此之前，党的机关公文和行政机关公文是各自有规可循、有法可依的；而 2012 年《条例》发布之后，党、政两个系统的机关公文全面整合，形成了全新的党政机关公文体系，行文与办理开始统一执行

2012 年《条例》的规定。

2012 年《条例》第一章第三条明确规定："党政机关公文是党政机关实施领导、履行职能、处理公务的具有特定效力和规范体式的文书，是传达贯彻党和国家的方针政策，公布法规和规章，指导、布置和商洽工作，请示和答复问题，报告、通报和交流情况等的重要工具。"这一规定，突出了党政机关公文作为法定文书的特有属性，即"特定效力"和"规范体式"，这是机关公文区别于一般事务类文书的重要特征。

1.1.2　党政机关公文的特点

党政机关公文在它的产生和发展过程中，逐步形成了区别于其他文体的特点，主要表现在：

1. 法定的权威性

机关公文的权威性是其他任何文字材料都无法比拟的，这一点可以从以下三个方面来理解：

（1）机关公文的写作主体是法定的。机关公文必须由法定的作者拟定和发布。所谓法定的作者，是指依法成立，并能以自己的名义行使权利和承担义务的组织，它可以是党政机关，如中共中央、国务院，省委、省人民政府；也可以是机关部门，如中共中央办公厅、国务院办公厅，省委办公厅、省人民政府办公厅；还可以是党和国家首长、党政机关领导人等。需要注意的是，领导人是经过法定选举程序，由上级委任或批准的，以他们的名义制发公文，不是私人身份或个人意愿，而是以他所在机关法定领导人的身份行使职权，因而也是法定的作者。由此可见，制发公文都是"受领导之命，代单位立言"，不是私人创作活动，而是典型的公务行为。一般公民是无权制发公文的。

（2）机关公文的内容必须依法制定。公文是因管理的需要而制发的，而管理有层次、有职权分工，法定作者必须在法定的职权范围内根据公务活动的需要制发公文，超越自己的职责权限和违背国家法律、法规规定而制发的公文是无效的。

（3）机关公文代表国家机关的意志，一经公布生效，便具有法定的强制力和约束力，受文单位和相关人员应根据公文的要求及时做出相应的反应。如果无视公文的权威，对应办的公文置之不理或者违反，就要受到相应处罚或者法律制裁。

2. 鲜明的政治性、政策性

制发机关公文不是一般的抒发个人感受，也不是传播科学知识和进行理论研究，它是对党和国家的事务进行有效管理的重要工具，根据公务活动的需要而制发的。或用来传达贯彻党和国家的方针政策、公布法规和规章，或履行职能、处理公务，其基本内容都是党政机关、团体、单位的指挥意志、行动意图、公务往来和活动情况的真实记录，直接反映作者的政治立场和根本利益，保证党和国家政治生活的正常运转，这些都是公文政治性、政策性的直接体现。

3. 一定的时效性

任何机关的公文，它的执行效用都有明显的时间限度，即在法定的或一定的时间范围内才有效，超过这个时间限度就失效，这是公文的现实执行效用。公文要按时制发，按时执行，否则就会延误工作。由于公文的内容和用途不同，其时效也有长有短。工作任务完成并检查验收之后，这类公文的效力也随之结束，只留作档案资料备查或研究。比如一份会议通知，如果不能提前一段时间制发，会影响受文单位准备；如果不按通知要求准时到会，也是违反会议要求；会议结束，这份通知便自动转化为档案资料，不再具有现实执行效用。

4. 严格的规范性

机关公文的规范性体现在公文从形成到处理的各个环节。从制作方面看，公文有特定的文体名称和适用范围，有法定的写作格式，有严格的语言文字规范；从传递方面看，公文有特定的行文关系和行文规则；从处理方面看，有严格的收文、发文等一系列办文程序等。为规范党政机关公文的格式，国家质量监督检验检疫总局、国家标准化管理委员会专门制定了《党政机关公文格式》（中华人民共和国国家标准 GB/T 9704—2012），这一标准从公文用纸的技术指标、幅面及版面要求、印制装订，到公文中各要素编排规则和整体式样等，都做了详细规定。严格的规范性，是维护公文的权威性、提高公文运行效率的重要保证，也是加强公文指挥传达作用、促进工作顺利开展的有效手段。因此，制发、处理公文，必须自觉按照这一规范进行。

1.1.3 党政机关公文的作用

党政机关公文“是传达贯彻党和国家的方针政策，公布法规和规章，指导、布置和商洽工作，请示和答复问题，报告、通报和交流情况等的重要工具”，因此工具性是它的本质属性，其作用与党政机关的公务活动密切相关，可以归纳为这样几个方面：

1. 指挥组织作用

大至一个国家，小至一个团体，都需要领导者、管理者去指挥和组织被领导和管理的人群同心协力地实现一定的计划和目标。在这个过程中，公文发挥着重要作用，公文是传达、贯彻党和政府方针政策的有效形式，上级机关通过公文传达工作决策和安排，这是下级机关开展各项公务活动的指导纲领和重要依据，“按红头文件办”已经成为机关、单位甚至个人的自觉行动。一般来讲，直接的上级领导机关的公文对下级机关实施具体领导的作用；上级业务指导机关的公文对下级职能机关起业务指导作用。

2. 联系沟通作用

公文是加强各机关之间联系的手段和纽带，有上行文、下行文、平行文之分，它通过发布政令措施、请示和答复问题、汇报沟通情况、商洽联系等方式，上情下达，下情上达，不相隶属机关之间相互沟通，以此来促进上下级之间、部门与部门之间的工作交流与合作，从而使各单位、各部门协调一致地开展工作，使整个党政系统良好运转。只有上下左右信息畅通，才会及时了解情况，有效而迅速地做出决策，各项公务活动和管理工作才会卓有成效。因此，公文对现代国家管理来说，联系沟通作用非常重要。

3. 宣传教育作用

代表不同阶级、阶层或社会集团利益的公文作者，制发公文的一个共同目的，都是要用作者的政治倾向、思想观点、行动计划去说服教育受文对象，争取他们站到自己的立场上来。古代公文中的诰、谕、教等这方面的功能非常突出。党和政府各项方针政策的贯彻执行，各项工作任务的完成，都要依靠广大干部和群众的积极性和创造性，而公文具有较强的政策性、理论性和实践活动的指导性，在国家管理中发挥着阐明事理、启发觉悟和提高认识水平的宣传教育作用。如下行公文可以使下级机关和广大干部群众了解党和国家的方针政策，以及上级领导机关的指示精神；上行公文也可以使下级机关及时得到上级领导机关相应的指导或指示；平行公文可以使不相隶属的机关之间交流经验、互通情报等，因此，在一定程度上，公文发挥着宣传教育工具的作用。尤其是现代公文中许多宣告性文件和重要会议上领导所作的报告、决议、决定、公报等，宣传教育作用非常明显。

4. 准绳规范作用

任何一个社会组织系统，为了朝着一个既定的方向、目标运作并达到预期的目的，必须通过制发相关文件去控制、协调和规范人们的行为。法规和规章是一种规定人们行为准则的普遍性规范，而公文是发布法规、规章与宣布施行各种措施的重要形式，国家各级权力机关、执行机关发布的命令、决定、通告、通知等，对各级机关的各项工作和活动起着规范和准绳作用，它们在一定的时间和空间范围内，有着法定的权威性，任何组织和个人都不得违反。因此，公文是依法办事，维护国家管理秩序，实现管理法制化、科学化的重要基础和保证。

5. 记录凭证作用

党政机关公文是在党政机关的公务活动中产生和应用的，是机关公务活动的真实记录，也是机关公务活动的依据和历史凭证。有些公文虽然失去了现实执行效用，但在一定历史时期内还有查考价值，有的还成为珍贵的历史记录和凭证，被永久保存下来，成为档案资料，世代发挥作用。这些公文在拟定现实计划、总结工作、处理问题时，是重要的参考资料和凭据，也是编史修志的依据和凭证。

1.1.4 党政机关公文的种类

1. 党政机关公文的种类及其适用范围

党政机关公文处理条例或办法的历次修订中，文种的变动都是重要内容，国务院办公厅 1987 年规定行政机关公文有 10 类 15 种，1993 年修订为 12 类 13 种，2000 年规范为 13 种。中共中央办公厅 1989 年规定党的机关公文有 13 种，1996 年规范为 14 种。

2012 年《条例》将党政机关公文统一规范为 15 种，它们的种类名称及适用范围分别为：

（1）决议。适用于会议讨论通过的重大决策事项。

（2）决定。适用于对重要事项作出决策和部署、奖惩有关单位和人员、变更或者撤销下级机关不适当的决定事项。

（3）命令（令）。适用于公布行政法规和规章、宣布施行重大强制性措施、批准授予和晋升衔级、嘉奖有关单位和人员。

（4）公报。适用于公布重要决定或者重大事项。

（5）公告。适用于向国内外宣布重要事项或者法定事项。

（6）通告。适用于在一定范围内公布应当遵守或者周知的事项。

（7）意见。适用于对重要问题提出见解和处理办法。

（8）通知。适用于发布、传达要求下级机关执行和有关单位周知或者执行的事项，批转、转发公文。

（9）通报。适用于表彰先进、批评错误、传达重要精神和告知重要情况。

（10）报告。适用于向上级机关汇报工作、反映情况，回复上级机关的询问。

（11）请示。适用于向上级机关请求指示、批准。

（12）批复。适用于答复下级机关请示事项。

（13）议案。适用于各级人民政府按照法律程序向同级人民代表大会或者人民代表大会常务委员会提请审议事项。

（14）函。适用于不相隶属机关之间商洽工作、询问和答复问题、请求批准和答复审批事项。

（15）纪要。适用于记载会议主要情况和议定事项。

2012年《条例》规定的这15个文种，分别是在2000年《办法》的基础上增加了2个：决议和公报；在1996年《条例》基础增加了4个：命令、公告、通告和议案；删减了3个：指示、条例和规定。由此形成了15个现行文种。相比较而言，2012年《条例》的文种规定从2000年《办法》继承得多些，从1996年《条例》继承得少，总体上侧重于原行政公文系列。

在公文制发和运行实践中，为了认识、撰写、使用和管理的需要，通常根据不同的标准和角度，将公文划分成若干类别，常用的公文分类方法有以下几种：

（1）按公文的来源：有收文和发文之说。凡是其他机关送来的公文，对于受文机关来说，都叫收文；本机关发出去的公文，都叫发文，其中，发给本机关内部的公文，叫内部公文，发给其他机关的公文，叫对外公文。

（2）按行文方向：可分为上行文、下行文和平行文。上行文，指向具有隶属关系的上级领导、指导机关呈送的公文，如报告、请示；下行文，指向所属被领导、指导机关发送的公文，如命令、决定、通知、通报、批复等；平行文，指向同一组织系统的同级机关或非同一组织系统的任何机关发送的公文，如函。

这种根据文件的去向，从行文关系上对公文进行分类的方式，在我国有着悠久的历史，近年来，有学者研究认为，公文的行文应当根据社会的变化而作出适当的调整，在传统的上行、下行、平行之外，还存在第四种行文方向，他们把公告、通告等没有具体主送机关、行文对象是泛指的公文，统称为“泛行文”或“通行文”。一家之言，也有一定的道理。

（3）按功能：可分为指挥决策类公文、公布知照类公文、报请商洽类公文。

（4）按密级：有一般公文、秘密公文、机密公文、绝密公文之说。

（5）按紧急程度：有平件、特急、加急之分。

以上这些类别名称，是行文实际中的常用说法，不一定太严谨，但可以帮助我们从各个侧面去了解各类公文的一般用途和特征。

2. 党政机关公文文种的使用原则①

如何正确选用公文文种

关于公文文种使用应遵循的基本原则，1956 年 10 月，国务院秘书厅《关于公文名称和体式问题的几点意见（稿）》指出："不同的公文名称，反映着不同的目的和要求，也反映着行文机关之间的关系和发文机关的权限范围。划清各种公文名称的使用界限，正确地使用公文名称，对于做好公文处理工作，具有重要意义。"这段文字，阐述了公文文种确定的根据，也指出了正确使用公文文种的必要性。2012 年《条例》要求：公文起草应当做到"文种正确"。那么，在行文实践中，如何正确选用文种呢？可以从以下三个方面考虑：

（1）使用公文文种要符合行文的目的。公文写作强调"意在笔先"，其主旨受行文目的的制约，要根据法定作者预先从现实的公务活动中萌发、形成的写作意图、目的，来确定行文主旨，选择合适的文种去撰制公文。比如，同样是下行文，如果行文目的是对某些重要事项作出决策和部署，则用"决定"；如果是要求下级机关办理一般事项，则用"通知"；对于重要问题提出见解和处理办法，则用"意见"。同样是上行文，如果行文目的是向上级机关汇报工作，反映情况和答复上级机关的询问，则用"报告"；向上级机关就某一问题或某项工作请求指示、批准，则用"请示"；如果行文目的是在平行的或不相隶属的机关之间对某些工作进行商洽，或者询问和答复某些问题，以及请求批准和答复审批事项，则用"函"行文。

（2）使用公文文种要符合法定作者的职权。一般来说，凡是通用公文文种，法定机关都可使用，但有些文种的使用，要受发文机关权限的制约，不能乱用。如"命令（令）"，在行政机关系统，只有国家主席、国务院及其所属部委、地方各级人民政府才有权使用；"议案"，只适用于各级人民政府和其他有议案提出权的机构或人民代表，向同级人民代表大会或常务委员会提请审议事项时使用；"公告"，一般用于省以上国家权力机关、党政领导机关或有关职能部门，以及新华社经授权向国内外宣布重要事项或法定事项。这些文种必须慎重加以使用。如果无视法定权限而任意使用公文文种，就很可

① 李昌远：《中国公文发展简史》，复旦大学出版社 2007 年版，第 204 ~ 206 页。

能越权行文，造成行文混乱。

（3）使用公文文种要符合与主送机关的行文关系。发文机关（行文主体）使用公文文种，不仅要弄清自身的权限范围，还要弄清与主送机关（行文受体）之间的关系。这种行文关系是机关之间因职权不同而形成的，它决定了文种的选用。纵观各机关之间的关系，有以下四种类型：

①同一组织系统中的上下级之间属于领导与被领导的关系，如政府系统中的国务院与各省、自治区、直辖市人民政府。

②同一组织系统中的上级主管业务部门与下级主管业务部门之间的业务指导与被指导关系，如教育部与各省、自治区、直辖市教育厅。

③同一组织系统中同级机关之间的平行关系，如政府系统中的同级财政、文教、公安等部门之间。

④非同一组织系统的机关之间（不分级别高低）的不相隶属关系，如省人民政府与省军区之间，省人民政府与省共青团、省妇联之间等。

以上四种类型的机关之间由于工作需要互相行文，就构成了一定的行文主体与受体之间的行文关系、行文走向。前两种类型的机关之间，处于领导或业务指导地位的上级机关可以向与其有直接领导或业务指导关系的下级机关使用下行文，其选用文种有命令（令）、决定、意见、批复、通知、通报等；下级机关向上级领导机关或业务指导机关可以报送上行文，其选用文种有报告、请示、意见等。上述后两种类型的平行机关或不相隶属机关之间，在联系或协商工作时，可以互相传送平行文，其文种一般宜用函。

1.1.5　党政机关公文的格式

公文的格式，即公文的规格样式，主要包括用纸要求、印装要求、各要素编排规则等。党政机关公文格式，要结合2012年《党政机关公文处理工作条例》和国家标准《党政机关公文格式》（GB/T 9704—2012，2012年6月29日发布，2012年7月1日实施。以下简称《格式》）综合掌握。2012年《条例》和《格式》的出台，整合统一了党、政两大公文系列，统一了公文版式，彻底解决了长期以来存在的“各唱各的调，各吹各的号”的问题，增强了公文的权威性。

2012年《格式》规定，公文用纸采用A4型，幅面尺寸为

210mm×297mm。天头（上白边）为 37mm±1mm，订口（左白边）为 28mm±1mm，版心尺寸为 156mm×225mm。公文应当左侧装订。

2012 年《条例》规定：“公文一般由份号、密级和保密期限、紧急程度、发文机关标志、发文字号、签发人、标题、主送机关、正文、附件说明、发文机关署名、成文日期、印章、附注、附件、抄送机关、印发机关和印发日期、页码等组成。”这 18 个要素中，有的是公文的必备要素，有些则根据实际情况的需要加以选择。2012 年《格式》将版心内的公文格式要素划分版头、主体、版记三部分。版头，指公文首页红色分隔线以上的部分；主体，指首页红色分隔线（不含）以下、公文末页首条分隔线（不含）以上的部分；版记，指公文末页首条分隔线以下、末条分隔线以上的部分。页码位于版心外。各部分又包含不同的构成要素，这些构成要素的编排规则如下。

1. 版头

版头部分位于公文首页的上方，包括份号、密级和保密期限、紧急程度、发文机关标志、发文字号、签发人等要素。

（1）发文机关标志。由发文机关全称或者规范化简称加“文件”二字组成，也可以使用发文机关全称或者规范化简称。联合行文时，发文机关标志可以并用联合发文机关名称，也可以单独用主办机关名称。

发文机关标志居中排布，上边缘至版心上边缘为 35mm，推荐使用小标宋体字，颜色为红色，以醒目、美观、庄重为原则。联合行文时，如需同时标注联署发文机关名称，一般应将主办机关名称排列在前；如有“文件”二字，应当置于发文机关名称右侧，以联署发文机关名称为准上下居中排布。

（2）份号。份号是公文印制份数的顺序号。涉密公文应当标注份号。

如需标注份号，一般用 6 位黑体 3 号阿拉伯数字，顶格编排在版心左上角第一行，如“№ 000015”。

（3）密级和保密期限。指公文的秘密等级和保密的期限，涉密公文应当根据涉密程度分别标注“绝密”“机密”“秘密”和保密期限。

正确划分密级非常重要。公文内容涉及党和国家的秘密，需要在一定的时间里限制在一定范围内阅读而不能公开，注明公文密级有着重要的政治意义。秘密等级由发文机关根据实际需要确定，在认定和划分密级时要注意准确，如果划分过严，提高了密级，会妨碍文件精神的贯彻执行；如果划分过宽，又容易造成泄密，给党和国家带来不应有的损失，所以要认真对待。

如需标注密级和保密期限，一般用 3 号黑体字，顶格编排在版心左上角第二行。保密期限中的数字用阿拉伯数字标注，如：绝密★30 年，机密★20 年，秘密★10 年。

（4）紧急程度。指公文送达和办理的时限要求。根据紧急程度，紧急公文应当分别标注“特急”“加急”，电报应当分别标注“特提”“特急”“加急”“平急”。标明紧急程度，是为了确保公文的时效，使紧急事项得到及时处理。紧急程度由公文签发人根据实际需要确定，既不要贻误紧急工作的及时处理，也不要滥标急件。

如需标注紧急程度，一般用 3 号黑体字，顶格编排在版心左上角；如需同时标注份号、密级和保密期限、紧急程度，按照份号、密级和保密期限、紧急程度的顺序自上而下分行排列。

（5）发文字号。由发文机关代字、年份、发文顺序号组成。联合行文时，使用主办机关的发文字号。

发文字号编排在发文机关标志下空二行位置，用 3 号仿宋体字，居中排布。年份、发文顺序号用阿拉伯数字标注；年份应标全称，用六角括号“〔　〕”括入；发文顺序号不加“第”字，不编虚位（即 1 不编为 01），在阿拉伯数字后加“号”字。上行文的发文字号居左空一字编排，与最后一个签发人姓名处在同一行。

（6）签发人。2012 年《条例》要求：“上行文应当标注签发人姓名”签发人，指公文事项的责任者。由“签发人”三字加全角冒号和签发人姓名组成，居右空一字，编排在发文机关标志下空二行位置，也就是发文字号右侧。“签发人”三字用 3 号仿宋体字，签发人姓名用 3 号楷体字。

正确认识公文的“签发”和“签发人”①

如有多个签发人，签发人姓名按照发文机关的排列顺序从左到右、自上而下依次均匀编排，一般每行排两个姓名，回行时与上一行第一个签发人姓名对齐。

“签发人”是上行文的必备格式要素，它体现的是发文单位领导人对上级机关负责的一种形式。

版头部分发文字号之下 4mm 处居中印一条与版心等宽的红色分隔线，这条线将版头部分与下面的主体部分分开，清晰醒目。

2. 主体

主体部分包括标题、主送机关、正文、附件说明、发文机关署名、成文日期、印章、附注、附件等要素。

（7）标题。标题是指一份公文的具体名称，由发文机关名称、

① 苏武荣：《正确认识公文的“签发”和“签发人”》，载《应用写作》2016 年第 12 期。

事由和文种组成。

发文机关名称、事由和文种三要素俱全的标题一般称为完全式标题，省略发文机关名称或事由的往往称为省略式标题。标题事由常用介词“关于”领起，概括、限定公文的内容范围，突出主题。

标题编排在红色分隔线下空二行位置，一般用 2 号小标宋体字，分一行或多行居中排布；回行时，要做到词意完整，排列对称，长短适宜，间距恰当，标题排列应当使用梯形或菱形，不宜采用上下长度一样的长方形和上下长、中间短的沙漏型。多个发文机关名称之间一般用空格分开，不加顿号，换行时省略。

如何拟定公文标题

公文标题应当准确简要地概括公文的主要内容，做到“标题现旨”。拟制时要注意：

①要从 2012 年《条例》规定的公文种类中正确选用文种名称。对于标题而言，文种是不可缺少的组成部分，它规范行文关系、行文方向，明确界定适用范围。一份公文，文种不具，则不成其为公文标题；而文种错用，标题则自伤其文，同公文主旨、内容将产生距离，甚至带来负面影响，因此，撰写公文时务必要正确选择，不用、错用或生造、自拟文种都是不规范的，如：×市××局为适应工作需要，向市政府行文要求批准成立××处，拟定标题《关于请求成立××局××处的报告》，请求上级批准，属于事前请示性质，用报告显然不对；某县政府请求市政府减少粮食定购任务，行文标题写成《关于削减粮食定购任务的请示报告》，请示和报告是两个各有分工的文种，连用是不规范的。再如：某县政府向市政府报告该县开展计划生育工作的情况，标题为《关于开展计划生育的情况》；向上级部门报告开展拥军爱民活动情况，标题为《关于我区开展拥军爱民活动情况的汇报》；某县政府向上级行文要求增拨化肥，标题为《关于要求增拨化肥的申请》，等等。以上提到的“情况”“汇报”“申请”等均不属于党政机关公文的文种，因此，用在公文标题中是不规范的。再如《××省财政厅转发财政部关于××工作的意见》，缺少文种，也不规范。

②标题中对事由的概括必须准确、简要，将“事”说清楚。如《××局关于认真做好汛期水库防汛和淤地坝防汛工作及进行汛前安全大检查的通知》《××市××区人民政府为加强交通安全管理请于××路上禁止重型卡车行驶的请示》，标题罗列了公文所有的事项和要求，冗长烦琐，不准确、不简明。还有的标题虽然简单，但意图并没有概括准确，如《××局关于投机倒把的通知》，简而不明，也容易产生歧义。

（8）主送机关。指公文的主要受理机关，应当使用机关全称、规范化简称或者同类型机关统称。向下普发的公文，主送机关名称应当规范、稳定。一般来说，公文除公报、公告、通告、纪要外，都应标明主送机关。主送机关种类较多，一般按系统和级别分开，在同一系统内的单位之间用顿号表示并列，在不同系统的单位之间用逗号点开，表示并列，如“各省、自治区、直辖市人民政府，国务院各部委、各直属机构”；如果主送机关很多，还可用统称或泛称，如“各有关单位”。

主送机关俗称“抬头”，编排于标题下空一行位置，用 3 号仿宋体字，居左顶格，回行时仍顶格，最后一个机关名称后标全角冒号。如主送机关名称过多导致公文首页不能显示正文时，应当将主送机关名称移至版记。

正确认定主送机关，是公文发出后能够得到及时处理的关键，因此必须根据公文内容的办事意向、隶属关系和职权范围来确定行文关系。2012 年《条例》第四章对上行、下行、平行的机关公文的行文规则做了详细的规定。

（9）正文。正文是公文的主体，用来表述公文的内容。公文的开头、中间、结尾一般按照“缘由—事项（事实）—要求”这一思路安排材料，结构全文。当然，在实际写作中，也不必完全拘泥于这样一个三要素俱全的结构，每一份公文都针对相应的工作实际、现实问题，有各自的写作要求，内容简单的可以采用篇段合一式，内容较多的可分段写，必要时可分条列项。正文要写得简明扼要，层次清楚。

公文首页必须显示正文。一般用 3 号仿宋体字，编排于主送机关名称下一行，每个自然段左空二字，回行顶格。文中结构层次序数依次可以用“一、”“（一）”“1.”“（1）”标注；一般第一层用黑体字、第二层用楷体字、第三层和第四层用仿宋体字标注。

（10）附件说明。指公文附件的顺序号和名称。

公文如有附件，用 3 号仿宋字体，在正文下空一行左空二字编排“附件”二字，后标全角冒号和附件名称。如有多个附件，使用阿拉伯数字标注附件顺序号（如“附件：1. ×××”）；附件名称后不加标点符号。附件名称较长需回行时，应当与上一行附件名称的首字对齐。

正确认识公文的附件与附件说明①

需要注意的是，公文如有附件，必须有对应的附件说明，不能没有附件说明，也不能直接在正文中写“附件如后”“附后”等。附件说明应以“附件”二字开头，不能只用“附”一个字。

（11）发文机关署名。署发文机关全称或者规范化简称，用 3 号

① 苏武荣：《正确认识公文的附件与附件说明》，载《应用写作》2016 年第 8 期。

仿宋字体。

（12）成文日期。署会议通过或者发文机关负责人签发的日期。联合行文时，署最后签发机关负责人签发的日期。成文日期使用阿拉伯数字将年、月、日标全，年份应标全称，月、日不编虚位（即1不编01）。

（13）印章。公文中有发文机关署名的，应当加盖发文机关印章，并与署名机关相符。有特定发文机关标志的普发性公文和电报可以不加盖印章。

关于发文机关署名、成文日期和印章的编排，2012年《格式》中规定：

①加盖印章的公文：成文日期一般右空四字编排，印章用红色，不得出现空白印章。

单一机关行文时，一般在成文日期之上、以成文日期为准居中编排发文机关署名，印章端正、居中下压发文机关署名和成文日期，使发文机关署名和成文日期居印章中心偏下位置，印章顶端应当上距正文（或附件说明）一行之内。

联合行文时，一般将各发文机关署名按照发文机关顺序整齐排列在相应位置，并将印章一一对应、端正、居中下压发文机关署名，最后一个印章端正、居中下压署名和成文日期，印章之间排列整齐、互不相交或相切，每排印章两端不得超出版心，首排印章顶端应当上距正文（或附件说明）一行之内。

②不加盖印章的公文。

单一机关行文时，在正文（或附件说明）下空一行右空二字编排发文机关署名，在发文机关署名下一行编排成文日期，首字比发文机关署名首字右移二字，如成文日期长于发文机关署名，应当使成文日期右空二字编排，并相应增加发文机关署名右空字数。

联合行文时，应当先编排主办机关署名，其余发文机关署名依次向下编排。发文机关名称上下并排长短不一时，可等距撑开，使长度相同。

③加盖签发人签名章的公文：签名章一般用红色。

单一机关制发的公文加盖签发人签名章时，在正文（或附件说明）下空二行右空四字加盖签发人签名章，签名章左空二字标注签发人职务，以签名章为准上下居中排布。在签发人签名章下空一行右空四字编排成文日期。

联合行文时，应当先编排主办机关签发人职务、签名章，其余机关签发人职务、签名章依次向下编排，与主办机关签发人职务、签名章上下对齐；每行只编排一个机关的签发人职务、签名章；签发人职务应当标注全称。

需要注意的是，当公文排版后所剩空白不能容下印章或签发人签名章、成文日期时，可以采用调整行距、字距的措施解决。用印页（或发文机关署名页）必须有正文，绝不能再采用页首加圆括号标注“此页无正文”字样的做法。

（14）附注。指公文印发传达范围等需要说明的事项。公文如有附注，居左空二字加圆括号编排在成文日期下一行，如“此件公开发布”“此件发至县团级”等，请示一般在此标注发文单位联系人和联系电话。

公文中附注的标注方法①

（15）附件。指公文正文的说明、补充或者参考资料。

附件应当另面编排，置于版记之前，与公文正文一起装订。“附件”二字及顺序号用 3 号黑体字顶格编排在版心左上角第一行。附件标题居中编排在版心第三行。附件顺序号和附件标题应当与附件说明的表述一致。附件格式要求与正文相同。如果附件和正文一起装订，页码应承接公文主体连续编排。

如果附件与正文不能一起装订，应当在附件左上角第一行顶格编排公文的发文字号并在其后标注“附件”二字及顺序号，此时，附件应单独编制页码。

需要注意的是，被批转、转发、印发的文件不能作为附件处理。

3. 版记

版记位于公文最后一面的下方，包括抄送机关、印发机关和印发日期等要素。

版记中的要素用分隔线框起，分隔线与版心等宽，首条分隔线和末条分隔线用粗线，中间的分隔线用细线。首条分隔线位于版记中的第一个要素之上，末条分隔线与公文最后一面的版心下边缘重合。

（16）抄送机关。指除主送机关外需要执行或者知晓公文内容的其他机关，应当使用机关全称、规范化简称或者同类型机关统称。

如有抄送机关，一般用 4 号仿宋体字，在印发机关和印发日期之上一行、左右各空一字编排。“抄送”二字后加全角冒号和抄送机关名称，回行与冒号后的首字对齐，最后一个抄送机关名称后标句号。

如需把主送机关移至版记，除将“抄送”二字改为“主送”外，编排方法同抄送机关。既有主送机关又有抄送机关时，应当将主送机关置于抄送机关之上一行，之间不加分隔线。

（17）印发机关和印发日期。指公文的送印机关和送印日期。印

① 李展：《公文中附注的标注方法》，载《应用写作》2016 年第 4 期。

发机关和印发日期一般用 4 号仿宋体字，编排在末条分隔线之上，印发机关左空一字，印发日期右空一字，用阿拉伯数字将年、月、日标全，年份标全称，月、日不编虚位，后加“印发”二字。

版记中如还有抄送机关等其他要素，要将其与印发机关和印发日期用一条细分隔线隔开。

4. 页码

（18）页码。指公文页数顺序号。页码位于版心外，一般用 4 号半角宋体阿拉伯数字，编排在公文版心下边缘之下，数字左右各放一条一字线，一字线上距版心下边缘 7mm。单页码居右空一字，双页码居左空一字。公文的版记页前有空白页的，空白页和版记页均不编排页码。公文的附件与正文一起装订时，页码应当连续编排。

以上 18 个要素的编排，是公文的一般格式。除一般格式外，根据实际工作需要，2012 年《格式》仍然保留了信函格式、命令（令）格式和纪要格式三种特定的格式。

关于信函格式、命令（令）格式和纪要格式，《格式》中是这样规定的：

特定格式的特定之处①

信函格式。发文机关标志使用发文机关全称或者规范化简称，居中排布，上边缘至上页边为 30mm，推荐使用红色小标宋体字，联合行文时，使用主办机关标志。

发文机关标志下 4mm 处印一条红色双线（上粗下细），距下页边 20mm 处印一条红色双线（上细下粗），线长均为 170mm，居中排布。

如需标注份号、密级和保密期限、紧急程度，应当顶格居版心左边缘编排在第一条红色双线下，按照份号、密级和保密期限、紧急程度的顺序自上而下分行排列，第一个要素与该线的距离为 3 号汉字高度的 7/8。

发文字号顶格居版心右边缘编排在第一条红色双线下，与该线的距离为 3 号汉字高度的 7/8。

标题居中编排，与其上最后一个要素相距二行。

第二条红色双线上一行如有文字，与该线的距离为 3 号汉字高度的 7/8。

首页不显示页码。

版记不加印发机关和印发日期、分隔线。位于公文最后一面版心内最下方。

命令（令）格式。发文机关标志由发文机关全称加“命令”或

① 贺登昆：《特定格式公文的特定之处》，载《应用写作》2015 年第 4 期。

“令”字组成，居中排布，上边缘至版心上边缘为 20mm，推荐使用红色小标宋体字。

发文机关标志下空二行居中编排令号，令号下空二行编排正文。

签发人职务、签名章和成文日期的编排前文已有规定。

纪要格式。纪要标志由“×××××纪要”组成，居中排布，上边缘至版心上边缘为 35mm，推荐使用红色小标宋体字。

标注出席人员名单，一般用 3 号黑体字，在正文或附件说明下空一行、左空二字编排“出席”二字，后标全角冒号，冒号后用 3 号仿宋体字标注出席人单位、姓名，回行时与冒号后的首字对齐。

标注请假和列席人员名单，除依次另起一行并将“出席”二字改为“请假”或“列席”外，编排方法同出席人员名单。

纪要格式可以根据实际制定。

掌握公文格式，需要注意的是，在 2000 年《办法》和 1996 年《条例》的基础上，2012 年《条例》和 1996 年《格式》在整合时作了明显变动，主要表现在：一是将党政机关公文的用纸规格统一为国际标准 A4 型（210mm × 297mm）；二是将密级、紧急程度从右上角改为左上角；三是增加了发文机关署名格式要素，要求印章、署名要齐全；四是成文日期要求用阿拉伯数字标注；五是增加了页码格式要素；六是版记由 3 号字改为 4 号仿宋体；七是取消了备受争议的“主题词”要素。主题词本用于提炼公文内容，便于公文检索查询，但在实际工作中，主题词编写随意性大，基本起不到应有的作用，反而增加了工作量。随着计算机速度的加快和存储量的加大，全文检索已经成为现实工作中最快速、便捷、准确的检索手段，主题词也就失去了存在的意义。取消以后，我们再不必为查阅大量主题词而烦恼，也再不必为主题词标注是否正确而担心。

总之，公文格式是整个公文的有机组成部分，它同公文内容一起构成一个互相联系和制约的有机整体。规范化的公文格式，不但提高公文的防伪性和权威性，也更加便于管理。我们应当全面熟练地掌握公文格式，提高工作质量和工作效率。党政机关公文的具体式样可参见图 1 ~ 图 12①。

---

① 摘自《党政机关公文格式》（中华人民共和国国家质量监督检验检疫总局、中国国家标准化管理委员会发布，中华人民共和国国家标准 GB/T 9704—2012）。

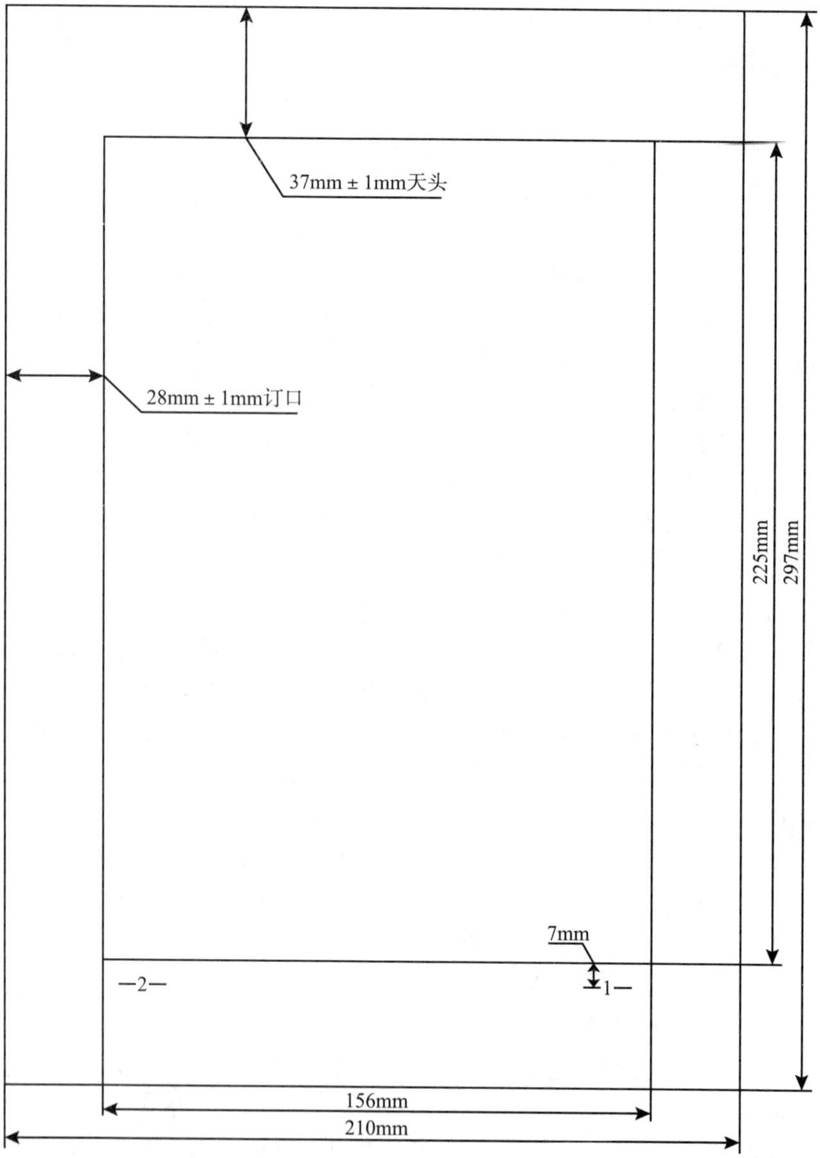

图 1　A4 型公文用纸页边及版心尺寸

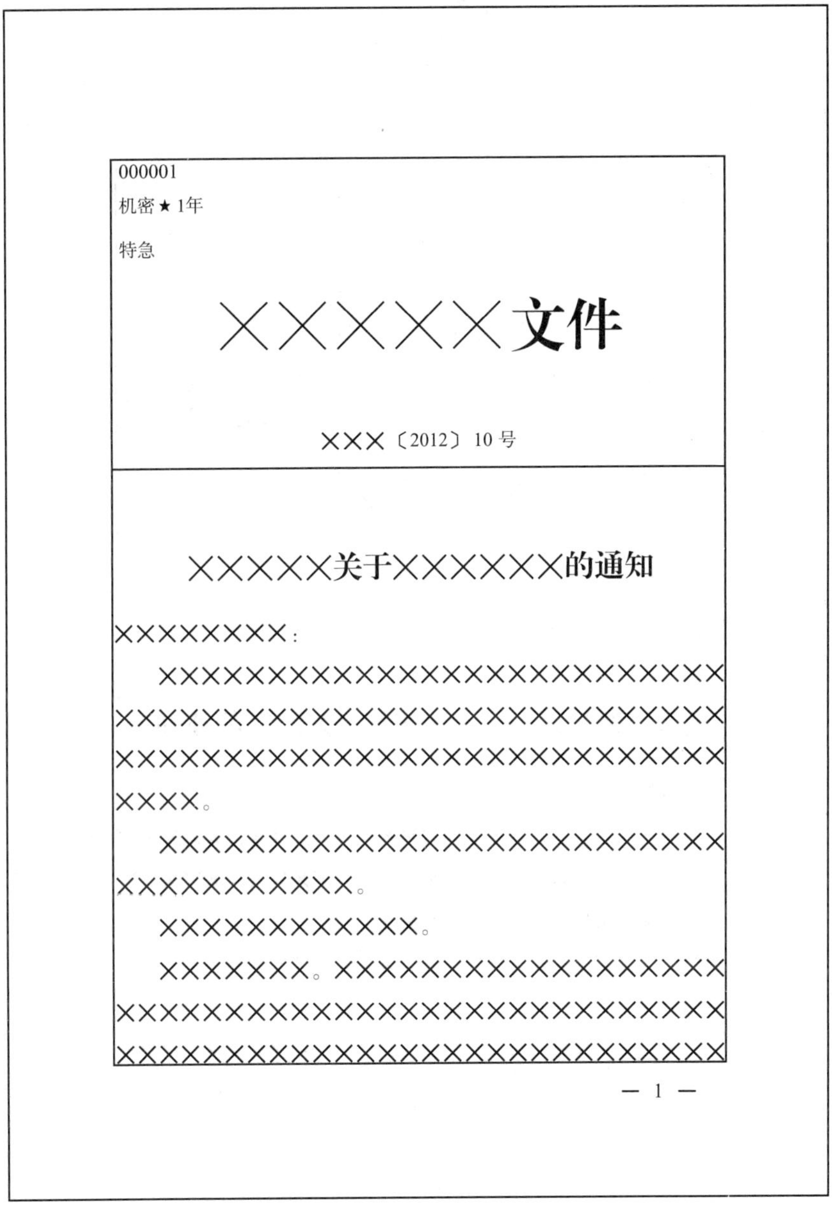

图 2　公文首页版式

注：版心实线框仅为示意，在印制公文时并不印出。

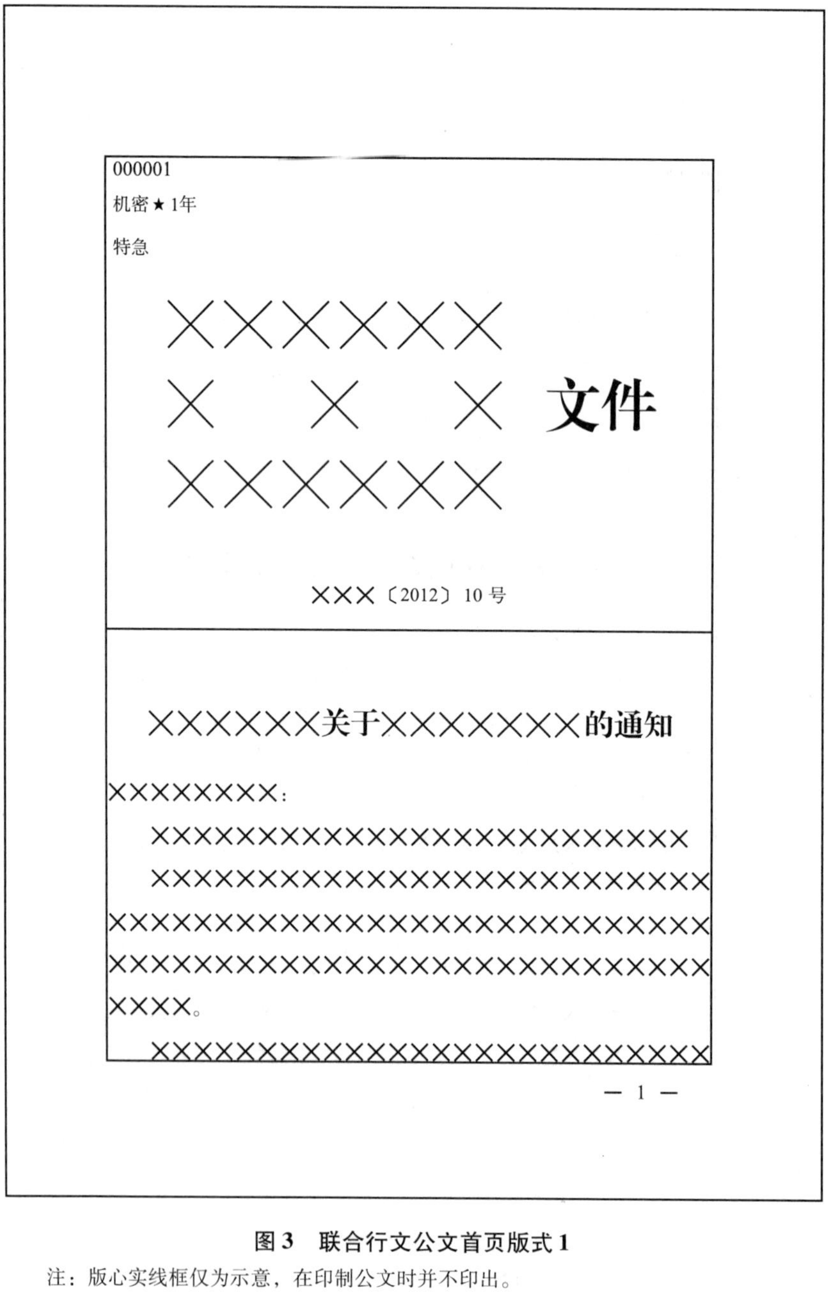

图3　联合行文公文首页版式1

注：版心实线框仅为示意，在印制公文时并不印出。

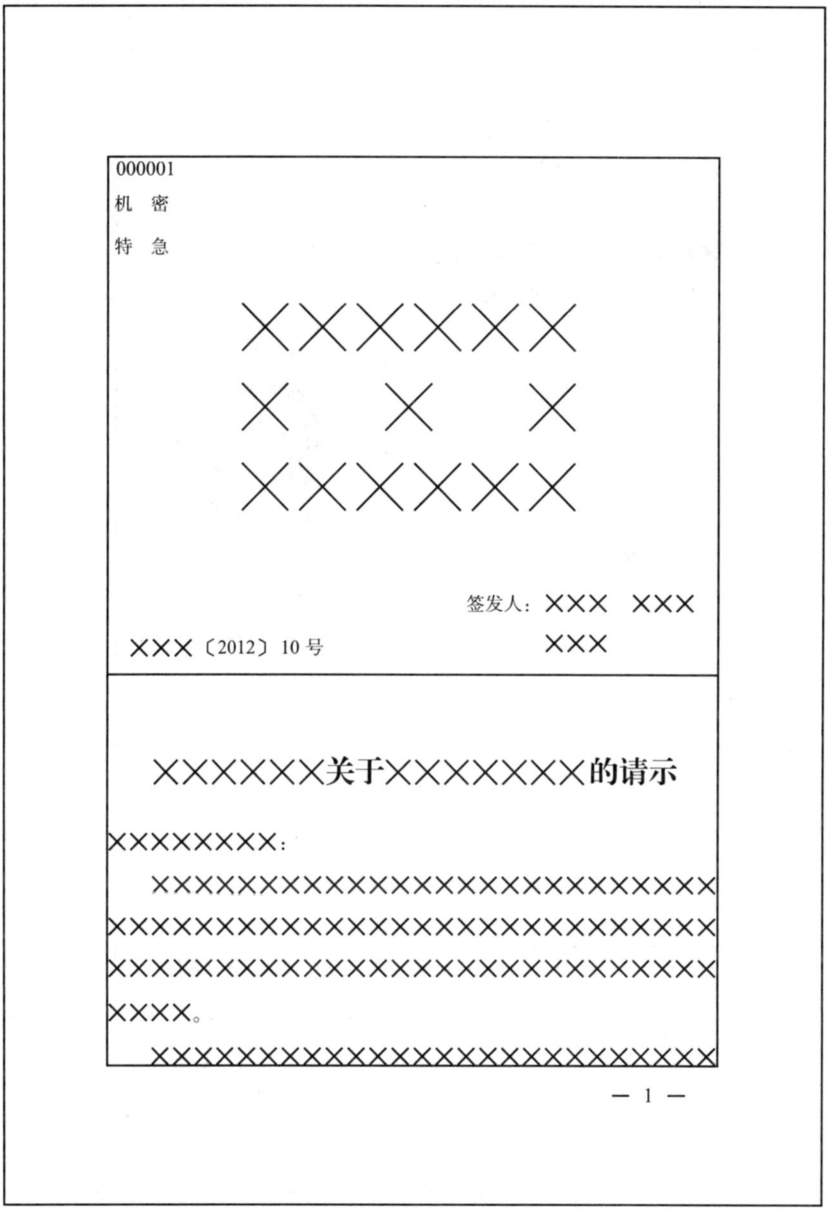
000001
机　密
特　急

××××××
×　×　×
××××××

签发人：×××　×××
×××
×××〔2012〕10 号

××××××关于×××××××的请示

××××××××：
××。
×××××××××××××××××××××××××××

— 1 —

图 4　联合行文公文首页版式 2

注：版心实线框仅为示意，在印制公文时并不印出。

XXXXXXXXXXXXXXXX。

XXXXXXXXXXXXXXXXXXXXXXXXXXXXXXXXXXXXXXXXXXXXXXXXXXXXXXXXXXXXXXXXXXXX。

中华人民共和国××××部

× × 部

2012年7月1日

（XXXXX）

抄送：XXXXXXXX，XXXXXX，XXXXX，XXXXX，XXXXX。

XXXXXXXXX　　2012年7月1日印发

— 2 —

图5　公文末页版式1

注：版心实线框仅为示意，在印制公文时并不印出。

×××××××××××××××。

××。

×××××××××××

2012年7月1日

（×××××）

抄送：××××××××，××××××，×××××，×××××，×××××。

××××××××× 2012年7月1日印发

— 2 —

图6　公文末页版式2

注：版心实线框仅为示意，在印制公文时并不印出。

XXXXXXXXXXXXXXXX。

XXXXXXXXXXXXXXXXXXXXXXXXXX
XXXXXXXXXXXXXXXXXXXXXXXXXXXX
XXXXXXXXXXXX。

中共中央×××部　中华人民共和国×××部

××部　　××部

2012年7月1日

（XXXXX）

抄送：XXXXXXXX，XXXXXX，XXXXX，XXXXX，XXXXX。

XXXXXXXXX　　2012年7月1日印发

— 2 —

图7　联合行文公文末页版式1

注：版心实线框仅为示意，在印制公文时并不印出。

××××××××××××××××。

××。

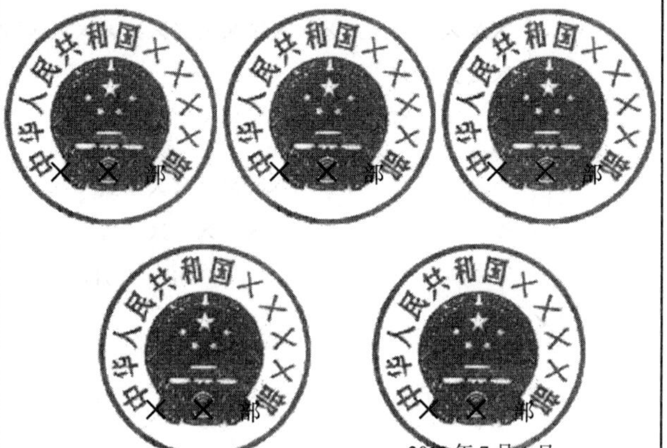

2012 年 7 月 1 日

（×××××）

抄送：×××××××××，××××××，×××××，×××××，×××××。

××××××××××　　2012 年 7 月 1 日印发

— 2 —

图 8　联合行文公文末页版式 2

注：版心实线框仅为示意，在印制公文时并不印出。

图 9　附件说明页版式

注：版心实线框仅为示意，在印制公文时并不印出。

图 10　带附件公文末页版式

注：版心实线框仅为示意，在印制公文时并不印出。

中华人民共和国××××× 部

000001　　　　　　　　　　×××〔2012〕10 号

机　密

特　急

×××××关于××××××的通知

××××××××：

　　××××××××××××××××××××××××××
××××××××××××××××××××××××××××
××××××××××××××××××××××××××××
×××××××××××××××××××××××××。

　　××××××××××××××××××××××××××
××××××××××××××××××××××××××××
××××××××××××××××××××××××××××
×××××××××××××××××××××××××。

　　××××××××××××××××××××××××××
××××××××××××××××××××××××××××
××××××××××××××××××××××××××××
××××××××××××××××××××××××××××
××××××××××××××××××××××××××××
×××××××××××××××××××××××××××。

图 11　信函格式首页版式

注：版心实线框仅为示意，在印制公文时并不印出。

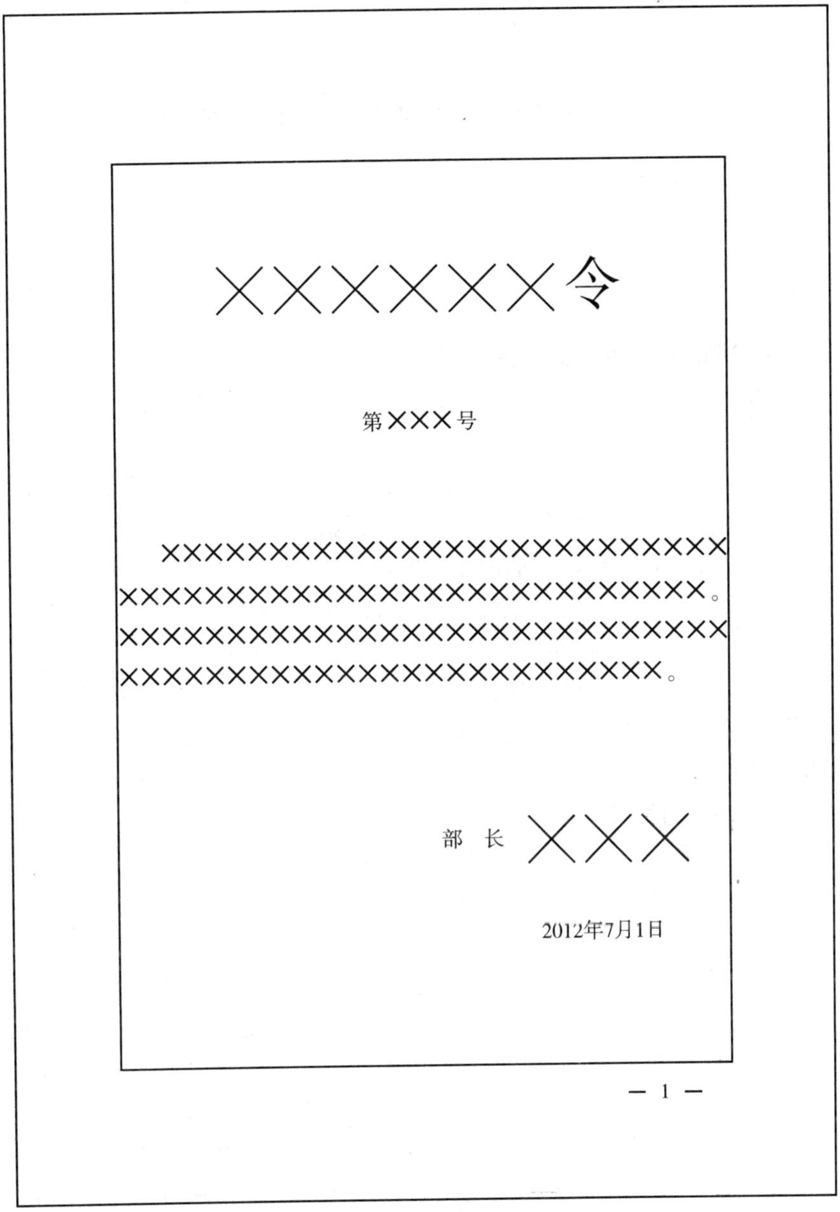

图 12　命令（令）格式首页版式

注：版心实线框仅为示意，在印制公文时并不印出。

1.2 决议、决定、命令（令）

1.2.1 决议

1. 决议的适用范围和特点

2012 年《条例》规定：决议，适用于会议讨论通过的重大决策事项。

“决议”是原党的机关公文的文种，行政机关公文中没有。2012 年《条例》延续了 1996 年《条例》的规定，将“重要”改为“重大”，一字之改，含义有所不同，增加了重要程度。

决议具有相当高的权威性，一般由重要会议形成和通过，内容事关党和国家重大决策事项，是党和国家意志的反映，一经公布，全党、全国上下都必须坚决执行。决议通过的观点和对事物的评价，具有指导意义，影响深远。关于历史问题、个人功过作出的结论也是党和国家工作的指导思想和理论依据。

2. 决议的种类

（1）批准公布性决议。主要用于批准和公布某种法规、提案而写作的决议，如《中国共产党第十八次全国代表大会关于〈中国共产党章程（修正案）〉的决议》。

（2）阐述性决议。主要用于对某些重大结论的具体内容加以展开阐述的文件。如《中共中央关于加强社会主义精神文明建设若干重要问题的决议》（1996 年 10 月 10 日中国共产党第十四届中央委员会第六次全体会议通过）。再如 1981 年 6 月 27 日，中国共产党十一届六中全会第六次全体会议一致通过的《中国共产党中央委员会关于建国以来党的若干历史问题的决议》，它是中国共产党历史上具有深远影响的重要文件。该决议对中华人民共和国建立以来的一系列重大历史事件，特别是“文化大革命”，作出了官方的全面总结；对这一时期一些重要历史人物的功过，特别是毛泽东的历史地位，作出了官方的基本评价。这份决议与 1945 年的《关于若干历史问题的决议》一起，被认为是中国共产党建党以来的两个最为重要、最为权威的内部历史文献，都起到了对有争议的党内历史问题做出结论、全面总结党的历史经验、统一全党思想、对未来发展提供指导理论等一系列重大作用。

3. 决议的撰写

（1）标题。决议标题一般采用完全式标题形式，由发文机关名称（或会议名称）+ 事由 + 文种构成。标题下注明会议名称及决议通过的日期，用圆括号括起。

（2）正文。决议正文一般由决议缘由、决议事项和结语三部分组成。

决议缘由：一般简要说明有关会议审议决议涉及事项的情况，陈述作出决议的原因、根据、背景、目的或意义。

决议事项：写明会议通过的决议事项，或会议对有关文件、事项作出的评价、决定，或对有关工作做出的部署安排和要求、措施。

结语：一般紧扣决议事项有针对性地提出希望、号召和执行要求。

4. 决议写作的注意事项

（1）要紧扣会议精神和主题，准确阐明会议决策事项，体现与会者的集体意志，做到中心明确，重点突出。

（2）由于会议内容具有多面性，与会者讨论的问题比较广泛，会议决议要更加注重结构严谨，条理清晰。要恰当运用习惯用语区分决议的不同段落层次，如“会议决定”“会议同意”“大会要求”“大会指出”“会议号召”等，以此表明与会者的立场观点，表示会议的决定事项是与会者集体讨论的成果。

1.2.2 决定

1. 决定的适用范围和特点

2012 年《条例》规定：决定，适用于对重要事项作出决策和部署、奖惩有关单位和人员、变更或者撤销下级机关不适当的决定事项。

“决定”是原党的机关公文和行政机关公文的共有文种，两者在对重要事项作出决策和安排这一功能上是基本重合的，另外“奖惩”和“变更或撤销”两项功能是原党的机关公文的“决定”所不具备的。2012 年《条例》对于“决定”适用范围的规定，第一项功能采用了 1996 年《条例》的说法，而后两项功能则采用了 2000 年《办法》的表述。

作为重要的指令性公文，决定的特点主要表现在：

（1）决断性。发文机关根据有关方针政策以及形势需要，在法定的范围内，有权对有关事项、问题、行动作出决策和安排，不受其他因素、条件的限制，因此具有决断性的特征。而且决定一经作出，对下级工作或所辖系统内有关事项具有强制约束力，收文单位和个人必须严格执行，权威性强。

（2）指挥性。决定是对下级单位或某一方面的工作提出重要的指导性意见，确定具体措施及实施方案，要求下级单位依照执行，具有比较强的指示方向的作用。

2. 决定的种类

根据内容和用途，决定可分为指挥性决定和知照性决定两大类：

指挥性决定，有的侧重于确定某方面的方针政策，以统一认识和行动，对某些重要的问题进行政策交代或政策引导，方针政策性较强，如《中共中央 国务院关于深化教育改革全面推进素质教育的决定》；有的侧重于对重大政治活动、经济活动、行政活动作出安排，规定性较强，如《中华人民共和国民政部关于取缔法轮大法研究会的决定》。

知照性决定，重在宣告、知照，让下级机关、单位及人员知晓领导机关、有关部门或单位的某些重大安排，或告知群众将采取的重大措施，如《国务院关于实行公民身份号码制度的决定》《国务院关于取消和下放一批行政许可事项的决定》；还可以用来对英雄模范、先进人物进行表彰或对某些人员进行纪律处分，如《国务院关于2019年度国家科学技术奖励的决定》《国务院关于表彰全国民族团结进步模范集体和模范个人的决定》等。

3. 决定的撰写

（1）标题。决定一般采用完全式标题形式，如《教育部关于授予张丽莉同志“全国优秀教师”称号的决定》，发文机关名称、事由和文种三要素俱全。

（2）主送机关。决定是下行文，主送机关为下级单位。

（3）正文。根据决定内容的实际情况，正文有基本型、三段型、直叙型三种结构模式。

基本型。由“缘由＋决定事项”两部分组成。即首先简要说明决定的原因、目的或根据，然后阐明决定的内容，两者之间有基本的因果关系。决定事项如果内容较多，可以分条列项。

三段型。由“缘由＋决定事项＋号召或要求”三部分组成。即在基本型的基础上，增加发出号召或提出实施要求部分。重大政策性、部署性决定大都采用这种结构模式。

直叙型。起笔入题，开门见山，直接阐明决定事项。

以上三种结构模式，只是基本的参考形式，在实际写作中，正文到底如何安排，还要依主题表现的需要来定，没有千篇一律的模式。

4. 决定写作的注意事项

（1）要有针对性。决定属于重要决策性公文，其内容必须与党和国家的有关方针政策、现行法律法规和上级单位的规定精神保持一致，要考虑决定的长久影响，务求提出的各项原则与措施务实稳妥，观点正确，还要切合现实情况，有针对性地解决实际问题。

（2）要注意政策的连续性。新的决定应该是过去同类决定的继续和发展，要能够对经济和社会进步起到推动作用，一定要防止与过去所作决定不一致或相矛盾的情况。

5. 决议与决定辨析

决议和决定同属党政领导机关的指挥决策性公文，两者也有区别。

决议与决定辨析

（1）制作程序不同。决议，须经某一级机关或组织机构的法定会议对某一议题进行集体讨论，由法定多数表决通过，然后形成正式文件，并以会议的名义公布；而决定，却不一定经过法定会议讨论通过的程序，它既可以是某种会议讨论研究的成果，形成正式文件予以公布，也可由各级领导机关直接制作并予以公布。

（2）作用有异。决议，适用于会议讨论通过的重大决策事项；而决定，除用于党政领导机关对重要事项或重大行动做出决策、安排和规定外，还用于奖惩和变更或者撤销下级机关不适当的决定事项。

（3）写法有别。决定在行文中一般不多阐述理论上的道理，而往往着重提出开展某项工作的步骤、措施、要求等，要写得明确、具体，措施也更落实，约束力强，可以直接成为下级机关行动的准则。而决议通常写得比较概括，原则性强，下级机关在贯彻执行时，多数还要根据决议制定相应的具体措施或实施办法。

1.2.3　命令（令）

1. 命令（令）的适用范围和特点

2012年《条例》规定：命令（令），适用于公布行政法规和规章、宣布施行重大强制性措施、批准授予和晋升衔级、嘉奖有关单位和人员。

命令是原来行政机关公文的文种，党的机关公文中没有。2012年《条例》关于命令适用范围的表述主要是从2000年《办法》继承来的，同时有所增删。增加了“批准授予和晋升衔级”的功能，删去了“依照有关法律”这一不说自明的要求，删去了“宣布施行重大强制性行政措施”中的“行政”限定，说明此功能党政机关均可使用。

命令（令）是党政机关较高规格的发文形式，其特点可以概括为：

（1）作者的限定性。一般来说，中央领导人、各党政部门首长，以及省、市（县）、各级党委、政府及负责人在法定权限内可以使用命令。命令具有很高的权威性，企事业单位、人民团体以及基层部门不能使用命令。

（2）作用的强制性。命令的强制性大大高于其他下行公文。由于各种法规、规章大都通过命令形式发布，受令单位和有关人员必须绝对服从，坚决执行，不能有丝毫偏差，没有商洽变通的余地，更不允许抵制和违反，否则将受到惩处。俗话说“令行禁止”“军令如山”，充分反映了命令的强制性特征。

2. 命令（令）的种类

根据内容，命令（令）可分为公布令、强制令、嘉奖令以及授衔令等类型。

公布令，主要用来颁布行政法规和规章，如条例、规定、制度、办法等，如《中华人民共和国国务院令》（第697号），由国务院总理签署发布了《快递暂行条例》；再如《中国银行保险监督委员会令》（2020年第3号），由中国银行保险监督管理委员会主席签署发布了《银行业保险业消费投诉处理管理办法》。公布行政法规和规章，是命令最主要和最常用的功能，所以在命令的所有类型中，公布令最为多见。

强制令，主要用来发布重大强制性措施和规定，如《中华人民共和国国务院关于在拉萨市实行戒严的命令》，由国务院总理签署，宣布在拉萨市实行戒严，以维护社会秩序，保障公民人身、财产和公共财产安全。

嘉奖令，主要用来表彰、奖励有功单位、集体或个人，如《国务院、中央军委关于表彰参加国庆阅兵装备工作各单位和全体同志的命令》《国务院、中央军委关于授予金春明同志“雷锋式消防战士”荣誉称号的命令》。

授衔令，主要用来批准授予和晋升衔级。这是2012年《条例》中命令功能扩充后新增的一个类型，如《国务院关于授予×××等3名同志海关关衔的命令》。

3. 命令（令）的撰写

（1）标题。命令（令）的标题可以采用完全式标题形式，即“发文机关名称+事由+文种”，强制令、嘉奖令以及授衔令通常采用这种形式；而公布令往往以“发文机关名称（或机关首长）+文种”的形式标记，如“中华人民共和国主席令”“中华人民共和国国务院令”。

需要说明的是，命令和令是一个文种，两种称呼，在具体运用上，为了使其标题在语法上合乎规范和音节上的错落有致，一般来讲，三要素齐备时常用“命令”，省略事由时常用“××令”的形式。

（2）主送机关。当命令限定发给某些单位时，要在正文前顶格标明受令机关；属于普发性命令则不需要标明受令机关。

（3）正文。公布令，正文直接交代发布对象，即法规、规章名称，通过会议或批准机关名称及通过或批准的时间，施行时间。如“《快递暂行条例》已经2018年2月7日国务院第198次常务会议通过，现予公布，自2018年5月1日起施行。”

强制令，正文一般由发令缘由和发令事项组成，有时也提出发令要求。如“鉴于少数分裂主义分子不断在西藏自治区拉萨市制造骚乱，严重危害社会治安，为了维护社会秩序，保障公民人身、财产的安全，保护公共财产不受侵犯，根据宪法第八十九条第十六项的规定，国务院决定：自1989年3月8日零时起在拉萨市实行戒严，由西藏自治区人民政府组织实施，并根据实际需要采取具体戒严措施。”

嘉奖令，正文一要交代嘉奖缘由，即被嘉奖集体或个人的先进事迹；二要对事迹进行分析，表明嘉奖的目的，同时作出嘉奖决定，或授予荣誉称号，或记功、晋级，或给予相应的奖励、奖金等；三要写明希望和号召要求。

4. 命令（令）写作的注意事项

（1）命令是具有最高权威性和强制力的文种，必须严格按照法定权限制发，不能越权行文。

（2）命令所针对的事项必须是重要问题或重大事件，一旦发布，就要求不折不扣地执行，没有商量的余地。因此，撰写命令时，要斟酌是否确需发布命令，防止小题大做，更不能随意发号施令。

（3）命令必须表意十分准确，切忌模棱两可；语言庄重严肃，简洁精炼；语气坚决肯定，要正确运用禁令语言。

例文 1

中国共产党第十九次全国代表大会关于《中国共产党章程（修正案）》的决议[①]

（2017 年 10 月 24 日中国共产党第十九次全国代表大会通过）

中国共产党第十九次全国代表大会审议并一致通过十八届中央委员会提出的《中国共产党章程（修正案）》，决定这一修正案自通过之日起生效。

大会认为，党的十八大以来，以习近平同志为主要代表的中国共产党人，顺应时代发展，从理论和实践结合上系统回答了新时代坚持和发展什么样的中国特色社会主义、怎样坚持和发展中国特色社会主义这个重大时代课题，创立了习近平新时代中国特色社会主义思想。习近平新时代中国特色社会主义思想是对马克思列宁主义、毛泽东思想、邓小平理论、“三个代表”重要思想、科学发展观的继承和发展，是马克思主义中国化最新成果，是党和人民实践经验和集体智慧的结晶，是中国特色社会主义理论体系的重要组成部分，是全党全国人民为实现中华民族伟大复兴而奋斗的行动指南，必须长期坚持并不断发展。在习近平新时代中国特色社会主义思想指导下，中国共产党领导全国各族人民，统揽伟大斗争、伟大工程、伟大事业、伟大梦想，推动中国特色社会主义进入了新时代。大会一致同意，在党章中把习近平新时代中国特色社会主义思想同马克思列宁主义、毛泽东思想、邓小平理论、“三个代表”重要思想、科学发展观一道确立为党的行动指南。大会要求全党以习近平新时代中国特色社会主义思想统一思想和行动，增强学习贯彻的自觉性和坚定性，把习近平新时代中国特色社会主义思想贯彻到社会主义现代化建设全过程、体现到党的建设各方面。

大会认为，中国特色社会主义文化是中国特色社会主义的重要组成部分，是激励全党全国各族人民奋勇前进的强大精神力量。大会同意把中国特色社会主义文化同中国特色社会主义道路、中国特色社会主义理论体系、中国特色社会主义制度一道写入党章，这有利于全党深化对中国特色社会主义的认识、全面把握中国特色社会主义内涵。大会强调，全党同志要倍加珍惜、长期坚持和不断发展党历经艰辛开

① 新华网，www. xinhuanet. com/politics/19cpcnc/2017 - 10/24/c_1121850042. htm。

创的这条道路、这个理论体系、这个制度、这个文化，高举中国特色社会主义伟大旗帜，坚定道路自信、理论自信、制度自信、文化自信，贯彻党的基本理论、基本路线、基本方略。

大会认为，实现中华民族伟大复兴是近代以来中华民族最伟大的梦想，是我们党向人民、向历史作出的庄严承诺。大会同意在党章中明确实现“两个一百年”奋斗目标、实现中华民族伟大复兴的中国梦的宏伟目标。

大会认为，党的十九大作出的我国社会主要矛盾已经转化为人民日益增长的美好生活需要和不平衡不充分的发展之间的矛盾的重大政治论断，反映了我国社会发展的客观实际，是制定党和国家大政方针、长远战略的重要依据。党章据此作出相应修改，为我们把握我国发展新的历史方位和阶段性特征、更好推进党和国家事业提供了重要指引。

大会认为，坚持以人民为中心的发展思想，坚持创新、协调、绿色、开放、共享的发展理念，协调推进全面建成小康社会、全面深化改革、全面依法治国、全面从严治党，全面建成社会主义现代化强国，反映了我们党坚持和发展中国特色社会主义的根本目的、发展理念、战略布局、战略目标。把促进国民经济更高质量、更有效率、更加公平、更可持续发展，完善和发展中国特色社会主义制度，推进国家治理体系和治理能力现代化，更加注重改革的系统性、整体性、协同性等内容写入党章，有利于推动全党把思想和行动统一到党中央科学判断和战略部署上来，树立和践行新发展理念，不断开创改革发展新局面。

大会认为，党的十八大以来，以习近平同志为核心的党中央在经济建设、政治建设、文化建设、社会建设、生态文明建设方面提出一系列新理念新思想新战略。大会同意把发挥市场在资源配置中的决定性作用，更好发挥政府作用，推进供给侧结构性改革，建设中国特色社会主义法治体系，推进协商民主广泛、多层、制度化发展，培育和践行社会主义核心价值观，推动中华优秀传统文化创造性转化、创新性发展，继承革命文化，发展社会主义先进文化，提高国家文化软实力，牢牢掌握意识形态工作领导权，不断增强人民群众获得感，加强和创新社会治理，坚持总体国家安全观，增强绿水青山就是金山银山的意识等内容写入党章。作出这些充实，对全党更加自觉、更加坚定地贯彻党的基本理论、基本路线、基本方略，统筹推进“五位一体”总体布局具有十分重要的作用。

大会认为，党的十八大以来，习近平同志就加强国防和军队建设、民族团结、“一国两制”和祖国统一、统一战线、外交工作提出一系列重要思想观点，为坚持走中国特色强军之路、维护和发展平等团结互助和谐的社会主义民族关系、推进祖国统一、推动构建人类命运共同体进一步指明了方向。大会同意，把中国共产党坚持对人民解放军和其他人民武装力量的绝对领导，贯彻习近平强军思想，坚持政治建军、改革强军、科技兴军、依法治军，建设一支听党指挥、能打胜仗、作风优良的人民军队，切实保证人民解放军有效履行新时代军队使命任务；铸牢中华民族共同体意识；坚持正确义利观，推动构建人类命运共同体，遵循共商共建共享原则，推进“一带一路”建设等内容写入党章。充实这些内容，有利于加强党对人民军队的绝对领导、提高国防和军队现代化水平，有利于加强民族团结，有利于提高我国开放型经济水平。

大会认为，党的十八大以来，我们党扎实推进全面从严治党，在加强党的建设方面进行了全方位探索，取得了许多成功经验和重大成果，必须及时体现到党章中，使之转化为全党共同意志和共同遵循。大会同意，把党的十九大确立的坚持党要管党、全面从严治党，加强党的长期执政能力建设、先进性和纯洁性建设，以党的政治建设为统领，全面推进党的政治建设、思想建设、组织建设、作风建设、纪律建设，把制度建设贯穿其中，深入推进反腐败斗争等要求写入党章，把不断增强自我净化、自我完善、自我革新、自我提高能力，用习近平新时代中国特色社会主义思想统一思想、统一行动，牢固树立政治意识、大局意识、核心意识、看齐意识，坚定维护以习近平同志为核心的党中央权威和集中统一领导，加强和规范党内政治生活，增强党内政治生活的政治性、时代性、原则性、战斗性，发展积极健康的党内政治文化，营造风清气正的良好政治生态等内容写入党章，把坚持从严管党治党作为党的建设必须坚决实现的基本要求之一写入党章。充实这些内容，使党的建设目标更加清晰、布局更加完善，有利于全党以更加科学的思路、更加有效的举措推进党的建设，不断提高党的建设质量，永葆党的生机活力。

大会认为，中国共产党的领导是中国特色社会主义最本质的特征，是中国特色社会主义制度的最大优势。党政军民学，东西南北中，党是领导一切的。大会同意把这一重大政治原则写入党章，这有利于增强全党党的意识，实现全党思想上统一、政治上团结、行动上一致，提高党的创造力、凝聚力、战斗力，确保党总揽全局、协调各方，为做好党和国家各项工作提供根本政治保证。

大会认为，总结吸收党的十八大以来党的工作和党的建设的成功经验，并同总纲部分修改相衔接，对党章部分条文作适当修改十分必要。认真学习习近平新时代中国特色社会主义思想，自觉遵守党的政治纪律和政治规矩，勇于揭露和纠正违反党的原则的言行，带头实践社会主义核心价值观，弘扬中华民族传统美德，是广大党员应尽的义务；把政治标准放在首位，是发展党员必须坚持的重要原则；实现巡视全覆盖，开展中央单位巡视、市县巡察，是巡视工作实践经验的总结，必须加以坚持和发展；明确中央军事委员会实行主席负责制，明确中央军事委员会负责军队中党的工作和政治工作，反映了军队改革后的中央军委履行管党治党责任的现实需要；调整党的总支部委员会、支部委员会每届任期期限，推进“两学一做”学习教育常态化制度化，明确国有企业党组织的地位和作用，增写社会组织中党的基层组织的功能定位和职责任务，明确各级党和国家机关中党的基层组织的职责，明确党支部的地位和作用，充实干部选拔条件和要求，调整和充实党的纪律、党的纪律检察机关部分的相关内容，等等，是党的十八大以来党的工作和党的建设成果的集中反映。把这些内容写入党章，有利于全党把握党的指导思想与时俱进，用习近平新时代中国特色社会主义思想武装头脑、指导实践、推动工作，有利于强化基层党组织政治功能，推动全面从严治党向纵深发展。

大会要求，党的各级组织和全体党员在以习近平同志为核心的党中央坚强领导下，高举中国特色社会主义伟大旗帜，以马克思列宁主义、毛泽东思想、邓小平理论、“三个代表”重要思想、科学发展观、习近平新时代中国特色社会主义思想为指导，更加自觉地学习党章、遵守党章、贯彻党章、维护党章，坚持和加强党的全面领导，坚持党要管党、全面从严治党，为决胜全面建成小康社会、夺取新时代中国特色社会主义伟大胜利、实现中华民族伟大复兴的中国梦、实现人民对美好生活的向往继续奋斗！

例文2

国务院关于2019年度国家科学技术奖励的决定[①]

各省、自治区、直辖市人民政府，国务院各部委、各直属机构：

为深入贯彻落实习近平新时代中国特色社会主义思想，全面贯彻党的十九大和中共十九届二中、三中、四中全会精神，坚定实施科教兴国战略、人才强国战略和创新驱动发展战略，国务院决定，对为我国科学技术进步、经济社会发展、国防现代化建设作出突出贡献的科学技术人员和组织给予奖励。

---

① 中华人民共和国中央人民政府网站，http：//www.gov.cn。

根据《国家科学技术奖励条例》的规定，经国家科学技术奖励评审委员会评审、国家科学技术奖励委员会审定和科技部审核，国务院批准并报请国家主席习近平签署，授予黄旭华院士、曾庆存院士国家最高科学技术奖；国务院批准，授予“高效手性螺环催化剂的发现”国家自然科学奖一等奖，授予“电化学表面增强拉曼光谱学研究”等45项成果国家自然科学奖二等奖，授予“复杂机场高精度飞行校验技术及装备”等3项成果国家技术发明奖一等奖，授予“农产品中典型化学污染物精准识别与检测关键技术”等62项成果国家技术发明奖二等奖，授予“海上大型绞吸疏浚装备的自主研发与产业化”等3项成果国家科学技术进步奖特等奖，授予“高品质特殊钢绿色高效电渣重熔关键技术的开发和应用”等22项成果国家科学技术进步奖一等奖，授予“优质早熟抗寒抗赤霉病小麦新品种西农979的选育与应用”等160项成果国家科学技术进步奖二等奖，授予马丁·波利亚科夫教授等10名外国专家中华人民共和国国际科学技术合作奖。

全国科学技术工作者要向黄旭华院士、曾庆存院士及全体获奖者学习，不忘初心、牢记使命，继续发扬服务国家、造福人民的光荣传统和追求真理、勇攀高峰的科学精神，坚持新发展理念，深入实施创新驱动发展战略，坚定不移走中国特色自主创新道路，着力实现原始创新重大突破，攻克关键核心技术，推动科技成果转化应用，加强科技创新开放合作，为建成创新型国家、加快建设世界科技强国，夺取全面建成小康社会伟大胜利、实现“两个一百年”奋斗目标和中华民族伟大复兴的中国梦作出新的更大贡献。

国务院

2020年1月7日

例文3

国务院　中央军委关于授予金春明同志“雷锋式消防战士”荣誉称号的命令[①]

公安部：

国务院、中央军委决定：授予辽宁省公安消防总队本溪市支队明

① 中华人民共和国中央人民政府网站，http://www.gov.cn。

山区大队特勤中队一班班长金春明"雷锋式消防战士"荣誉称号。

金春明，男，朝鲜族，1977 年 12 月出生，黑龙江省尚志市人，中共党员。金春明同志 1995 年 12 月入伍以来，始终以雷锋同志为榜样，视人民群众的利益高于一切，在平凡的岗位上作出了不平凡的业绩。他忠于职守，英勇顽强，不畏艰险，冲锋在前，共参加灭火救援战斗 1 500 多次，抢救遇险群众 65 人，先后 11 次立功，7 次被评为优秀士兵，被本溪市公安局授予"忠诚卫士"荣誉称号，被公安部授予"模范消防战士"荣誉称号。他胸怀报效祖国和人民的志向，勤学苦练，奋发有为，练就了过硬本领，曾连续三年获得本溪市公安消防支队技能大比武冠军，先后被评为辽宁省公安消防部队"十大杰出官兵""十佳战斗班班长"和全国公安消防部队执勤岗位练兵"十佳技术能手"。他牢记为人民服务的宗旨，心系群众，爱民为民，以弘扬雷锋精神为己任，长期照顾孤寡老人，全力资助贫困学生，深受驻地人民群众的好评，曾先后 8 次被评为优秀共产党员，分别被共青团本溪市委员会和本溪市委精神文明建设指导委员会办公室授予"希望工程特殊贡献奖"和"学雷锋标兵"荣誉称号，先后荣获"辽宁省雷锋奖章""辽宁省青年五四奖章"和"中国青年五四奖章"，并被评为全国民族团结进步模范个人、军民共建社会主义精神文明先进个人。

金春明同志忠于党的事业，在生与死的考验中，敢于赴汤蹈火、冲锋陷阵，为保卫人民群众生命财产安全作出了突出贡献。他爱岗敬业，爱警习武，苦练本领，勇攀高峰，是新时期消防官兵的杰出代表。他自觉传承、大力弘扬雷锋精神，从警为民，乐于奉献，为人民抛洒一片爱心，是新时期青年的楷模。金春明同志以朴实无华、一心为民的高尚情操、勇攀高峰的进取精神、精湛过人的专业技能、冲锋在前的英雄气概、无私奉献的优秀品德，忠实地践行了"三个代表"重要思想和全心全意为人民服务的宗旨，用雷锋精神抒写了新时期革命军人爱民为民的壮丽诗篇。

国务院、中央军委号召全体公安民警、武警官兵和全军指战员以金春明同志为榜样，认真学习邓小平理论和"三个代表"重要思想，牢固树立和落实科学发展观，继承和发扬我党、我军优良传统，不断提高队伍的整体素质和战斗力，全心全意为人民服务，努力完成党和人民赋予的各项任务，为保障人民安居乐业和全面建设小康社会作出新贡献。

国务院总理　温家宝
中央军委主席　胡锦涛
二〇〇六年五月二日

1.3 公报、公告、通告

1.3.1 公报

1. 公报的适用范围和特点

2012年《条例》规定：公报，适用于公布重要决定或者重大事项。

公报是原来党的机关公文文种，行政机关公文中没有，这个文种从原党的机关公文继承而来，其适用范围稍有改动：一是将“公开发布”精简为“公布”；二是将“重大事件”改为“重大事项”。相比而言，“事项”比“事件”涵盖面更广，“事件”局限于客观事实，而“事项”则除了包括“事件”外，还包括做事的方法、措施、要求等更广泛的相关内容。

公报是公布知照性公文，经常在报刊、广播、电视、互联网上发布，是党和政府正式发布的“官方”的报道。它的作用是将党和政府以及人民团体的重大事件或决定事项，详细具体、迅速广泛地传递到国内外。

2. 公报的种类

（1）会议公报。一般用以公布党的重要会议召开的情况及会议所作的决定。如《中国共产党第十八届中央委员会第一次全体会议公报》，公布了中国共产党第十八届中央委员会第一次全体会议选举批准的中央政治局委员、中央政治局常务委员会委员、中央委员会总书记、中央书记处成员、中央军事委员会组成人员、中央纪律检查委员会书记、副书记和常务委员会委员名单。

（2）统计公报。一般用来发布国民经济和社会发展各方面情况的统计数字。如国家统计局《第四次全国经济普查公报（第七号）》。

（3）外交公报。涉及两个或两个以上国家的政府、政党、团体等在会谈或交往后发表的文件，主要公布会谈各方面的观点及取得的共识，如《中美联合公报》。

3. 公报的撰写

（1）会议公报。标题，由会议名称+文种名称组成，如《中国共产党第十九届中央委员会第四次全体会议公报》。

开头，写明会议基本情况，包括会议的时间、地点、出席人员、主持人。如“中国共产党第十九届中央委员会第四次全体会议，于2019年10月28日至31日在北京举行。出席这次全会的有，中央委员202人，候补中央委员169人。中央纪律检查委员会常务委员会委员和有关方面负责同志列席会议。党的十九大代表中的部分基层同志和专家学者也列席会议。全会由中央政治局主持。中央委员会总书记习近平作了重要讲话。”

主体，介绍会议审议情况和主要精神。如“全会听取和讨论了习近平受中央政治局委托作的工作报告，审议通过了《中共中央关于坚持和完善中国特色社会主义制度、推进国家治理体系和治理能力现代化若干重大问题的决定》。习近平就《决定（讨论稿）》向全会作了说明。”然后通常用“会议认为”“会议提出”“会议强调”等标志语领起，概括会议主要内容和精神。

结尾，以发出号召、或提出希望和要求作结，如：“全会号召，全党全国各族人民要更加紧密地团结在以习近平同志为核心的党中央周围，坚定信心，保持定力，锐意进取，开拓创新，为坚持和完善中国特色社会主义制度、推进国家治理体系和治理能力现代化，实现‘两个一百年’奋斗目标、实现中华民族伟大复兴的中国梦而努力奋斗！”

（2）统计公报。开头，一般交代统计数据的由来，概述统计时间、统计范围、统计方法等统计工作情况。主体部分，切入汇总后的统计事实、数据等实质性内容。此类公报往往自然收尾。

（3）外交公报。往往以新闻的形式将重大外交事件向国内外公布。其写法与新闻消息有些类似。开头，概括叙述最核心、最重要的新闻事实，接近消息的“导语”部分。接着具体写明事件的过程以及与此有关的立场、态度、做法、评价等，可以按时间顺序和逻辑顺序来安排层次，类似消息的主体。结语部分根据情况可以省略。

4. 公报写作的注意事项

（1）公报的写作要注意借鉴报道的写作要领。公报经常用于报道重要会议情况，发布涉及国民经济与社会发展的重要数据或基本情况，以及宣布一些重大事件、重要决定及其形成过程等，具有较强的客观报道性，因此，拟写公报时，应将事件发生的时间、地点、人物、原因和事件的结果以及事件的来龙去脉交代清楚。

（2）要突出公报的权威性。公报是非常严肃庄重的文种，其内容必须是为全社会所关切的重大事项，所以要慎重选择公报的内容，避免“小题大作”。

1.3.2 公告

1. 公告的适用范围和特点

2012 年《条例》规定：公告，适用于向国内外宣布重要事项或者法定事项。

公告是原行政机关公文文种，党的机关公文中没有。这一文种及其适用范围从行政公文中继承而来，未作改动。

公告的特点可以概括为：

（1）受文对象广泛。公告内容面向国内外，比其他任何一种公文发布和告知的范围都要广泛。尽管发布公告的机关与被告知的对象没有明显的隶属关系，但影响所及，一事牵动国内外。公告多数授权媒体播发，如“新华社受权公告”。

（2）内容重大。公告不是告诉社会各界一般情况，而是代表国家或政府庄严宣告重大事项或法定事项，具有宣告天下的重要作用。所以应当慎用公告，避免“小题大做”，不能事无巨细，随意把公告当广告、启事来用。

（3）作者限定。由于公告所涉及的事项特别重大，所以通常由国家领导机关制发，如国家权力机关人大及其常委会、国家最高行政机关国务院及其所属部门，还有各省、自治区、直辖市党政领导机关。

一般来讲，只有同时满足以上三个条件，才能使用“公告”这一文种。

2. 公告的种类

根据公布内容的不同，公告可分为两种类型：

一是重要事项公告，主要用来宣布需要国内外周知的重要事项，如国家领导机构的选举结果，重大国事活动，重大事件，还有党政领导机关的重要规定或决定事项等。

二是法定事项公告，主要由政府有关职能部门，依据有关法令、法规，按照法定程序发布，主要包括各级法院的公告，执法职能部门的公告，公务员招考公告，还有招标公告等。

3. 公告的撰写

（1）标题。公告的标题可以用完全式标题，标明发文机关名称、事由和文种，也可以用“发文机关 + 公告”的形式。如：《中华人民共和国商务部关于 2016 年反倾销反补贴措施到期情况的公告》《国务院公告》《中国证券监督管理委员会公告》等。

（2）正文。内容较少的公告，可以直陈其事，篇段合一；如果内容相对复杂，可以采用“缘由 + 事项”的模式，先交待发布公告的目的、依据或背景，再写明公布的事项，事项可分项撰写。最后用“现予公告”“特此公告”作结，或省略结尾语。

4. 公告写作的注意事项

（1）要注意公告的发文权限。它原则上由国家较高级领导机关使用，向国内外公布重大事项，基层单位和业务部门不能滥用这个文种。

（2）要注意公告的内容级别。它用于告知重大事项或者法定事项，内容涉及面广，有必要令中外周知。一般性内容不必告知天下，也不宜使用公告公布。

（3）公告重在宣布，要求公众知晓，没有强制性，但由于它是向国内外发布，所以涉及的事实要反复核实，确保无误，以免造成不良影响，用语要格外准确规范，概括精练。

人员招聘可以用公告广而告之吗

5. 公报与公告辨析

两者分别从党的机关公文和行政机关公文继承而来，都有公布知照的作用，其区别主要集中在针对的内容方面。一般来说，发布会议情况、外交谈判情况、统计情况等多用公报，而宣布法定事项，用公告而不用公报。

1.3.3　通告

1. 通告的适用范围和特点

2012 年《条例》规定：通告，适用于在一定范围内公布应当遵守或者周知的事项。

通告是原行政机关公文，党的机关公文中没有，这一文种及适用范围从行政机关公文继承而来，有所改动，改动的部分主要体现在公布范围，即将原来的“社会各有关方面”改为“在一定范围内”。

通告的特点可以概括为：

（1）应用领域的广泛性。主要表现在三个方面：一是涉及内容广泛。政治、经济、文化各个领域，各行各业，凡需要社会公众遵守和周知的事项均可在通告中发布。二是公布方式多样。无论政府发布，还是张贴、登报、电视、广播等途径，都可发布。三是使用单位广泛。机关、团体、企事业单位均可使用。

（2）信息内容的周知性。通告直接面对告知范围内的人员，要求人们普遍了解和知晓有关事项，明确政策法令，严格规范自己的行为，而不是在系统内部逐级下达。因此，通告大多不必标写主送机关。

（3）作用效力的强制性。通告的政策法规效力和制约性很强，它常常对某些事项作出严格规定，适用范围内的人们必须遵守和执行，不得违反，否则将予以教育、处理以至法律制裁。

2. 通告的种类

通告按其内容，可以分为周知性通告和规范性通告两类。

周知性通告，主要用于在一定范围内公布需要周知或办理的事项，如《北京市人民政府关于 2008 年北京奥运会开幕式当天放假的通告》。

规范性通告，主要用于政府或职能部门针对专门问题作出规定事项，要求严格遵守。如《中华人民共和国公安部通告》（1999 年 7 月 22 日），公布了依法取缔法轮功组织后的六项重要规定。

3. 通告的撰写

（1）标题。通告的标题可以用完全式标题，标明发文机关名称、事由和文种，也可以采用“发文机关 + 文种”的形式。

（2）正文。通告正文通常是告知某些具体事项和对某些方面作出明确规定，要求告知对象严格遵循，在行文结构上，往往采用“缘由 + 事项”的模式，先交待发布通告的目的、依据或背景，以增强发文的权威性和针对性，再准确说明告知的具体事项，最后用“本通告自 × 年 × 月 × 日起施行”“特此通告”等作结，或自然收尾。

4. 通告写作的注意事项

（1）要符合党和国家的方针政策和法律法规。尽管通告的约束力很强，但它毕竟不是单独立法，通告的内容要有法可依，要注意在内容上、在处罚规定上不能与现行法律、规章相抵触。

（2）要明确具体地阐明需要遵守或周知的事项，对于“允许做什么”“禁止做什么”“违反后如何惩处”等内容要明确规定。语气要坚决肯定，文字表述要简明易懂，便于阅读和理解。

5. 公告与通告辨析

公告与通告辨析

公告和通告的共同点在于告知，两者的区别主要表现在：

（1）发布范围不同。公告是“向国内外宣布”，发布范围最为广泛；通告“适用于在一定范围内公布”，即在国内一定区域或业务范围内发布，用以提醒人们必须遵守或需要周知某些事项。

（2）内容重要程度不同。公告所涉及的都是在国际社会或全国范围内产生较大或深远影响的重大事项，或者依据有关法律规定必须向社会公布的有关事项；而通告所涉及的是相对较为一般的事项。

（3）作用不同。公告以宣布重大消息为主要目的，一般对告知对象没有直接的强制力或约束力；通告不仅要告知消息，而且对适用范围内的所有单位和人员都具有明显的强制力和约束力。

例文1

第四次全国经济普查公报（第七号）[①]

——分区域单位和从业人员情况

国家统计局

国务院第四次全国经济普查领导小组办公室

2019年11月20日

根据第四次全国经济普查结果，现将我国分区域的单位和从业人员基本情况公布如下：

一、单位基本情况

2018年末，东部地区拥有法人单位1 280.2万个，占58.8%，比2013年末下降了0.5个百分点；中部地区492.9万个，占22.6%，提高了0.1个百分点；西部地区405.8万个，占18.6%，提高了0.4个百分点。东部地区拥有产业活动单位1 408.3万个，占57.4%；中部地区568.4万个，占23.2%；西部地区478.3万个，占19.5%。

在第二产业和第三产业法人单位中，位居前三位的地区是：广东省312.7万个，占14.3%；江苏省205.4万个，占9.4%；山东省180.1万个，占8.3%。

按地区分组的单位情况详见表7－1。（略）

二、从业人员

2018年末，东部地区法人单位从业人员21 621.0万人，占56.4%，比2013年末下降了1.0个百分点；中部地区9 309.2万人，占24.3%，提高了0.2个百分点；西部地区7 393.4万人，占19.3%，提高了0.8个百分点。

在法人单位从业人员中，位居前三位的地区是：广东省4 610.9万人，占12.0%；江苏省3 929.2万人，占10.3%；浙江省2 951.8万人，占7.7%。

按地区分组的法人单位从业人员情况详见表7－2。（略）

---

① 国家统计局网站，http：//www. stats. gov. cn。

三、京津冀、长江经济带、长江三角洲区域情况

2018 年末，京津冀区域拥有法人单位 243.1 万个，比 2013 年末增加 115.5 万个，增长 90.5%；法人单位从业人员 3 328.7 万人，比 2013 年末增加 291.9 万人，增长 9.6%。

长江经济带区域拥有法人单位 886.0 万个，比 2013 年末增加 404.5 万个，增长 84.0%；法人单位从业人员 17 380.2 万人，比 2013 年末增加 1 483.0 万人，增长 9.3%。

长江三角洲区域拥有法人单位 485.3 万个，比 2013 年末增加 208.0 万个，增长 75.0%；法人单位从业人员 9 451.6 万人，比 2013 年末增加 553.4 万人，增长 6.2%。

注释：

[1] 东部地区包括北京、天津、河北、辽宁、上海、江苏、浙江、福建、山东、广东、海南；中部地区包括山西、吉林、黑龙江、安徽、江西、河南、湖北、湖南；西部地区包括内蒙古、广西、重庆、四川、贵州、云南、西藏、陕西、甘肃、青海、宁夏、新疆。

[2] 长江经济带区域包括上海、江苏、浙江、安徽、江西、湖北、湖南、重庆、四川、贵州、云南。

[3] 长江三角洲区域包括上海、江苏、浙江、安徽。

[4] 表中的合计数和部分计算数据因小数取舍而产生的误差，均未作机械调整。

例文 2

国务院公告[①]

为表达全国各族人民对抗击新冠肺炎疫情斗争牺牲烈士和逝世同胞的深切哀悼，国务院决定，2020 年 4 月 4 日举行全国性哀悼活动。在此期间，全国和驻外使领馆降半旗志哀，全国停止公共娱乐活动。4 月 4 日 10 时起，全国人民默哀 3 分钟，汽车、火车、舰船鸣笛，防空警报鸣响。

① 中华人民共和国中央人民政府网站，http：//www.gov.cn。

例文3

税务总局关于废止和修改部分税收[①]规范性文件的公告

根据《国家税务总局关于取消20项税务证明事项的公告》（国家税务总局公告2018年第65号），国家税务总局决定废止和修改部分税收规范性文件，现公告如下：

一、废止《国家税务总局关于调整饲料生产企业饲料免征增值税审批程序的通知》（国税发〔2003〕114号）。

二、废止《国家税务总局关于取消饲料产品免征增值税审批程序后加强后续管理的通知》（国税函〔2004〕884号印发，国家税务总局公告2018年第31号修改）第一条。

三、修改《国家税务总局关于简化税务行政许可事项办理程序的公告》（国家税务总局公告2017年第21号发布，国家税务总局公告2018年第31号修改）（修改内容见附件1），并根据本公告重新发布（附件2）。

四、本公告自发布之日起施行。

特此公告。

附件：1. 修改内容一览表

2. 国家税务总局关于简化税务行政许可事项办理程序的公告

税务总局

2018年12月29日

例文4

中华人民共和国公安部通告

中华人民共和国民政部已于1999年7月22日认定法轮大法研究会及其操纵的法轮功组织为非法组织，决定予以取缔。据此，特通告

① 中华人民共和国中央人民政府网站，http：//www.gov.cn。

如下：

一、禁止任何人在任何场所悬挂、张贴宣扬法轮大法（法轮功）的条幅、图像、徽记和其他标识。

二、禁止任何人在任何场合散发宣扬法轮大法（法轮功）的书刊、音像制品和其他宣传品。

三、禁止任何人在任何场合聚众进行“会功”“弘法”等宣扬法轮大法（法轮功）的活动。

四、禁止以静坐、上访等方式举行维护、宣扬法轮大法（法轮功）的集会、游行、示威活动。

五、禁止捏造或者歪曲事实、故意散布谣言或者以其他方式煽动扰乱社会秩序。

六、禁止任何人组织、串联、指挥对抗政府有关决定的活动。

违反上述规定，构成犯罪的，依法追究刑事责任；尚不构成犯罪的，依法给予治安管理处罚。

一九九九年七月二十二日

1.4 意见、通知、通报

1.4.1 意见

1. 意见的适用范围和特点

2012年《条例》规定：意见，适用于对重要问题提出见解和处理办法。

“意见”是原来行政机关公文和党的机关公文的共有文种。“意见”作为公文文种兴起于改革开放的20世纪80年代后期，尽管当时还没有将其规定为正式公文，但在机关工作中的使用还是相当频繁的。1996年《中国共产党机关公文处理条例》，第一次把“意见”确定为党的机关正式公文文种，从而改变了十多年来“意见”有实无名的状况，适应了改革开放的新形势对公文处理的要求，2000年《国家行政机关公文处理办法》，也将“意见”列为正式文种，促进了党务、政务公文的统一。2012年《条例》更是将“意见”直接“录用”。

意见，就某项工作提出见解和处理办法，表明看法和主张，以起到指导或建议的作用，具有行文方向的多向性和临案语气的多样性等特点。

（1）行文方向的多向性。一般来说，在党政公文中，绝大多数文种具有严格的方向性，是上行的不能用于下行，是下行的不能用于上行。但“意见”却可以用于上行、下行和平行。用作上行文时，向上级机关或部门提出工作建议和参考意见；下行时，向下级机关表明主张，阐明工作原则、方法和要求；平行时，可以向不相隶属机关或单位提出参考意见，或就某一专门性工作作出评估、鉴定和咨询。

（2）临案语气的多样性。意见的写作要根据发文机关的社会地位、权力等级和发文主体的角色、身份，准确定位意见的内容，并在庄重、严肃、简明的基础上，定位临案语气。一般来讲，上行意见往往就重要问题站在参谋的角度，采用建议性的口气，语气和缓，谦恭有礼，表现在行文中，结尾在提出要求时，通常使用“以上意见如无不妥，请批转各地区、各部门贯彻执行”等语句。下行意见尽管带有指导性和执行性，但民主协商的成分居多，多用指导性语气，少用指令性词语，结尾常使用“请参照执行”或“请结合本地实际情况，认真贯彻执行”一类词语。平行意见，客气平和，平等尊重，便于对方接受。

2. 意见的种类

按其行文方向，意见可分为上行意见、下行意见和平行意见。

（1）上行意见。上行意见又有呈报性意见和呈转性意见之分。

呈报性意见，是下级向上级提出某方面工作的建议、设想，向上级献计献策，以供上级决策参考。

呈转性意见，是有关单位就开展和推动某项工作提出建议和意见，呈送上级机关审定后，由上级机关批转更大范围的有关单位执行的意见。正是这一用法，取代了过去的“呈转性报告”的职能。意见一经上级机关批转，即代表了上级机关的要求。呈转性意见常被领导机关以通知的形式批转各地执行。如《财政部关于工商行政管理部门实行收支两条线管理后经费保障的意见》，由国务院批准并由办公厅行文转发各省、自治区、直辖市人民政府和国务院各部委、各直属机构贯彻执行。

（2）下行意见。下行意见因内容侧重点的不同又可分为指导性意见和实施性意见。

指导性意见是党政领导机关用于阐明工作原则、指导下级工作开展的下行文，它同决定、通知等文种一样，对下级有一定的规范作用和行政约束力，但有别于决定和通知之处是它具有较突出的指导性，更注重原则性和灵活性的统一，规定性和变通性的结合，为下级单位开展工作留有较大的创造空间。如《国务院关于城市优先发展公共交通的指导意见》，分别从树立优先发展理念、把握科学发展原则、明确总体发展目标、实施加快发展政策和建立持续发展机制五个方面，对城市公共交通的发展提出了有效的指导性意见。

实施性意见，是对某一时期某方面的工作规定目标和任务，提出具体实施办法和要求的下行文。如《国务院办公厅关于应对新冠肺炎疫情影响强化稳就业举措的实施意见》，分别从更好实施就业优先政策、引导农民工安全有序转移就业、拓宽高校毕业生就业渠道、加强困难人员兜底保障、完善职业培训和就业服务、压实就业工作责任六个方面提出目标任务，对相关部门工作进行了明确分工。

（3）平行意见。用于就有关重要问题向平行主管机关提出见解和处理办法，或业务职能部门、专业机构就某项专门工作、业务工作经过调查、研究或鉴定、评审后，把商定的鉴定、评估结果写成意见提供给有关方面作为决策依据，如《关于××地区开发××旅游区的可行性评估意见》。平行意见具有建议性、建设性和协商性。需要注意的是，向不相隶属机关提出意见只能在对方首先提出要求的前提下才能以意见这个文种行文，否则应考虑用函的形式。

3. 意见的撰写

（1）标题。意见涉及的事项有时很宏观，具有全局性、整体性的特点，有时又很具体，事项较为单一。因此，意见标题的拟定，一定要根据文件内容、行文方向、文件出台的背景，准确地概括出意见涉及的事项。既不可“大事化小”，局限于细部；也不可过于笼统，不利于理解、执行。例如《中共中央办公厅、国务院办公厅关于进一步推行政务公开的意见》《国务院办公厅关于加快电子商务发展的若干意见》等。

（2）正文。意见的正文一般都比较长，所以应当特别注意安排好内容表达的层次，一般分开头、主体和结尾三部分。

开头。一般需要交代行文的缘由，阐述文件产生的政策依据，现实背景，和制发文件的目的意义等内容，其主要目的是让主送机关了解行文的必要性、重要性，在思想认识上与发文机关取得一致，以便认真执行文件。

主体。这是意见的核心，需要把对重要问题的见解或处理办法一一写明。主体部分要紧紧围绕中心内容进行安排。结构安排的依据是客观事物的内在联系和发展规律。凡是符合客观规律和事理逻辑的，就是正确的；如果不顾及内容之间的逻辑联系，随意安排，不仅结构混乱，内容也无着落，并最终影响到对文件的理解与执行。主体部分的内容安排常见的有两种结构形式。

一是并列式结构。围绕中心内容的各组成部分分列并排，如《国务院办公厅关于促进金融租赁行业健康发展的指导意见》，全文围绕促进金融租赁行业的健康发展，分别从“加快金融租赁行业发展，发挥其对促进国民经济转型升级的重要作用”“突出金融租赁特色，增强公司核心竞争力”“发挥产融协作优势，支持产业结构优化调整”等八个方面，对工作的开展提出了指导性意见，这几个方面横向并列，层次清晰。

二是递进式结构，主体内容根据工作的逻辑展开，内容之间存在不可移易的先后次序。一般而言，先阐述意义认识、指导思想、基本原则、任务目标，再谈步骤、措施，注意事项，最后谈管理、要求、组织领导等内容。概括地说，就是先思想认识，后具体措施；先宏观，后微观；先主要，后次要；先根本，后枝节。如《国务院办公厅关于发展众创空间推进大众创新创业的指导意见》一文中，先谈“总体要求”，包括指导思想、基本原则，发展目标，次谈“重点任务”，最后落实到“组织实施”，三个部分逻辑关系非常顺畅。

结尾。结尾部分或由主体内容自然收束，或提出执行要求，或交代其他相关事项。

4. 意见写作的注意事项

（1）讲究政策性。意见是发文单位政策见解的体现，起草人必须深刻领会和掌握党和国家的有关方针政策，以此作为提出意见的指导思想，这是写好意见的基础。起草人要掌握大量第一手资料，善于对事物的本质进行分析研究，反映事物的发展规律。

（2）要找准行文角度。意见具有多重“身份”，行文比较灵活。因此找准行文角度很重要。如果是请求上级审批的意见，应按请示的要求来写；如果是向下行文，就要提出符合实际、具体可行的政策与措施要求，切实发挥指导作用；如果向同级单位发出意见，则应以协商的态度，阐明本单位的意见和主张。

（3）要主题集中，条理清晰。意见大多篇幅较长，应围绕一个主题，将一项工作、一个问题的性质、特点、利弊、政策主张与解决办法，讲深讲透，切忌洋洋洒洒、漫无边际、主题分散。为了达到良好的表达效果，必须保证结构严谨、层次分明，一般采用分条列项的方式，或适当设置小标题，突出发文机关的见解和主张。

1.4.2 通知

1. 通知的适用范围和特点

通知一直是公务活动中使用最为广泛的文种，关于它的适用范围，先来比较一下：

在2000年《国家行政机关公文处理办法》中，是这样规定的："通知，适用于批转下级机关的公文，转发上级机关和不相隶属机关的公文，传达要求下级机关办理和需要有关单位周知或者执行的事项，任免人员。"

在1996年《中国共产党机关公文处理条例》中，这样规定："通知，用于发布党内法规、任免干部、传达上级机关的指示、转发上级机关和不相隶属机关的公文、批转下级机关的公文、发布要求下级机关办理和有关单位共同执行或者周知的事项。"

而在2012年《党政机关公文处理工作条例》中，对通知的上述适用范围进行了整合，最后这样规定："通知，适用于发布、传达要求下级机关执行和有关单位周知或者执行的事项，批转、转发公文。"

通过比较，我们可以了解到，通知是原来党的机关公文和行政机关公文共有的文种，而2012年《条例》中关于通知用途的表述与2000年《办法》和1996年《条例》对照，都有较大改动，其中最主要的一处改动就是删除了任免功能。另外，还有几处改动值得注意：一是调整了各项功能用途的表述顺序，将使用频率更高的"传达要求下级机关执行和有关单位周知或者执行的事项"放到了最前面；二是将"批转下级机关的公文，转发上级机关和不相隶属机关的公文"直接精简为"批转、转发公文"；三是比之2000年《办法》，增加了"发布"功能；四是与1996年《条例》相比，删掉了"发布党内法规"和"传达上级机关的指示"的功能，并将其并入"发布、传达要求下级机关执行和有关单位周知或者执行的事项"这一规定中。

作为公文中使用频率最高的文种，通知具有以下特点：

（1）功能多样，使用广泛。通知兼有指示工作、知照事项、发布、批转和转发文件等多种功能，使用通知不受发文机关级别高低限制，各级机关、团体和企事业单位均可使用，因此，在党政公文中，通知是使用频率最高的一个文种。

（2）行文灵活。通知用途广，种类多，但都是以传达要求、知照事项为主，因此在写法上可以根据客观情况灵活安排内容结构，可长可短，可繁可简，将应知应办的事项交代清楚即可。

2. 通知的种类

根据内容和用途的不同，通知可分为以下几种类型：

（1）指示性通知。传达领导或职能部门的指示、意见、规定等事项，或向下级单位布置工作，可以用指示性通知。如《财政部、国家税务总局关于廉租住房、经济适用住房和住房租赁有关税收政策的通知》，这一通知对支持廉租住房、经济适用住房建设和住房租赁市场发展的免征或减征的优惠做了详细的政策规定；再如《国务院办公厅关于开展第一次全国政府网站普查的通知》，对第一次全国政府网站普查工作，从普查的目的和范围、方式和内容，到时间进度、组织和实施等各个方面进行了全面的部署。这类通知的规定性、指导性、部署性比较突出，前者侧重于政策法规性指示，后者侧重于工作部署性要求，所以有的教材把这类通知也称为“规定性通知”或“布置性通知”，强调它的不得违反或照此执行。

（2）发布、告知性通知。主要用于发布、传达需要有关单位周知或执行的事项，如印发文件，建立、撤销或调整某个机构，召开会议、启用新章等。如《国务院关于印发实施更大规模减税降费后调整中央与地方收入划分改革推进方案的通知》《国务院办公厅关于成立国家制造强国建设领导小组的通知》《关于启用中华人民共和国环境保护部印章的通知》等，这类通知以发布文件、告知事项为主。

（3）批转、转发性通知。上级机关批准下级机关的公文，并转发给相关的下级机关贯彻执行时，用批转性通知。下级机关的公文一旦被上级机关批转，就具有了上级机关的意图，具备了上级机关公文的权威，与上级机关所制发的公文一样，具有了同等效力。如《国务院批转发展改革委等部门关于深化收入分配制度改革若干意见的通知》，其批转过程就是：发展改革委、财政部、人力资源社会保障部向国务院联合上报了《关于深化收入分配制度改革的若干意见》，国务院同意了这个意见，并转发各省、自治区、直辖市人民政府和国务院各部委、各直属机构，要求认真贯彻执行。批转性通知的转发对象是下级机关的公文。

把上级机关或不相隶属机关的公文发给自己的下级单位时，用转发性通知，如《××省财政厅转发财政部关于引导企业科学规范选择会计师事务所指导意见的通知》，这个通知的转发对象是上级机关的公文；再如《国务院办公厅转发国家发展改革委关于深化公共资源交易平台整合共享指导意见的通知》，国务院办公厅和国家发展改革委之间是不相隶属关系，因此这个通知的转发对象是不相隶属机关的公文。

由此可见，批转和转发，尽管都是“转”，但转发的对象是有区别的。

3. 通知的撰写

（1）标题。通知的标题可以用完全式标题，包括发文机关名称、事由和文种，有时还可以根据实际情况，在文种前面加上特定的定语，如“××紧急通知”“××重要通知”“××联合通知”“××补充通知”等。

批转、转发性通知和印发文件的通知，它们的标题往往是大标题套小标题的形式，在拟制时需要特别注意：

①要根据行文目的，在标题中准确使用批转、转发、发布或印发等词语。

②遇到多层次转发的情况，标题中可只保留最初的文件名称，略去中间环节，避免叠床架屋。

③避免重复使用“关于”，如《××市政府关于批转市计委关于××问题的报告的通知》，前一个“关于”可以省去，被转文件标题文种前的结构助词“的”也可以省去。

④如果被批转或转发的文件是几个机关联合行文，那么在拟定标题时，可以只标明主办机关名称，其他发文机关用“等”字略去，以使标题尽量简短。

（2）主送机关。通知是下行文，主送机关是下级单位。

（3）正文。一般来说，通知正文的构文程式通常为“通知缘由—通知事项（事实）—通知要求”。但通知的行文比较灵活，用途不同，正文的内容和结构也有差异。

①指示性通知。这类通知的针对性、规范性比较强，需要从实际出发，讲清楚为什么，做什么，提出具体明确的工作要求，如《国务院办公厅关于贯彻实施修订后的证券法有关工作的通知》，开头直接阐述行文目的，交代制发通知的缘由，然后“现就××问题有关事项通知如下”，自然过渡到通知事项；事项部分用“一、充分认识证券法修订的重要意义”“二、稳步推进证券公开发行注册制”“三、依法惩处证券违法犯罪行为”“四、加强投资者合法权益保护”“五、加快清理完善相关规章制度”5个小标题领起，将工作任务和要求分条列项。思路清晰，任务明确，行文不拖泥带水，非常完整。

②发布、告知性通知。发布文件的通知正文，多为告知受文单位，某一文件已经上级机关批准或某一会议讨论通过，现予发布或印发，并要求贯彻执行。

告知事项的通知，多用来通报情况，传递信息，一定要写清楚应知应办的事项。如比较常用的会议通知，用于通知会议的召开及有关事项。完整的会议通知一般应当包括这样几项内容：召开会议的缘由（目的、根据或背景），会议的主题或议程，与会人员条件及名额，会议的时间（会期）、地点，应备的有关材料、费用，报到时间、地点及有关联系事宜等。拟写会议通知，一般来讲，只要明确了这 6 项内容，就比较具体齐全了。

③批转、转发性通知。两者的共同特点是中转，不同的是转发对象不一样，所以在用语上有所不同。

批转性通知批转的是下级单位的公文，是“先批再转”，这个“批”一般用“同意”或“批准”来表示，然后转发下去，要求贯彻执行。

转发性通知只有“转”，如果转发的是上级机关的公文，其行文模式一般是“现将 × × 文件（上级机关文件）转发给你们，请遵照执行。”如果转发的是不相隶属机关的公文，必要时还要交代转发的依据，即“ × × 文件（被转发的不相隶属机关的文件）已经上级机关同意（或批准）”，然后“现转发给你们，请遵照执行。”

有时发文机关还要结合本地区、本部门或本系统的具体情况，对批转或转发的文件做些补充、阐发，点明要旨、意义，申明发文意图，提出相应的要求和指导性意见等，这些内容可另行一段或若干段落，要写得总揽全局，简洁概括。

印发文件和批转、转发文件的通知，有的教材干脆合称“颁转类通知”，这类通知写作的程式化特点比较突出，拟稿时可直接套用成熟的模式，不必要离开固定模式去另行构文。

4. 通知写作的注意事项

（1）通知事项要明确。通知的操作性很强，因此，拟写通知必须将需要传达、周知和贯彻落实的事项交代清楚，便于接收单位理解和执行，绝不能含糊其词，模棱两可，更不能让人产生歧义。

（2）讲究发文依据。为保证行文效果，要注意增强发文的权威性，在文中要将发文的政策法规依据或事实依据进行明确交代。

1.4.3 通报

1. 通报的适用范围和特点

2012 年《条例》规定：通报，适用于表彰先进、批评错误、传达重要精神和告知重要情况。

通报是原党的机关公文和行政机关公文共有的文种，2012 年《条例》中的表述变动不大。通报一般在机关、团体、企事业单位内部使用，如有需要往往抄送上级领导机关，扩大宣传教育的范围。通报的特点主要表现在：

（1）宣传教育性。通报通过表彰先进人物的先进事迹，为人们树立学习的榜样；通过批评错误行为，教育人们从中吸取教训，避免类似事件的再次发生。通过对先进事迹和错误事实的分析，可以提高人们的思想觉悟和认识水平，起到宣传教育的作用。

（2）典型性。通报的人物或事件无论是集体还是个人，无论是正面的还是反面的，都必须是真实存在的典型，而不能是一般的好人好事或坏人坏事。通报的内容只有人物、事件真实确凿，具有典型性，才有说服力，才会有较大的宣传价值和教育指导意义。通报只有选材典型，才能收到“点亮一盏灯，照亮一大片”的效果。

2. 通报的种类

根据内容性质，通报可分为表彰性通报、批评性通报和情况性通报。

表彰性通报，即表彰先进集体或先进个人的通报。这种通报，通过公布具有典型性的好人好事，树立典型，推广经验，鼓励先进，弘扬正气，以达到教育群众的目的，如《国务院办公厅关于对 2019 年落实有关重大政策措施真抓实干成效明显地方予以督查激励的通报》。

批评性通报，即批评有关单位或个人的错误或不良倾向的通报。这种通报，通过揭露具有典型性的错误事实和不良倾向，分析问题发生的原因，指出造成的严重后果，从而引起有关方面的重视，引以为戒，如《教育部办公厅关于山东湖南黑龙江三起中小学生溺亡事故的紧急通报》。

情况性通报，即传达重要精神或情况的通报。如《财政部、国家税务总局关于耕地占用税暂行条例贯彻落实情况的通报》，耕地占用税暂行条例的实施是涉及人民利益的大事，各部门是否及时贯彻落实了条例要求，落实情况如何，这都属于“重要情况”，财政部、国家税务总局及时将条例及其实施细则发布以后各有关部门的贯彻落实情况进行了通报，并对下一步工作的开展提出了新的要求。

3. 通报的撰写

（1）标题。通报的标题由发文机关名称、事由和文种组成，要在标题中突出通报事项，表明作者的态度。

（2）主送机关。通报的主送机关一般是本机关、本系统的下属单位，并且常常抄送上级机关和有关单位，以扩大宣传教育的范围。有些普发性的或在本单位内部公开张贴的通报，也可以不写主送机关。

（3）正文。通报以告知事实、情况，申明意义、目的为主，在内容结构上，一般包括主要事实或情况、分析决定、号召或要求三个部分；在表达方式上，有叙述，有议论，叙议结合。叙以表明通报的事实，议以揭示问题的性质。表彰性通报主要是表彰先进个人或集体，所以需要介绍先进事迹，分析可贵精神，指出主要经验，号召或要求大家学习；批评性通报，主要是批评反面典型，所以需要写明错误事实，概括问题实质，分析主要原因，指出教训或严重后果，以防类似事件的再次发生；情况性通报，主要是叙述工作情况，分析工作中出现的问题，对今后工作提出改进意见或要求。

4. 通报写作的注意事项

（1）通报的事实要真实、典型，充分发挥对工作的指导作用和对干部群众的教育功能。

（2）通报的语言要恰如其分。通报是在发文单位对客观事实有了明确的态度与原则立场之后的行文，因此，对事实的分析和评价要实事求是，合情入理，讲究分寸，不能空发议论，借题发挥。尤其是对事件的定性要慎重推敲，切忌片面化和绝对化。

5. 通知与通报辨析

通知和通报这两个文种在沟通情况、传达信息方面有相似之处，区别在于：

通知与通报辨析

（1）行文目的不同。通报的告知情况，是使受文单位了解某一情况或典型事件，从而受到教育；通知的告知是使受文单位了解发文机关要求做什么和怎么做，从而行动起来。

（2）表达方式不同。通报写作要有叙有议，叙以告知事实，议以点明意义；通知写作重在说明事项，把应知应办的事情交代清楚。

（3）所提要求不同。发通报必须针对事件、针对本系统实际，提出要求或发出号召，但一般不提出非常具体的工作要求和实施意见；发通知重在告知政策，布置工作，强调“遵照执行”，要求比较具体，而且指挥性、强制性突出。

例文 1

国务院关于进一步做好稳就业工作的意见[①]

各省、自治区、直辖市人民政府，国务院各部委、各直属机构：

就业是民生之本、财富之源。当前我国就业形势保持总体平稳，但国内外风险挑战增多，稳就业压力加大。为全力做好稳就业工作，现提出以下意见。

一、总体要求

以习近平新时代中国特色社会主义思想为指导，全面贯彻党的十九大和十九届二中、三中、四中全会精神，坚持把稳就业摆在更加突出位置，强化底线思维，做实就业优先政策，健全有利于更充分更高质量就业的促进机制，坚持创造更多就业岗位和稳定现有就业岗位并重，突出重点、统筹推进、精准施策，全力防范化解规模性失业风险，全力确保就业形势总体稳定。

二、支持企业稳定岗位

（一）加大援企稳岗力度。阶段性降低失业保险费率、工伤保险费率的政策，实施期限延长至 2021 年 4 月 30 日。参保企业面临暂时性生产经营困难且恢复有望、坚持不裁员或少裁员的失业保险稳岗返还政策，以及困难企业开展职工在岗培训的补贴政策，实施期限均延长至 2020 年 12 月 31 日。

（二）加强对企业金融支持。落实普惠金融定向降准政策，释放的资金重点支持民营企业和小微企业融资。鼓励银行完善金融服务民营企业和小微企业的绩效考核激励机制，增加制造业中小微企业中长期贷款和信用贷款。对扩大小微企业融资担保业务规模、降低小微企业融资担保费率等政策性引导较强的地方进行奖补。发挥各级政府中小企业工作领导小组的协调作用，支持中小企业发展，增加就业。发挥各级金融监管机构作用，鼓励银行为重点企业制定专门信贷计划，对遇到暂时困难但符合授信条件的企业，不得盲目抽贷、断贷。

（三）引导企业开拓国内市场。完善省际间信息沟通、收益分享等机制，鼓励中西部和东北地区各类产业园区与东部产业转出地区加强对接，及时掌握有转移意愿的企业清单。推广工业用地长期租赁、先租后让、租让结合和弹性年期供应方式，降低物流和用电用能成

① 中华人民共和国中央人民政府网站，http：//www. gov. cn。

本，有条件的地区可加大标准厂房建设力度并提供租金优惠，推动制造业跨区域有序转移。搭建跨部门综合服务平台，加强企业产销融通对接，重点支持相关企业对接国内各大电商平台和各行业、各区域大宗采购项目，支持企业拓展国内市场销售渠道。

（四）规范企业裁员行为。支持企业与职工集体协商，采取协商薪酬、调整工时、轮岗轮休、在岗培训等措施，保留劳动关系。对拟进行经济性裁员的企业，指导其依法依规制定和实施职工安置方案，提前30日向工会或全体职工说明相关情况，依法依规支付经济补偿，偿还拖欠的职工工资，补缴欠缴的社会保险费。

三、开发更多就业岗位（略）

四、促进劳动者多渠道就业创业（略）

五、大规模开展职业技能培训（略）

六、做实就业创业服务（略）

七、做好基本生活保障（略）

八、加强组织保障（略）

国务院

2019年12月13日

例文2

国务院办公厅关于贯彻实施修订后的证券法有关工作的通知①

各省、自治区、直辖市人民政府，国务院各部委、各直属机构：

《中华人民共和国证券法》（以下简称证券法）已由十三届全国人大常委会第十五次会议于2019年12月28日修订通过，自2020年3月1日起施行。为做好修订后的证券法贯彻实施工作，经国务院同意，现就有关事项通知如下：

一、充分认识证券法修订的重要意义

本次证券法修订系统总结我国资本市场改革发展、监管执法、风险防控的实践经验，作出全面推行证券发行注册制、显著提高证券违法成本、完善投资者保护制度、强化信息披露义务、压实

① 中华人民共和国中央人民政府网站，http://www.gov.cn。

中介机构责任等制度改革，为打造一个规范、透明、开放、有活力、有韧性的资本市场提供了有力法制保障，对于深化金融供给侧结构性改革，健全具有高度适应性、竞争力、普惠性的现代金融体系，维护国家经济金融安全具有重要意义。各地区、各有关部门要充分认识本次证券法修订的重要意义，做好学习宣传，分类分层开展培训，不断提高证券行政执法人员依法行政、依法监管、依法治市能力。

二、稳步推进证券公开发行注册制

（一）分步实施股票公开发行注册制改革。证监会要会同有关方面依据修订后的证券法和《关于在上海证券交易所设立科创板并试点注册制的实施意见》的规定，进一步完善科创板相关制度规则，提高注册审核透明度，优化工作程序。研究制订在深圳证券交易所创业板试点股票公开发行注册制的总体方案，并及时总结科创板、创业板注册制改革经验，积极创造条件，适时提出在证券交易所其他板块和国务院批准的其他全国性证券交易场所实行股票公开发行注册制的方案。相关方案经国务院批准后实施。

在证券交易所有关板块和国务院批准的其他全国性证券交易场所的股票公开发行实行注册制前，继续实行核准制，适用本次证券法修订前股票发行核准制度的规定。

（二）落实好公司债券公开发行注册制要求。依据修订后的证券法规定，公开发行公司债券应当依法经证监会或者国家发展改革委注册。依法由证监会负责作出注册决定的公开发行公司债券申请，由证监会指定的证券交易所负责受理、审核。依法由国家发展改革委负责作出注册决定的公开发行公司债券申请，由国家发展改革委指定的机构负责受理、审核。申请公开发行公司债券的发行人，除符合证券法规定的条件外，还应当具有合理的资产负债结构和正常的现金流量。鼓励公开发行公司债券的募集资金投向符合国家宏观调控政策和产业政策的项目建设。

（三）完善证券公开发行注册程序。证监会指定的证券交易所等机构、国家发展改革委指定的机构按照规定受理、审核公开发行证券申请，主要通过审核问询、回答问题方式开展审核工作，督促发行人完善信息披露内容，并根据审核情况提出同意发行或终止审核的意见。证监会、国家发展改革委收到有关机构报送的审核意见、发行人注册申请文件及相关审核资料后，履行发行注册程序。证监会、国家发展改革委应当制定发布相关证券公开发行注册的具体管理办法。

三、依法惩处证券违法犯罪行为

严格落实修订后的证券法规定，进一步完善证券监管执法标准，提高监管能力和水平。加大对欺诈发行、违规信息披露、中介机构未勤勉尽责以及操纵市场、内幕交易、利用未公开信息进行证券交易等严重扰乱市场秩序行为的查处力度。加强行政执法与刑事司法衔接，强化信息共享和线索通报，提高案件移送查处效率。公安机关要加大对证券违法犯罪行为的打击力度，形成有效震慑。

四、加强投资者合法权益保护

有关部门要认真贯彻修订后的证券法，采取有力有效措施，依法保护投资者特别是中小投资者合法权益。要积极配合司法机关，稳妥推进由投资者保护机构代表投资者提起证券民事赔偿诉讼的制度，推动完善有关司法解释。严格执行信息披露规定，完善有关规则，明确信息披露媒体的条件，做好规则修订前后的过渡衔接，依法保障投资者知情权。

五、加快清理完善相关规章制度

证监会、司法部等部门要对与证券法有关的行政法规进行专项清理，及时提出修改建议。有关部门要对照证券法修订后的新要求，抓紧组织清理相关规章制度，做好立改废释等工作，做好政策衔接。

国务院办公厅
2020年2月29日

例文3

国务院关于印发实施更大规模减税降费后调整中央与地方收入划分改革推进方案的通知[①]

各省、自治区、直辖市人民政府，国务院各部委、各直属机构：

现将《实施更大规模减税降费后调整中央与地方收入划分改革推进方案》印发给你们，请认真贯彻执行。

国务院
2019年9月26日

① 中华人民共和国中央人民政府网站，http://www.gov.cn。

实施更大规模减税降费后调整
中央与地方收入划分改革推进方案

（略）

例文 4

国务院批转发展改革委等部门
关于深化收入分配制度改革若干意见的通知[①]

各省、自治区、直辖市人民政府，国务院各部委、各直属机构：

国务院同意发展改革委、财政部、人力资源社会保障部《关于深化收入分配制度改革的若干意见》，现转发给你们，请认真贯彻执行。

收入分配制度是经济社会发展中一项带有根本性、基础性的制度安排，是社会主义市场经济体制的重要基石。改革开放以来，我国收入分配制度改革不断推进，与基本国情、发展阶段相适应的收入分配制度基本建立。同时，收入分配领域仍存在一些亟待解决的突出问题，城乡区域发展差距和居民收入分配差距依然较大，收入分配秩序不规范，隐性收入、非法收入问题比较突出，部分群众生活比较困难。当前，我国已经进入全面建成小康社会的决定性阶段，按照党的十八大提出的千方百计增加居民收入的战略部署，要继续深化收入分配制度改革，优化收入分配结构，调动各方面积极性，促进经济发展方式转变，维护社会公平正义与和谐稳定，实现发展成果由人民共享，为全面建成小康社会奠定扎实基础。

我国仍处于并将长期处于社会主义初级阶段，当前收入分配领域出现的问题是发展中的矛盾、前进中的问题，必须通过促进发展、深化改革来逐步加以解决。解决这些问题，也是城乡居民在收入普遍增加、生活不断改善过程中的新要求新期待。同时也应该看到，深化收

---

① 中华人民共和国中央人民政府网站，http：//www. gov. cn。

入分配制度改革，是一项十分艰巨复杂的系统工程，不可能一蹴而就，必须从我国基本国情和发展阶段出发，立足当前、着眼长远，克难攻坚、有序推进。

深化收入分配制度改革，要坚持共同发展、共享成果。倡导勤劳致富、支持创业创新、保护合法经营，在不断创造社会财富、增强综合国力的同时，普遍提高人民富裕程度。坚持注重效率、维护公平。初次分配和再分配都要兼顾效率和公平，初次分配要注重效率，创造机会公平的竞争环境，维护劳动收入的主体地位；再分配要更加注重公平，提高公共资源配置效率，缩小收入差距。坚持市场调节、政府调控。充分发挥市场机制在要素配置和价格形成中的基础性作用，更好地发挥政府对收入分配的调控作用，规范收入分配秩序，增加低收入者收入，调节过高收入。坚持积极而为、量力而行。妥善处理好改革发展稳定的关系，着力解决人民群众反映突出的矛盾和问题，突出增量改革，带动存量调整。

各地区、各部门要深入学习和全面贯彻落实党的十八大精神，充分认识深化收入分配制度改革的重大意义，将其列入重要议事日程，建立统筹协调机制，把落实收入分配政策、增加城乡居民收入、缩小收入分配差距、规范收入分配秩序作为重要任务。各有关部门要围绕重点任务，明确工作责任，抓紧研究出台配套方案和实施细则，及时跟踪评估政策实施效果。各地区要结合本地实际，制定具体措施，确保改革各项任务落到实处。要坚持正确的舆论导向，引导社会预期，回应群众关切，凝聚各方共识，形成改革合力，为深化收入分配制度改革营造良好的社会环境。

国务院
2013年2月3日

关于深化收入分配制度改革的若干意见

发展改革委　财政部　人力资源社会保障部

（略）

例文 5

国务院办公厅转发国家发展改革委关于深化公共资源交易平台整合共享指导意见的通知[①]

各省、自治区、直辖市人民政府，国务院各部委、各直属机构：

国家发展改革委《关于深化公共资源交易平台整合共享的指导意见》已经国务院同意，现转发给你们，请认真组织实施。

国务院办公厅
2019 年 5 月 19 日

关于深化公共资源交易平台整合共享的指导意见

国家发展改革委

（略）

例文 6

国务院办公厅关于对 2019 年落实有关重大政策措施真抓实干成效明显地方予以督查激励的通报[②]

各省、自治区、直辖市人民政府，国务院各部委、各直属机构：

为进一步强化正向激励，更好调动和发挥地方推进改革发展的积极性、主动性和创造性，促进形成担当作为、干事创业的良好局面，根据《国务院办公厅关于对真抓实干成效明显地方进一步加大激励支持力度的通知》（国办发〔2018〕117 号），结合国务院大督查、专项督查和部门日常督查情况，经国务院同意，对 2019 年落实打好三大攻坚战和实施乡村振兴战略、深化“放管服”改革优化营商环

①② 中华人民共和国中央人民政府网站，http：//www. gov. cn。

境、持续扩大内需、推动创新驱动发展、保障和改善民生等有关重大政策措施真抓实干、取得明显成效的213个地方予以督查激励，相应采取30项奖励支持措施。希望受到督查激励的地方珍惜荣誉，再接再厉，继续大胆探索，争取新的更大成绩。

2019年是全面建成小康社会和“十三五”规划收官之年，改革发展稳定任务艰巨繁重。新冠肺炎疫情带来新的挑战，做好经济社会发展工作难度更大、任务更重、要求更高，更需要调动各方面积极性，沉下心来，扑下身子，苦干实干，把工作落到实处。各地区各部门要切实将思想认识和行动统一到党中央、国务院决策部署上来，坚定信心、迎难而上、主动作为，统筹推进疫情防控和经济社会发展工作，在疫情防控常态化前提下，坚持稳中求进工作总基调，坚定不移贯彻新发展理念，加大改革开放力度，深化供给侧结构性改革，打好三大攻坚战，扩大有效需求，扎实做好“六稳”工作，落实“六保”任务，力戒形式主义、官僚主义，以钉钉子精神抓紧抓实抓细各项工作，确保完成决战决胜脱贫攻坚目标任务，全面建成小康社会。

附件：2019年落实有关重大政策措施真抓实干成效明显的地方名单及激励措施

国务院办公厅

2020年5月5日

例文7

教育部办公厅关于山东湖南黑龙江三起中小学生溺亡事故的紧急通报

各省、自治区、直辖市教育厅（教委），新疆生产建设兵团教育局：

2012年6月9日，山东省莱芜市莱城区杨庄中学7名初三学生结伴在莱芜汇河下游游泳时溺水身亡；湖南省邵阳市隆回县桃洪镇文昌村5名小学生在桃洪镇竹塘村向家山塘游泳时溺水身亡；黑龙江省哈尔滨市呼兰区方台镇7名学生在松花江边游玩时，4人溺水身亡。同一天中16名学生溺水死亡，令人十分痛心。

需要注意的是：2012年以来的中小学生溺水死亡事故，多发生在周末、节假日或放学后；多发生在农村地区；多发生在无人看管的江河、池塘等野外水域；多发生在学生自行结伴游玩的过程中，有的是结伴下水游泳溺亡，有的是为救落水同伴致多人溺亡；多发生在小学生和初中生中，男生居多。

学生生命安全高于一切。各地各校要认真贯彻落实《教育部办公厅关于预防学生溺水事故切实做好学生安全工作的通知》（教基一厅〔2012〕7号）要求，全面而有针对性地做好防止学生溺水的各项工作。针对当前问题，现补充要求如下：

一、立即召开专门会议。通报近期中小学生溺水事件，对进一步做好防止学生溺水工作进行部署。省级教育行政部门召开会议要覆盖所有地市、区县和每一所中小学校；每一所学校要开会传达会议精神到每一个老师、每一名学生及其家长。

二、立即组织印发《致家长的一封信》。各级教育部门要组织、指导、督促每一所中小学校给每一名学生家长印发《致家长的一封信》，通报最近发生的中小学生溺水事件，告知家长必须承担起监护人责任，切实增强家长的安全意识和监护意识。特别要提醒、督促家长在暑期、节假日、周末和放学后加强对学生的安全教育和监管，坚决避免溺水等安全事故的发生。

三、立即开展全面排查。各地要就贯彻落实教基一厅〔2012〕7号文件的情况立即部署开展检查。要细化检查内容，突出检查重点，及时整改隐患。通过检查，要达到强化安全意识，落实防范措施，消除安全隐患，防止溺水事故发生的目的。请于6月20日前将贯彻落实和检查整改的情况报我部。

二〇一二年六月十日

1.5 报告、请示、批复

1.5.1 报告

1. 报告的适用范围和特点

2012年《条例》规定：报告，适用于向上级机关汇报工作、反映情况，回复上级机关的询问。

报告是原党的机关公文和行政机关公文共有的文种。2012年《条例》中关于报告用途的表述与2000年《办法》比较，是将《办法》最后一项功能“答复上级机关的询问”改为“回复上级机关的询问”。“答复”改“回复”，意思不变。与 1996 年《条例》相比，除将“答复”改“回复”外，还取消了“向上级机关提出建议”的功能，此项功能现由“意见”承担。

报告是党政机关在行使管理职能的过程中使用的一种公文，它不同于一般的调查报告、演讲报告和业务上使用的某些专业性报告，如可行性研究报告、纳税检查报告等。党政机关公文的报告在适用范围、管理职能和写作要求上均有不同于其他种类报告的方面，不能将它和非党政公文的种种“报告”混淆起来。

报告应用广泛，使用频率较高，是下情上达的主要途径和重要手段。各基层单位主要以报告的形式，帮助上级及时了解情况，掌握下情，为领导决策提供依据；同时也通过报告及时向上级反映工作情况，以便及时接受上级的监督和指导。所以写好报告对于现实工作有着非常重要的意义。

报告的特点主要表现在：

（1）陈述性。报告的写作目的是向上级机关汇报做了哪些工作或发生了什么事情，是怎样做的，情况怎样，重在讲述事项和情况的事实本身，所以，要围绕所要汇报的工作和情况，告而少论，甚至告而不论。即使在交代背景、总结经验时，也要用简明概括的语言，客观陈述，把意思表达清楚即可，不能大发议论或过多论证。陈述性是报告区别于总结的一个重要特点。

（2）事后行文。报告是下级机关在工作进行到一定阶段或完成后，把情况、事件向上级机关汇报，是将已经做过的或已经发生的事情报告给上级机关，所以事后行文是报告在行文时间方面的一个特点，也是报告与请示的重要区别之一。

2. 报告的种类

报告的种类很多，工作中常用的有以下几种：

（1）工作报告。即本地区、本系统或本单位、本部门工作到了一定阶段，向上级机关进行全面汇报时所用的报告，比较注重综合性和全面性。写法上常常采用点面结合的方法，既要根据写作目的详写重点内容，又要兼顾非重点内容，有成绩，有不足，有经验，有教训，力求所反映的情况全面、典型、有新意。如《××市税务局××年上半年工作报告》一文，即将本单位上半年几项主要工作的完成情况、工作中的经验体会、存在的主要问题等，向上级部门进行了全面汇报。这种报告往往是每个单位年度或半年定期的常规报告。

（2）情况报告。一般用于反映某项专门工作的情况，或是将某一偶发事件、特殊问题的情况及时向上级反映所用的报告，内容较为集中，注重专一性。如《山东省人民政府办公厅关于国务院文件办理情况的报告》，就是针对国务院文件的办理这项工作，山东省人民政府办公厅向国务院办公厅专题汇报所作的报告，报告着重汇报了本单位办理国务院文件的具体做法，以及收到的效果。再如《铁道部关于193次旅客快车发生重大颠覆事故的报告》，对列车颠覆事故发生后的一系列处理情况及时向上级进行汇报，是一份比较典型的专题情况报告。

工作报告和情况报告，虽然汇报的都是工作情况，但在内容上各有侧重，工作报告侧重工作的“全过程”，而情况报告侧重的是“情况”，且一般是“非常情况”。综合工作报告和专题情况报告，有的教材中也合称为“汇报性报告”，它们的重点都在于汇报工作，反映情况。

（3）答复报告。即下级机关回答上级机关询问时所写的报告。它与主动向上行文的报告不同，是被动行文，一般是先交代写作缘由，再针对上级询问的问题或提出的要求作答，可用“特此报告”作结。

（4）报送报告。即下级机关向上级机关报送文件、物件时，随文随物写的报告，可以说是给文件、物件开的一个介绍信，起介绍作用，如《××学院关于报送××工作方案的报告》。

3. 报告的撰写

（1）标题。报告的标题由发文机关名称、事由和文种组成。综合报告的标题一般比较宽泛，有时还可以省略“关于……的”介词结构，如《××市人民政府××年工作报告》，这种定期制发的报告一般需要标明时限；专题报告的标题，其事由部分要准确简要地概括出报告的主要内容，如《××省人民政府关于××市第三棉花加工厂特大火灾事故检查处理情况的报告》，事由具体明确，一目了然。

（2）主送机关。报告应坚持“主送一个机关”的原则，如果需要，可以抄送有关的上级机关。

（3）正文。报告的主要任务是下情上达，以总结工作和反映情况为主，不同类型的报告，其正文部分的内容和结构安排有所不同。

①工作报告。这类报告的正文，一般采用总分式结构。开头总述，概括交代工作开展的目的、依据、背景和基本情况，让人对报告的主要内容先有一个初步的了解和总体的印象，然后用“现将主要情况汇报如下”过渡到具体报告事项；主体部分，紧承上文总述内容，具体分述汇报各项工作的完成情况、经验体会，以及取得的成

绩，这一部分是整个报告的重点内容，需要集中力量详写；结尾，说明工作中存在的问题不足和今后的打算，这些内容一般不作为汇报的重点，可以略写。

从工作报告的内容结构来看，它与工作总结非常相似，但需要注意的是，这是两个不同的文种，两者在性质、要求和行文风格等方面有着本质的不同。报告的目的是汇报工作，反映情况，下情上达，所以在语言表达上以客观的叙述说明为主，围绕报告的事项告而不论或告而少论；而总结的目的在于总结经验，指导今后的工作和实践，所以在语言表达上往往有叙述，也有较多的主观议论分析。

②情况报告。如果是就某项专门工作进行汇报，其行文也可以选用总分式结构来安排汇报内容，尤其是汇报工作过程和具体做法时，一定要突出重点，切忌面面俱到，写成流水账，同时，对经验的概括也需要精心提炼，做到有条理，有特色，有实用价值。

如果是针对某一偶发事件、特殊情况向上级汇报，那么，为了使上级机关全面了解情况，报告就应当回应领导最关注的问题，即：出现了什么情况、为什么会出现这种情况和怎样应对这种情况等，这便自然地形成了这种情况报告所特有的行文思路：陈述情况——分析原因——提出对策（措施或建议）。陈述情况，这是开头部分，一般直接切入事件发生的时间、地点、经过、损失情况及善后处理过程等；分析原因，对于事故发生的原因，可以从主观、客观等多个角度进行全面深入的分析，指出应该从中吸取的教训；提出对策，针对前述情况和原因，提出整改的措施或建议，对主要责任者提出处理意见。

对于情况报告来说，情况部分必不可少，但行文不能就情况谈情况，而要刨根问底，找准病因，拿出对策，要举一反三，防患未然，因此，原因和对策是全文的核心和关键，也是工作能力和政策水平的集中体现。

③答复报告。应当根据上级的询问，简明扼要有条理地进行回答，做到上级怎么问，下级就怎么答，上面问什么，下面就答什么，不能答非所问，也不可旁生枝节。如“前接 × × 函，询问我县水质污染原因及其治理问题，现将有关情况报告如下”。

④报送报告。报送报告的正文比较简单，一般只说明报送文件、物件的名称和数量即可。如“现将我县《 × × 年会计报表》一套一式两份上报你处，请审查。”

4. 报告写作的注意事项

（1）行文要及时。对当前出现的新情况、新问题以及有关事件，应及时向上级领导机关汇报，切莫贻误时机，以便上级及时了解情况并作出正确决策，避免造成更大损失。

（2）情况要属实。报告的情况是领导决策的依据，贵在真实可靠。因此，要深入了解有关情况并如实报告，既不能夸大，也不能缩小，切忌言过其实，故意“隐恶扬善”。提供虚假信息，会造成决策失误，其后果不堪设想。

（3）内容要集中。要一事一报，中心明确。特别注意不得夹带任何请示事项，这是2012年《条例》行文规则中明确规定的要求。

1.5.2 请示

1. 请示的适用范围和特点

2012年《条例》规定：请示，适用于向上级机关请求指示、批准。

请示也是原党的机关公文和行政公文的共有文种。2000年《办法》和1996年《条例》关于请示的表述完全一致，2012年《条例》直接继承，未做改动。

需要注意的是，在职责范围内，党和国家的方针政策已有明文规定，自己有条件、有能力处理的事情，都要自行处理，不能事无巨细，事事请示，动不动就矛盾上交，推卸责任。

请示的主要特点：

（1）行文的期复性。请示是下级机关为请求上级机关批准某一事项或解决某个问题而制发的，请示的目的是为了得到反馈，即期待上级明确表态，予以答复。批复就是专为反馈请示事项而设的文种。体现在写作结构中，请示的结尾语用征询期复用语。

（2）内容的单一性。请示应当一文一事，这是由公文的时效性决定的。急待解决的问题用请示行文，迫切期望得到上级及时的批复，如果一份公文中请示多个问题，则不易分清主次缓急，无法着手审批；还有可能涉及多个分管部门，既要分别审阅，又要集体研究协调意见，很不利于请示问题的及时解决，所以请示必须体现内容单一、集中的特点，坚持“一文一事”。

2. 请示的种类

根据用途，请示可以分为要求批准型和解决疑问型两种类型。

要求批准型。需要上级机关审定或批准后才能办理的事项，应该用要求批准型的请示。如《××市商业局关于增设地下防火栓需要资金的请示》，增设地下防火栓，资金短缺，需要上级批拨，解决困难，用请示。

解决疑问型。工作中遇到新问题，无章可循，自己感到“吃不准”“拿不定”，或者对某些规章制度中的个别条文不理解，需要上级进一步明确，都可以用解决疑问型的请示行文。如《关于糯米纸适用税目、税率的请示》。

3. 请示的撰写

（1）标题。标题由发文机关名称、事由和文种组成，标题中要点明请示事项，要正确使用“请示”这一文种名称，不能将“请示”写成“申请”“报告”或“请示报告”。

（2）主送机关。请示原则上只能主送一个机关。受双重领导的单位向上级请示，应根据上级职责，主送其中一个负责答复请示事项的单位，必要时抄送另一个上级单位。

（3）正文。请示的写作思路是说明原因，请求批准或指示，所以在长期的写作实践中，形成了“请示缘由—请示事项—结尾语”这一基本模式。其中，事项是核心，要围绕请示事项，详细阐述缘由。

缘由的阐述可以从依据、目的、背景和预期效果等方面入手。要求上级表态，上级是准还是不准，关键取决于理由是不是让人信服。请示写得好不好，关键也看理由阐述得是不是合理、必要。这一部分的写作一定要做到情况确实，数据准确，理由充分，把话说到点子上。切不可夸大事实，编造理由。虚假信息一旦被拆穿，后果可想而知。信息的真实可靠，是科学决策、有效管理的前提条件，用虚假信息来换取眼前要求的满足，势必损害整体利益，实际上也就损害了自身的长远利益。

请示事项，要明确地写清楚请示什么问题，要求批准什么事项，要求解决什么困难等，不能模棱两可，含糊其词。请求资金要写明数额，请求物资要写明品名、规格、数量，不可只摆问题，不提方案，矛盾上交，让上级提供解决办法。为及时得到上级的批复，应提出有根有据、切实可行的处理意见。如果认为解决问题有两种以上的办法，可一一列出，供领导决策时参考。如果本单位意见有分歧，也应该分别陈述不同意见的内容，并加以分析、比较、各述利弊，并提出倾向性意见，供上级权衡、批复。

一份完整的请示，情况与意见，二者不可偏废。只有情况说明，没有意见或建议，把责任推给上级机关，或只提意见、建议，缺少情况的交代，都会使上级机关难以迅速作出决断，是不可取的。

结尾，用征询期复用语，提出回复要求，常用“妥否，请批复”

“是否妥当，请指示”“以上如无不当，请批准”等。切忌语气生硬，催迫要挟，如“以上请示，请于十日内批复”“此项工程定于五月二日动工，请于此日前给予批准”等。

4. 请示写作的注意事项

（1）坚持“主送一个机关”的原则。收文单位应该是直接的上级主管部门，需要同时送其他机关的，应当使用抄送形式，但不得抄送下级机关。如果主送机关不止一个，也就是“多头请示”，其后果，一是可能会相互推诿，“踢皮球”，请示事项得不到及时回复；二是如果批复意见不一致，下级机关会无所适从，不利于工作的开展。

（2）严格按照隶属关系逐级行文，不得越级请示。如果直接主管决定不了，再由其逐级向上请示。如果因事情重大或情况特殊必须越级行文时，应抄送所越过的直接上级。

（3）要把握好请示的内在逻辑。不论请示什么问题，也不论文字多少，请示的内在逻辑一般都包括“为什么请示”和“请示什么问题”两个层次。前一个层次突出请示事项的理由，要把“有必要解决这个问题”说清楚；后一个层次突出请示事项的内容，要围绕“解决问题的可能性”“方案的可行性”或“解决问题的有利条件”做文章。

5. 请示与报告辨析

报告与请示辨析

请示和报告这两个典型的上行文，在公文的发展过程中，有过多次分分合合的经历，使用过程中常有混用的情况发生，因此，应该加以辨析。它们的不同主要表现在：

（1）性质要求不同。请示是期复性公文，要求上级予以明确的答复；报告是陈述性公文，把工作或情况汇报清楚是它的行文目的，不需要上级回复。因此，在实际工作中，请示被称为“办件”，而报告则被称为“阅件”。

（2）行文时间不同。请示是事前行文，事项不经上级领导同意，不能擅自办理；报告是事后行文，也可以根据实际情况，在事情进行过程当中汇报，以使上级领导及时掌握情况。

（3）行文语气不同。请示是请求指示、批准，语气谦和、商量，表示对上级领导的尊重，避免使用“决定”“必须”一类比较强硬的词语，结尾语用征询期复用语；报告是汇报工作和情况，是陈述语气，实事求是地讲明事情的内容、经过即可，结尾语可用“特此报告，请审阅”等。

1.5.3　批复

1. 批复的适用范围和特点

2012 年《条例》规定：批复，适用于答复下级机关请示事项。

很显然，它是被动行文，和下级机关的请示相对应，有请示，才有批复，没有请示，也就谈不上批复。批复是原来党的机关公文和行政机关公文中都有的文种，适用范围两者一致，纳入新的党政机关公文系列时，适用范围未做修改。

批复与批示

作为指挥性公文，批复的特点主要表现在：

（1）针对性。批复针对的对象是下级机关的请示，答复同级或不相隶属机关的询问或请批准的事项，不用批复。批复的内容必须针对请示事项予以明确答复，它不涉及与请示内容无关的其他问题，因此批复的标题、开头、结尾也应当和请示的标题、结尾相呼应。

（2）指示性。批复由领导机关制发，代表领导机关的职权和意志，具有指示性，而且往往十分具体。对下级机关请示的问题，或同意，或不同意，或批准，或不批准，或暂缓，或指导，都反映直属上级机关的决策意图，具有严格的约束力，要求下级机关认真遵守或执行。请示未经上级机关批复，不能办理。

2. 批复的种类

根据内容的不同，批复可以分为以下几种类型：

（1）批准型批复。即对下级机关请示事项表示同意的批复，如《国务院关于同意设立“中国农民丰收节”的批复》。

（2）否定型批复。即对下级机关的请示持否定态度的批复，这类批复往往要讲明否定的理由，如《民政部关于广东省撤销河源市郊区设立新河县问题的批复》，在否定了广东省的请示之后，针对请示的理由，进行了分析，指出其请示事项的不合理之处，并提出了新的工作要求，以理服人而不是以权压人，体现了民主、科学的工作态度。

（3）解答型批复。即针对下级对有关法律、法规、政策、措施等的询问而进行解答的批复。法律、法规、政策的解释权往往在制定机关，本机关无权解释的，可逐级向上请示，直到有权作出解释的机关。这种解答对下级具有指示性，是下级开展工作的依据，因此一定要严肃对待，必要时还应出示相关的文件依据。

3. 批复的撰写

（1）标题。标题由发文机关名称、事由和文种组成，批复的标题中往往标明对请示问题的态度，如《国务院关于同意设立“中国农民丰收节”的批复》《司法部关于不宜办理“安乐死”公证事项的批复》等，其中，“同意”“不宜”，态度明确。

在写作实践中，那种《对××请示的批复》和《对××号文的批复》的标题形式都不能准确概括批复的主要内容，不符合标题的制作要求，是不规范、不可取的。

（2）主送机关。批复的主送机关原则上是上报请示的机关，但有时也将与请示内容有关的其他部门或单位一并列为主送，如《国务院关于长江中下游城市群发展规划的批复》，虽是针对“发展改革委”的请示进行批复，但该批复的主送机关却不限于“发展改革委”，还包括“江西、湖北、湖南省人民政府”。

（3）正文。批复的正文一般包括批复引语、批复事项和结尾语三部分。

批复引语，交代批复的缘由，即为什么有这个批复，其基本模式是引叙来文。

引叙来文，可以采用先引标题，后引发文字号，再加收讫语的形式，常用这样的固定句式：“你×《关于××问题的请示》（发文字号）收悉（悉）”，如“你委《关于申请设立“中国医师节”的请示》收悉”；也可以只引来文名称，不加书名号，不引发文字号，如“你们关于江西内陆高水平开放试验的请示收悉”。称呼对方发文机关应该用相应的第二人称，即“你”加上来文单位名称的最后一个字：你署（海关总署）、你局（国家税务总局）、你委（国家卫生健康委员会）、你会（中国证券监督管理委员会）、你部（财政部）等。如来文是几个机关联合行文，回复则笼统称呼“你们”。然后用过渡句引出下文批复内容，如“经研究，现批复如下”“现答复如下”。

批复事项，即具体的批复意见。应该根据党和国家的方针、政策以及实际情况，对请示中提出的事项或问题，作出明确答复。有的还写出批复希望或执行要求，以利贯彻执行，要尽量简洁明了。

针对不同的请示事项，在写作时可以选择不同的侧重点。对内容单一的请示可以只表明同意或批准的意见，对于内容较复杂的请示，则需要逐项表态，并对有关事项加以说明，如《国务院关于山东新旧动能转换综合试验区建设总体方案的批复》中，在对《方案》作了肯定表态“原则同意”之后，又就方案的实施对山东省人民政府和国家发展改革委等有关部门提出了工作要求，规定明确，要求严格。

结尾语，常用“此复”“特此批复”，也可省略。

4. 批复写作的注意事项

（1）要体现政策性和可行性。批复要有政策依据和现实依据，在批复前必须进行充分的调查研究。首先，应认真研究来文的内容和背景，审核其真实准确性与必要性，根据事实判断请示事项是否必要，所述理由是否合理；其次，应查阅有关的规定和指示，以使批复的意见符合政策与法律法规；最后，如果是属于已经处理过的问题，则应查阅前案处理的材料，以便对问题的处理具有连续性；如果请示的事项涉及其他机关和部门，在批复时应与有关机关或部门进行协商，并取得一致意见，避免相互矛盾或抵触。

（2）要态度明朗，答复具体。批复要有针对性，要紧扣请示，明确作答，同意或不同意都要明确表态，下级请示什么，就答复什么，不要离开请示的内容，发表空泛的意见，尤其是在文末提出希望和要求时，一定要和上文批复内容组成有机的整体，要直陈直叙，不要空发议论，更不要借题发挥，节外生枝。

（3）在语言表达上，要准确简要，语气肯定，切忌含糊其词，模棱两可。

例文 1

山东省人民政府办公厅
关于国务院文件办理情况的报告[①]

国务院办公厅：

我省自一九七八年开始，由省府办公厅批办国务院文件（原由省委办公厅批办）。几年来，由于省委、省政府领导同志的重视和具体指导，在对国务院文件的批办工作方面，初步建立健全了规章制度，保证了国务院文件能及时传达贯彻。现将情况报告如下：

一、领导重视，亲自过问，具体指导。我省省委省政府主要负责同志，对国务院文件的办理情况，一直很重视，要求比较严格。省委第一书记多次批示，要求做到认真办理，定期检查。一九七九年八月，主持省府全面工作的副省长亲自召集办公厅和秘书处的负责同志开会，听取关于国务院文件办理情况的汇报，并做了指示。省府办公厅当即召开省直各厅局分管文电工作的负责人和办公室主任会议，研究国务

① 中华人民共和国中央人民政府网站，http：//www. gov. cn。

院文件的办理问题。会议确定，对国务院文件都要作为急件办理。

二、总结经验，确定专人负责办理国务院文件。省府办公厅在批办国务院文件的初期，由于规章制度不健全，催办不及时，也曾出现过文件办理时间过长，甚至出现积压文件的现象。如国发〔1977〕101 号《国务院批转中国社会科学院、中国科学院、国家地震局关于汇编出版中国地震历史资料的请示报告》，要求一九七八年六月底以前将资料上报。但因主办部门的经办人外出，将文件压在抽屉里，又无人催办，致使文件超过规定的上报时间，压文达十个月之久。对此，省府领导同志严肃批评了主办部门，主办部门向省府写了检查报告。办公厅也认真总结了没有及时催办的教训，决定在人手不足的情况下，确定一人专管国务院文件的办理，从而有了逐步的改进。

三、逐步建立健全了一套办文制度。在国务院文件实行专人办理后，我们又相继建立了包括文件的分发、批办、翻印、催办、清退等环节的一套规章制度。（一）文件的分发（略）。（二）文件的批办。收到国务院文件后，先由办理文件的同志提出拟办意见，送秘书长阅批（秘书长不在时，由办公厅主任批办）。根据秘书长或厅主任批注的意见，组织办理。基本做到当天收文，当天批办，当天分发。（三）文件的翻印。省府确定，凡是需要各级政府或各企事业单位贯彻执行的，都要立即原样翻印下发，使下边都能及时看到文件，尽早贯彻执行。翻印下发的时间最迟不超过三天。急件突击印发，一般不超过一天。翻印下发的范围分地师级和县团级。地师级发各行署、市政府和省直各部门。县团级发各县政府和县以上厂矿企事业单位。发济南军区和山东省军区的文件，除国务院已有规定的外，均按固定份数发给。（四）文件的催办。在国务院文件中约有百分之七十左右，需要结合本省情况提出贯彻意见。要求由主办部门代省府拟稿，形成文件，由省府下达。有的经省府同意后，由部门发文，也有的通过召开全省专业性会议进行传达贯彻。对其他不需要搞贯彻意见的文件，由省府明确牵头部门，具体组织贯彻实施。为了加快文件的办理，从一九七八年下半年，建立了催办制度。催办形式有两种，一是电话催办；一是发催办单催办。每次催办都作记录。若是急件，则要求限期完成。此外，还规定每季度都将文件办理情况向省委省政府负责同志汇总简报一次。半年和年终检查总结一次。（五）文件的清退。一九七九年规定，各地、市、县和省直各部门，每个文件留存二份，其余的都退省府统一监销。经过实践，觉得这种办法尚有不足之处。一是各地市县每年都要派车来清退文件，耗费人力、物力太大；二是不利于工作。特别是一些法规、条例，以及其他需要长期贯彻执行的文件，如果一年就全部清退销毁了，会影响使用。因此，从一九八〇年改为除了机密文件按规定清退外，其他的文件由各地、市、县和省直各部门自行妥善保管和销毁。但每年要将情况向省府办公厅报告一次。

今年一至十月，国务院发我省国务院文件一百五十一件（含国务院、中央军委文件）。其中需要提出贯彻意见，应该办理的一百零九件。现已办结的一百件，正在办的九件。因问题复杂，涉及面广，办理时间超过两个月的有二件。收到国务院办公厅文件四十件，其中需要办的十八件，已办结的十七件。收到国函和国办函三十二件，现都已办完。收到国阅和参阅文件十二件，都已作了处理。

几年来，我们对国务院文件的办理工作方面，虽然建立了一些制度，做了些工作，但离形势发展的要求有很大差距。有些文件的办理时间较长，部门之间互相推诿、互相扯皮的现象也时有发生，再是文件下发后的贯彻执行情况，还缺乏及时地检查了解。这些问题，都需要结合机构改革，进一步研究解决。

以上报告如有不当，请指示。

一九八二年十一月十七日

例文 2

铁道部关于193次旅客快车发生重大颠覆事故的报告

国务院：

5月28日16时05分，由济南开往佳木斯的193次旅客快车，行驶至沈山线锦州铁路局管内的兴隆店车站（距沈阳43公里）时，发生颠覆重大事故，造成3名旅客死亡，143名旅客和4名列车乘务人员受伤，报废机车1台、客车4辆、守车1辆，损坏机车1台、客车5辆、货车1辆和部分线路、道岔设备，沈山下行正线中断运输近20小时，直接经济损失达170余万元。

事故发生后，东北铁路局办事处和锦州、沈阳铁路局负责同志立即随救援列车或救护车赶赴事故现场，组织抢救、抢修工作。当地驻军、地方党政领导同志和部分社员、学生也投入抢救工作。辽宁省、沈阳市的领导同志及沈阳军区、辽宁省军区有关负责同志先后赶到现场，组织抢救伤员，疏运旅客。我部李克非副部长率安监室和运输、机务、车辆、工务、电务、公安各局负责同志也于当日连夜赶赴现场，指挥抢修工作，调查分析事故原因，慰问伤员，并对省市党政领导和部队表示感谢。在省市的领导和驻军的大力支持下，伤员的抢救和治疗工作安排得比较周密，受伤的旅客和列车乘务人员，除少数送入就近的新民县医院抢救外，其余的均由沈阳市和军队、铁路医疗部门派车接到沈阳，及时得到了抢救和治疗。

经过调查分析，造成这次事故的直接原因，是锦州铁路局大虎山工务段兴隆店养路工区工人在该处进行无缝线路补修作业时，违反劳动纪律和操作规程，将起道机立放在钢轨内侧，擅离岗位，到附近的道口看守房去吃冰棍，当193次快车通过时，撞上起道机，引起列车脱轨颠覆事故。

这次事故是发生在旅客列车上的一次严重事故，又是发生在全国开展的“安全月”活动中，使国家和人民生命财产蒙受了巨大的损失，在政治上造成了极坏的影响，性质是非常严重的，我们心情十分沉痛。这次事故的发生和最近一个时期安全工作不稳定的状况，说明了我们铁路基础工作薄弱，管理不善，思想政治工作不落实，反映了我们作风不扎实，对安全工作抓得不力，在安全生产中管理不严，职工纪律松弛的问题长期没得到解决。

为了使全路职工从这起严重事故中吸取教训，我们于5月31日召开了有各铁路局、铁路分局、全路各工务段负责同志参加的紧急电话会议，通报了这次事故，提出了搞好安全生产的紧急措施。要求铁路各部门、各单位必须把安全工作放在第一位，各级领导干部要树立安全第一的思想，并向全体职工进行安全教育，使每个职工都牢固地树立起对国家、对人民极端负责的观念，认真落实岗位责任制，严格遵守劳动纪律，一丝不苟地执行规章制度和操作规程，各单位要针对近年来新工人不断增加的情况，加强对新工人的教育和考核工作，各行车和涉及安全生产的主要工种不经考试合格不得单独作业；对各种行车设备要进行一次认真检查，发现问题立即解决；同时，各单位要切实解决职工生活中应该而且可以解决的具体问题，解除职工的“后顾之忧”；动员广大职工干部迅速行动起来，以这次事故为教训，采取措施，堵塞漏洞，保证行车安全。

我们在6月份开展的“人民铁路为人民”活动中，要把搞好安全生产作为重点，并在今后当作长期的基本任务来抓。党、政、工、团各部门要从不同的角度抓好安全工作，迅速改变目前安全生产不好的被动局面。

锦州铁路局对这次事故的主要责任者，已按照法律程序提出起诉，追究刑事责任；对与事故有关的分局、工务段领导也作了严肃的、正确的处理。铁道部决定对锦州铁路局局长董庭恒同志和党委书记李克基同志给予行政记过处分。这次事故虽然发生在下边，我们负有重要的领导责任，为接受教训，教育全路职工，恳请国务院给我们以处分。

一九××年×月×日

例文3

××市林业局关于森林资源数据管理微机组网所需经费的请示

林业部：

根据林业部的部署，我市从19××年以来，自筹资金148.6万元，初步建立、健全了市、区县、乡镇三级森林资源档案。为进一步提高森林资源档案的管理水平，使之逐步走向正规化、规范化，更好地发挥档案作用，拟实行微机联网管理。目前，我市已有七个新建办公楼的区县林业局配备了微机用房，另八个区县也做出了相应安排。19××年内可望实现全市森林资源数据微机组网。我市为此约需资金75万元，其中我市节支开源能自筹45万元，尚缺额30万元。恳请林业部扶持我局30万元。

妥否，请批复。

一九××年九月十一日

例文4

××县税务局关于糯米纸适用税目、税率的请示

××地区税务局：

我县副食品加工厂生产一种糯米纸，它是用淀粉再加上约5%的明胶和很少的卵磷脂做成的透明薄膜，用于包装软糖，可以食用。

产品税税目税率表上，没有列举糯米纸，如何确定该产品的适用税目税率，我们有三种意见：第一种意见是，糯米纸也是纸，可用于包装，可按普通纸依10%的税率征税；第二种意见是，糯米纸是用淀

粉做成的，虽作包装用，可随软糖供人食用，可按其他食品5%的税率征税；第三种意见是，糯米纸是用淀粉加入其他物料后形成的薄膜，而纸应是用植物纤维加工而成的薄页，按照纸的定义，糯米纸不能归入纸类。另外糯米纸虽能入口食用，但主要用途是用于软糖包装，不能视为食品。因此，糯米纸应按“其他工业品”依5%的税率征税。

我们多数同志倾向于第三种意见。妥否，请批复。

×年×月×日

例文5

国务院关于山东新旧动能转换综合试验区建设总体方案的批复[①]

山东省人民政府、国家发展改革委：

你们关于山东新旧动能转换综合试验区建设总体方案的请示收悉。现批复如下：

一、原则同意《山东新旧动能转换综合试验区建设总体方案》（以下简称《方案》），请认真组织实施。

二、《方案》实施要全面贯彻落实党的十九大精神，以习近平新时代中国特色社会主义思想为指导，贯彻新发展理念，坚持质量第一、效益优先，以供给侧结构性改革为主线，以实体经济为发展经济的着力点，以新技术、新产业、新业态、新模式为核心，以知识、技术、信息、数据等新生产要素为支撑，积极探索新旧动能转换模式，推动经济发展质量变革、效率变革、动力变革，提高全要素生产率，着力加快建设实体经济、科技创新、现代金融、人力资源协同发展的产业体系，推动经济实现更高质量、更有效率、更加公平、更可持续的发展，为促进全国新旧动能转换、建设现代化经济体系作出积极贡献。

三、《方案》实施要加快提升济南、青岛、烟台核心地位，以其他14个设区市的国家和省级经济技术开发区、高新技术产业开发区以及海关特殊监管区域等为补充，形成三核引领、区域融合互动的新旧动能转换总体格局。

① 中华人民共和国中央人民政府网站，http：//www.gov.cn。

四、山东省人民政府要切实加强组织领导，完善工作机制，制定配套政策，落实工作责任，确保《方案》确定的目标任务如期实现。涉及的重要政策和重大建设项目要按程序报批。

五、国务院有关部门要按照职能分工，加强对《方案》实施的协调和指导，在政策实施、体制创新、项目建设等方面给予积极指导和支持，协调解决《方案》实施中遇到的困难和问题。国家发展改革委要会同有关部门加强对《方案》实施情况的跟踪分析和督促检查，适时组织开展实施进展情况评估，重大问题及时向国务院报告。

国务院

2018 年 1 月 3 日

1.6 议案、函、纪要

1.6.1 议案

1. 议案的适用范围和特点

2012 年《条例》规定：议案，适用于各级人民政府按照法律程序向同级人民代表大会或者人民代表大会常务委员会提请审议事项。

议案与提案

议案是原行政机关公文文种，党的机关公文没有，很显然，这个文种是从原行政机关公文继承而来，2012 年《条例》中关于议案用途的表述也是从 2000 年《办法》继承来的。从适用范围的表述中可以分析出来，尽管 2012 年《条例》已将党政机关公文管理法规合二为一，但议案这个文种还是专属行政机关使用。

从议案的使用，可以看出它具有专用性和法定性的特点。它专门用于各级人民政府向同级人民代表大会提请审议事项，其他机关、团体、企事业单位均不得使用；议案是国家宪法及有关法律专门规定的公文，从提出、汇总、立案，到审议、议决、通过，都必须依法、依序进行，政府机关必须依照法律程序行使职权或履行职责，因此法定性较为突出。

2. 议案的种类

根据内容的不同，议案可以分为以下几种类型：

（1）重大事项议案，如《国务院关于提请审议兴建长江三峡工程的议案》。

（2）立法议案，如《国务院关于提请审议〈中华人民共和国海商法（草案）〉的议案》。

（3）批准条约议案，如《国务院关于提请审议批准〈中华人民共和国和吉尔吉斯共和国领事条约〉的议案》。

3. 议案的撰写

（1）标题。议案的标题必须采取完全式标题形式，发文机关名称、事由和文种三要素俱全。

（2）主送机关。议案的主送机关必须是同级人民代表大会或人民代表大会常务委员会。

（3）正文。议案的正文由缘由、议案事项和审议请求三部分组成。

缘由，阐述提出议案的原因、根据和目的，要充分客观，简洁明了。

议案事项，即议案提请审议的具体事项，如重大事项、立法、选举、罢免、预决算等。

审议请求，即结语，多用“以上议案，请审议”或“现提请审议”等惯用语来表述。

4. 议案写作的注意事项

（1）议案内容必须符合国家和人民利益的需要，符合现行法律法规和有关方针政策。为此，应搞好调查研究，广泛听取各方面意见，经过可行性论证，保证所提方案切实可行。

（2）要熟悉收文机关的职权范围，根据法定职权行文。议案的内容只限于人民代表大会或人民代表大会常务委员会职权范围内的重要事项。如果某一事项的审议权属于同级人民代表大会或其常委会，就必须提请其审议；如果属于政府职权范围内的事项，则不必提出议案。

（3）议案要言之有理。一定要将理由和根据说明清楚，文字表达要准确严谨，条理分明，体现出议案的庄重性和严肃性。

1.6.2 函

1. 函的适用范围和特点

2012 年《条例》规定：函，适用于不相隶属机关之间商洽工作、询问和答复问题、请求批准和答复审批事项。

函是原来党的机关公文和行政机关公文共有的文种。2012 年《条例》关于函的用途采用了 2000 年《国家行政机关公文处理办法》的表述，与 1996 年《条例》相比，现在的规定更加全面地强调了

"函只适用于不相隶属机关之间行文"这一原则。

函作为商洽性的平行文，其主要特点表现为：

（1）平行性。在行文方向上，以平行为主，主要用于不相隶属机关之间相互行文。

（2）多用性。函应用广泛，任何一级机关、团体和企事业单位均可使用。既可用于相互商洽工作，询问和答复问题，又可用于向业务主管部门请求批准事项及业务主管部门审批或答复事项。写法灵活，使用便捷。

2. 函的种类

按照内容和作用的不同，函可分为商洽函、询问函、申请函、告知函和答复函。

商洽函，主要用于商洽、请求协助解决某一问题，如商洽人员调动、联系参观、请求帮助支援等，其标题往往是《关于商洽××事项的函》。

询问函，主要用于向对方了解有关事项，如《××学院关于询问网络工程专业在职师资培训班情况的函》。

正确认识和使用函

申请函，也称请批函，即向有关主管职能部门请求批准事项的函。如向工商部门请求办理营业执照，向税务部门请求减免税，向财政部门请求拨款等。只要与这些主管部门之间不存在上下级隶属关系，就得用"函"来行文。

需要注意，请求批准时，如果审批权限在不相隶属机关的业务主管部门，要用平行文"函"；如果审批权限在上级机关，就要用"请示"了。相应的，上级机关对请批准事项的回复，用"批复"；不相隶属机关的业务主管部门对请批准事项的回复，用答复函。如《山东省人民政府关于建议将济南海关升格为副厅级单位的函》，受文单位是海关总署，山东省人民政府与海关总署之间是不相隶属关系，虽然是请求审批，但没有用请示，而是用了函，这是很规范的行文方式。

告知函，不相隶属单位之间相互通知事项时使用的函，如《审计署关于审计机关参加各级地方政府有关财经工作会议的函》，受文机关是各省、自治区、直辖市人民政府，审计署告知这些受文单位，在召开有关财经工作的会议时，应让审计人员参加。从行文关系看，是不能用"通知"的。

答复函，即答复对方来函商洽、询问、申请事项的函，如《财政部、环境保护部关于同意天津市开展排放权交易综合试点的复函》。

3. 函的撰写

（1）标题。函的应用范围较广，因此在标题中应体现商洽、询问、申请、告知或答复的事项内容，文种要注明“函”或“复函”。

（2）正文。函的正文写作程式一般为：缘由——事项——结尾语。

缘由部分，一般要将商洽、询问、申请、告知事项的基本情况介绍清楚，讲明依据、目的，用过渡词“为此”“为……”，使原因、目的更加明晰，自然过渡到发函事项。复函的缘由，基本模式与批复相似，也是引叙来文，然后用“经研究，现函复如下”过渡。

事项部分，写明商洽要求、询问内容、请批内容、告知内容或答复意见。事项要明确具体，语气要委婉恳切，提出要求应给对方留有余地，不要强人所难。复函则针对来函商洽、询问、请批的内容明确作答，内容较多时，可分条陈述。

结尾语，商洽函、询问函常用“请予函复”“请研究函复”“望予函告”“请复函告知”“盼复”等期复用语；申请函常用“可否，请予审批”“可否，请函复”等征询期复用语；告知函常用“特此函告”“特此函达”；复函常用“特此函复”“专此回复”“特此函答”等。结尾语也可以省略，但不能使用“此致敬礼”之类的寒暄语。

4. 函写作的注意事项

（1）要做到平等相待，以诚相商。函是代表机关向外联系工作、商洽事项、请求帮助的，要让对方理解、接受、支持，取得圆满效果，就要以诚恳、平易的态度，用恳切、朴实的语言与对方洽谈协商有关事宜，不可打官腔、强加于人，避免使用“你们要（不要、必须、应该、注意）”等带指示性语气的词语以及“承蒙关照”“此致敬礼”之类客套、寒暄词语。如果双方中有一方不采取合作、平等的态度，缺乏诚意，不仅会使商洽事项泡汤，而且会损害双方的团结协作关系。

（2）要做到开门见山，目的明确。函不能跟平常写信一样寒暄问候，拉家常，长篇大论，要把商量的事项和询问的问题，开门见山地直接提出来，并要主动爽快地把问题症结和自己的处理意见、要求，告诉对方，做到叙事清楚，说理有节。不可漫无边际地东拉西扯，也不要委婉隐晦，闪烁其词，不故作姿态，也不可曲意逢迎。

（3）要推断对方心理，注意写法技巧。函的撰写应根据具体内容，通过推断对方见函后的心理特征，来选择不同的写法。如答复函，假若属于肯定性的，开头就可以直接答复问题，再说明其他有关事宜，这样既能使对方充分掌握复函内容，也能促进单位间的密切合作。假若属于否定性的，开头就不宜直接提出否定内容，而是先简明、恳切地说明理由，最后表明否定态度，这样能取得对方谅解，感到否定是正常的、合理的，不致产生误解和反感。

1.6.3　纪要

1. 纪要的适用范围和特点

2012 年《条例》规定：纪要，适用于记载会议主要情况和议定事项。

纪要，即会议纪要。是原党的机关公文和行政公文共有的文种。“纪”同“记”，是记录，“要”是要点，纪要，就是记录要点。与会议记录相比，纪要具有条理化、要点化和功能多样化的特点。会议记录是“有言必录”，而纪要则是根据会议记录整理提炼出来的主要精神和议定事项，凡是没有取得一致意见的内容，不能写入纪要。纪要既有反映情况、沟通信息的作用，也具有指导功能，它反映某一方面的动态，为有关部门提供参考，也规范有关单位的认识和行动，下发或经领导机关批转后，便成为各有关单位的行动依据。

2. 纪要的种类

根据内容和用途，纪要可分为办公会议纪要、工作会议纪要和讨论会纪要三类。

办公会议纪要。办公会议，多是机关、单位的领导成员定期召开、形成惯例的会议，研究机关单位的工作安排、工作进度，或对工作中的某些问题形成统一处理意见。记载这种会议的讨论情况和议定事项的会议文件，称为办公会议纪要。一般是内部文件，有时根据需要也可下发。

工作会议纪要。一般用于范围较大的重要会议，如全国或全省（市）性的工作会议，或重要领导机关联席召开的解决某一问题的重要会议，会议议定的事项重大，涉及党和国家的重要方针政策的贯彻落实，需要广大干部和群众了解情况，统一认识，积极配合，这种纪要具有明显的指示和指导作用，如《关于研究耕地占用税征收、管理、使用问题的会议纪要》等。

讨论会纪要。召开学术研讨会、理论研讨会、座谈会、协商会等，记载会议座谈和讨论的情况，反映与会者对会议议题的认识，对某些学术、理论问题的看法、建议和意见，通报学术研究动态、成果等，可以用讨论会纪要，如《应用写作首届学术研讨会纪要》。

3. 纪要的撰写

（1）标题。纪要的标题有两种形式：一种是由“会议名称 + 纪要”组成，如《市长办公会议纪要》；另一种由“事由 + 纪要”组成。

（2）主送机关。纪要一般不写主送机关。但是，以机关名义印发纪要的通知要写明主送机关。

（3）正文。

①开头。介绍会议的基本情况，包括会议召开的时间、地点、主持人、会议名称、主要议题、参加会议的有关单位与人员等内容。如《××省人民政府常务会议纪要》开头：“×年×月×日上午，×××省长主持召开第××次省政府常务会议，听取了关于全省收费、罚款项目审核处理情况和全省近几年集资情况的汇报。纪要如下”。

②主体部分。围绕会议的主要精神和议定事项简要叙述会议的主要内容。这一部分应突出会议的中心和要点，注重体现“要”字；应注意行文的条理化和理论化，要言之有序，格局戒“乱”，在吃透会议材料的基础上，对会议讨论意见进行分析综合和提炼加工；在语言运用上，要简洁清晰，讲究用语，上报的纪要，应该考虑使用上行文的语气，如“会议讨论了以下几个问题”“会议考虑”；下发的纪要，可以使用“会议要求”“会议号召”“会议强调”等词语；还有些纪要的专用语，如“会议认为”“会议讨论了”“会议听取了”等，也要注意恰当使用。

针对不同性质的会议，在概述会议内容时应考虑采用不同的结构方法：

集中概述法。这种写法是把会议的基本情况，讨论研究的主要问题，与会人员的认识、议定的有关事项，包括解决问题的措施、办法和要求等，用概括叙述的方法，进行整体的阐述和说明。这种写法多用于办公会议，而且讨论的问题比较集中单一，意见比较统一，容易操作，篇幅相对短小。在具体表述上，常采用“会议讨论了”“会议研究了”“会议认为”“会议确定”等词语，来统领会议的有关内容、主要精神和议定事项。如果会议的议题较多，可分条列述。

分项叙述法。召开大中型会议或议题较多的会议，一般要采取分项叙述的办法，即把会议的主要内容分成几个大的问题，然后加上标号或小标题，分项叙写。这种写法侧重于横向分析阐述，内容相对全面，问题也说得比较细，常常包括对目的、意义、现状的分析，以及目标、任务、政策措施等的阐述。

发言提要法。这种写法是把会议上典型性、代表性的发言加以整理，提炼出内容要点和精神实质，然后按照发言顺序或不同内容，分别加以阐述说明。这种写法能比较如实地反映与会人员的意见。座谈会纪要可采用这种写法。

当然，以上三种结构安排方式并非与三类会议完全对位。在实际写作活动中应根据实际情况来确定内容的安排。例如，座谈会如果是带有工作办公性质的会议，那么纪要在写法上，可注重叙写会议达成的共识和主要议定事项。

③结尾。通常情况下，纪要不单独写结尾，往往在主体部分的最后一个问题写完后即结束全文。有些纪要需要单独写一段结尾，或是写会议主持人或其他领导人的总结讲话，或是对会议作出一些基本估计，发出号召，提出希望等。

4. 纪要写作的注意事项

（1）做好必要的准备工作。动笔之前，编写者应尽可能了解会议的宗旨和指导思想，掌握会议议程，充分估计会议有可能出现的情况，做到心中有数。要留心做好会议记录，为编写纪要打好基础。

（2）忠实地反映会议内容。编写纪要的目的，在于准确真实地反映会议的精神实质，为此，就要抓住与会者达成的共识和议定事项，围绕会议宗旨和讨论情况进行整理概括，不要把个别人的意见当作共识来反映。在研讨性会议的纪要中，既要写清一致意见，也要写清重要的不同意见，这也是忠实于会议内容的表现。

（3）善于提炼会议结论。在概括会议主要精神或结论性意见时，有“四要”可以借鉴：一要抓住主要领导人或某些权威人士的发言内容，领会其精神实质；二要抓住主持人发表的意见，特别是他的总结性发言内容；三要区分讨论过程中的意见和表态性的结论性意见；四要把握多数人意见，尤其在对重大问题意见不完全统一时，要按照少数服从多数的原则，以多数人的意见为结论性意见。

例文 1

国务院关于提请审议兴建长江三峡工程的议案

全国人民代表大会：

长江是我国第一大河，流域面积占全国总面积的 19%，养育着全国 1/3 的人口，工农业总产值约占全国的 40%，在我国国民经济发展中占有重要地位。长江中下游的洪水灾害历来频繁而严重。新中国成立以来，国家在长江流域进行了大规模的防洪建设，对保障中下游地区的经济建设和人民生命财产安全，发挥了很大作用。但由于多方面的原因，长江资源还没有很好开发利用，水患尚未根治，上游洪水来量大与中下游河道特别是荆江河段过洪能力小的矛盾，依然十分突出，两岸地面高度又普遍低于洪水位，一旦发生特大洪水，堤防漫溃，将直接威胁荆江两岸江汉平原和洞庭湖区的 1 500 万人口和 2 300 万亩良田，人民群众的生命财产和一批重要的大中城市、工矿企业和交通设施，将会遭受巨大损失，严重影响国民经济全局。这是我们国家的心腹大患。

如何解决长江的防洪问题，更好地开发长江资源，中共中央和国务院一直很重视，社会各界也十分关注。经过几十年来的治理实践和对各种意见、方案的反复研究和论证，解决长江中下游的防洪问题，必须采取综合治理措施。兴建三峡工程是综合治理的一项关键性措施。三峡工程兴建后，可将荆江河段防洪标准由目前的 10 年一遇提高到百年一遇；配合其他措施，可以防止荆江河段发生毁灭性灾害；还可减轻洪水对武汉地区及上游的威胁。同时，三峡工程还有发电、航运、灌溉、供水和发展库区经济等巨大的综合经济效益和社会效益。三峡工程建成后年发电量 840 亿千瓦时，占目前我国年发电总量的 1/8，可为华东、华中和川东地区的经济发展提供重要的能源，可以大大提高川江航道通过能力，万吨级船队有半年时间可直达重庆，为发展西南地区的经济和繁荣长江航运事业创造条件。三峡工程还有利于长江中下游城镇的供水，有利于南水北调。总之，三峡工程的兴建，对加快我国现代化建设进程，提高综合国力，具有重要意义。

国务院对兴建三峡工程历来采取既积极又慎重的方针。近 40 年来，有关部门和大批科技人员对三峡工程做了大量的勘测、科研、设计和试验工作。特别是 1984 年以来，社会各界提出了许多新的建议和意见。一些同志本着对国家、人民和子孙后代高度负责的精神，对库区百万移民的安置、生态与环境的保护、上游泥沙的淤积、巨额投资的筹措和回收等疑难问题，从不同角度提出各自的意见，这些意见对于开阔思路，增进论证深度，完善实施方案，起到了十分有益的作用。

经过多年的研究、论证和审查，三峡工程坝址选在湖北省宜昌县三斗坪镇。工程的拦河大坝全长 1 983 米，坝顶高程 185 米，最大坝高 175 米。水库正常蓄水位 175 米，总库容 393 亿立方米。水电站总装机容量 1 768 万千瓦。工程静态总投资 570 亿元（1990 年价格）。主体工程建设工期预计 15 年。工程建设第九年，即可发电受益，预计在工程建成后不太长的时间里，即能偿还全部建设资金。国务院三峡工程审查委员会对可行性研究报告进行了认真审查，认为三峡工程建设是必要的，技术上是可行的，经济上是合理的，随着经济的发展，国力是可以负担的。

三峡工程规模空前，技术复杂，投资多，周期长，特别是移民难度很大。对于已经发现的问题要继续研究，妥善解决，对今后可能出现的各种困难和问题，要有足够的思想准备。要谨慎从事，认真对待，使工程建设更加稳妥可靠，努力把这项造福当代、荫及子孙的事情办好。

国务院常务会议经过认真讨论，同意建设三峡工程。建议将兴建三峡工程列入国民经济和社会发展十年规划，由国务院根据国民经济的实际情况和国家财力物力的可能，选择适当时机组织实施。

请审议。

国务院总理　李　鹏

一九九二年三月十六日

例文 2

关于商请关闭虚假中医医疗机构网站的函

信息产业部电信管理局：

当前，互联网上未经审批擅自以“中国”“中华”“国家”及军队等名义建立的涉及中医药的虚假中医医疗机构网站，肆意发布虚假违法中医医疗广告，欺骗群众，严重伤害广大群众切身利益，破坏社会和谐稳定，严重损害中医药良好声誉。为此，经我司监测并认真核查，现提供第一批158家虚假中医医疗机构网站名单，商请你局根据有关法规规定予以关闭。

感谢你局对中医药事业的大力支持！

联 系 人：国家中医药管理局政策法规与监督司监督处××

联系电话：（略）

传　　真：（略）

附件：第一批虚假中医医疗机构网站名单

二〇〇八年一月三十一日

例文 3

山东省人民政府关于建议将济南海关升格为副厅级单位的函

海关总署：

贯彻中共中央中发〔1992〕2 号文件以来，我省及济南市的对外开放工作发展迅速，济南海关监管工作任务日益繁重。今年 1 ~8 月份，监管进出口货物总量 9 600 多吨，进出口贸易总值达到 4 400 多万美元，比去年同期增长了 19.7%。三资企业增加了 206 家，“三来一补”合同增加了 286 份。自去年九月直达香港包机开通以来，已监管进出境旅客 17 450 多人次。济南海关地处省会城市，是青岛海关重要的隶属海关之一，监管地域除济南市外，尚有泰安、德州、聊城等市地。但目前的机构规格与其承担的任务及所处的地位和环境很不适应。为更好地发挥济南海关在我省发展外向型经济中的作用，我们建议将济南海关升格为副厅级单位，隶属关系不变。

妥否，请函复。

一九九二年九月二十五日

抄送：青岛海关

例文 4

审计署关于审计机关参加各级地方政府有关财经工作会议的函

各省、自治区、直辖市人民政府：

审计机关是综合性财经监督部门，需要了解财政经济的全面情况。我署十二月四日向国务院常务会议汇报工作时，提出了各级地方政府召开有关财经工作的综合性会议时要通知同级审计机关参加的意见，国务院常务会议已表示同意。为此，请你们今后在召开研究有关财经工作的综合性会议时，通知同级审计机关领导同志参加，以利了解情况，便于开展审计工作。并请通知所辖县以上各级人民政府按此要求办理。

一九八六年十二月二十六日

例文 5

财政部　环境保护部
关于同意天津市开展排放权交易综合试点的复函

天津市人民政府：

你市《关于恳请批准天津滨海新区进行排放权交易综合试点的函》(津政函〔2008〕96 号）收悉。经研究，现函复如下：

一、原则同意你市开展二氧化硫和化学需氧量等主要污染物排放权交易综合试点。这是贯彻落实党中央、国务院关于推进节能减排工作的有关指示精神，建立污染减排激励和约束机制的重要途径，也是运用市场机制加强环境保护的有益探索，有利于推动滨海新区按照国务院部署加快综合配套改革试点工作。

二、排放权交易综合试点工作要以你市试点区域内环境容量和污染排放总量控制为前提，以改善环境质量、促进污染减排和经济社会全面协调可持续发展为目标，稳步循序开展。要进一步完善试点实施方案，严格环境容量和减排目标控制，加强主要污染物排放的动态监管，完善主要污染物排放权管理制度，建立健全主要污染物排放权一级和二级市场，逐步实现主要污染物排放权有偿使用和交易，促进环境资源的优化配置。

三、请你市加强对排放权交易综合试点工作的组织领导，认真完善试点实施方案，抓紧制定相关配套政策，并将修改完善后的试点实施方案及时报财政部、环境保护部备案。

二〇〇八年九月二十五日

例文 6

进一步研究部署抗震救灾工作会议纪要

5 月 14 日，中共中央政治局常务委员会再次召开会议，进一步研究部署抗震救灾工作。中共中央总书记胡锦涛主持会议。

会议听取了国务院抗震救灾总指挥部关于当前抗震救灾工作的汇报。会议认为，面对这场特大地震灾害，在党中央、国务院、中央军委的坚强领导下，地方各级党委和政府紧急行动，人民解放军、武警部队冲锋在前，各有关部门大力支持，社会各界无私援助，目前抗震救灾各项工作正在有力有序有效地进行，灾区社会秩序总体稳定。

会议指出，这次地震灾害影响范围广，人员伤亡多，抢救难度大，抗震救灾工作面临严峻挑战和困难。中央要求，各地各有关方面务必把抗震救灾工作作为当前最重要最紧迫的任务，不畏艰难，连续作战，团结协作，全力以赴，坚决打赢抗震救灾这场硬仗。

一、要把抢救被困群众放在第一位，只要有一线希望，就要尽一切努力施救。中央决定，增派人民解放军、武警部队、公安消防特警，并配备必要的器械和工具，迅即赶赴灾区一线，全力投入抢险救援。

二、要继续从各地和部队调集医护人员，组成医疗队和专家组，到灾区对受伤群众实施救治，并加强卫生防疫工作，防止灾区疫病流行。

三、要千方百计安排好灾区群众生活，继续筹措和调运灾区急需的食品、饮用水、衣被、帐篷等物资，切实解决好受灾群众的吃饭、饮水、穿衣、住宿等问题。同时，要深入细致地做好灾区群众思想工作，确保灾区社会稳定。

四、要抓紧抢修道路、电力、通信等基础设施，首先要想方设法尽快恢复通往灾区的公路交通，以保证整个抗震救灾工作顺利进行。还要切实防止次生灾害发生，避免造成新的损失。

五、要进一步加强对抗震救灾工作的领导，统一指挥，科学调度，加强协调，分工负责，严明纪律，确保中央抗震救灾决策部署落到实处。中央号召，全党和全国军民要更加紧密地团结起来，一切为了灾区，全力支援灾区，以实际行动为抗震救灾贡献力量。中央坚信，有灾区干部群众不屈不挠、顽强奋战的大无畏英雄气概，有全国人民万众一心、共克时艰的社会主义协作精神，我们一定能够战胜这场特大地震灾害。

本章小结

本教材上编阐述了应用文写作的基本原理，内容系统，理论性强，对于应用文写作实践具有重要的指导意义。下编是应用文写作文体论，主要从实用角度出发，结合财经类专业工作的实际需要，选择了党政机关公文、机关事务文书和财经专用文书的部分文体进行分析。本章着重介绍了党政机关公文的写作知识。

1. 党政机关公文的概念、种类和格式在2012年4月中共中央办公厅和国务院办公厅发布的《党政机关公文处理工作条例》中有明确规定，其中，党政机关公文的格式是本章的重点，也是难点，要结合2012年国家标准《党政机关公文格式》（GB/T 9704—2012，2012年6月29日发布，2012年7月1日实施）综合掌握。

2012年《党政机关公文处理工作条例》规定："公文一般由份号、密级和保密期限、紧急程度、发文机关标志、发文字号、签发人、标题、主送机关、正文、附件说明、发文机关署名、成文日期、印章、附注、附件、抄送机关、印发机关和印发日期、页码等组成。"这18个要素中，有的是公文的必备要素，有些则根据实际情况的需要加以选择。2012年《党政机关公文格式》将版心内的公文格式要素划分版头、主体、版记三部分。版头，指公文首页红色分隔线以上的部分；主体，指首页红色分隔线（不含）以下、公文末页首条分隔线（不含）以上的部分；版记，指末页首条分隔线以下、末条分隔线以上的部分。各部分又包含不同的构成要素。应正确掌握各构成要素的含义、要求和它们在文面上的排列规则。

公文的格式具有法定的规范性和相对确定性，这是它和一般文章不同的重要标志之一。严格按照公文格式行文，能够确保公文的合法性、完整性和有效性，有利于公文处理的规范化和科学化。

2. 2012年《党政机关公文处理工作条例》规定我国现行党政机关公文有15种，本章按《条例》中的排列顺序，三个一组作为一节，每节对每个文种分别从适用范围、特点、种类、写法和写作注意事项等几个方面进行了详细介绍；对相近的文种，如决议和决定、公报和公告、公告和通告、通知和通报、报告和请示等进行了辨析。

3. 在15个文种中，意见、通知、通报、报告、请示、批复、函和纪要是工作中常见常用的几个文种，它们的适用范围和内容结构各不相同，在撰写时应根据不同文种的要求，重点掌握这几个文种的写作要领。

4. 对决议、决定、命令（令）、公报、公告、通告、议案这几个文种，也应大致了解它们的适用范围和内容结构。

思考与练习

一、简答题

1. 简述党政机关公文的概念。

2. 简述党政机关公文的特点。

3. 简述党政机关公文的作用。

4. 根据中共中央办公厅和国务院办公厅发布的《党政机关公文处理工作条例》，我国现行党政机关公文有哪些种类？

5. 发文字号由哪几部分组成？举例说明。

6. 公文的标题由哪几部分组成？举例说明。

7. 简述决议的适用范围。

8. 简述决定的适用范围。

9. 简要分析决议和决定有哪些不同。

10. 简述命令（令）的适用范围。

11. 简述公报的适用范围。

12. 简述公告的适用范围。

13. 简要分析公报与公告有哪些不同。

14. 简述通告的适用范围。

15. 简要分析公告与通告有哪些不同。

16. 简述意见的适用范围和特点。

17. 简述通知的适用范围和特点。

18. 批转性通知和转发性通知有什么不同？

19. 会议通知一般应当包括哪些内容？

20. 简述通报的适用范围和特点。

21. 简要分析通知和通报有哪些不同。

22. 简述报告的适用范围和特点。

23. 简述请示的适用范围和特点。

24. 请示为什么要坚持“主送一个机关”的原则？

25. 请示的正文一般包括哪些内容？

26. 简要分析请示和报告有哪些不同。

27. 简述批复的适用范围和正文的内容结构。

28. 简述议案的适用范围。

29. 简述函的适用范围和特点。请批函和请示有什么不同？

30. 简述纪要的适用范围。

二、判断题

1. 公文的作者指单位第一负责人。

2. 计划是党政机关公文中的常用文种。

3. 上行文的行文方向指给比本机关级别高的单位发文。

4. 政府各部门依据职权，可以向下一级政府行文。

5. 对有关问题协商未果而各部门单独向下的行文，上级单位应责令纠正或撤销。

6. 受双重领导的下级机关向上行文，应当给两个领导机关主送公文。

7. 请示可以抄送给本机关的下级机关。

8. 同级政府与党委可以联合行文。

9. 发文字号是指文件的收文标识。

10. 发文字号中的年度括号一般用方括号。

11. “成文日期”指完成稿件的日期。

12. 抄送机关指有必要了解公文内容的机关。

13. 公文用纸应采用 A3 型。

14. “对重要事项作出决策和部署”适用意见这个文种。

15. 撤销下级下发的不适当的文件应使用决定。

16. “对重要问题提出见解和处理办法”应使用报告。

17. “向国内外宣布重要事项或者法定事项”适用公告。

18. 批转下级机关公文，应使用通知。

19. 要求下级机关办理有关事项，应使用意见。

20. 某县与其所属的企业管理处联合发文，就乡镇企业占用耕地一事发出通知。

21. 答复上级机关的询问，应使用报告。

22. 撰写“请示”必须一文一事。

23. 向无隶属关系机关请求批准事项，应使用请示。

24. 某化工厂为本厂机构调整问题向上级请示，行文标题为：关于××化工厂机构调整问题的请示。

25. ××市关于几起重大交通事故的通告

26. 科技部高级专家离退休问题的函

27. ××省××厅严格控制会议费用规定的通知

28. ××省农业厅××年度农村工作座谈会纪要

29. 关于请求追认××同志为革命烈士的报告

30. ××厂关于购置××设备的请示报告

三、分析题

1. 分析下面几份通知存在的问题，并加以修改。

（1）关于成立摄影协会的通知

各分公司工会：

总公司工会成立一个摄影协会，目的是为了丰富职工的业余文化生活，陶冶我们的情操，有利于我们提高观察生活的能力，从生活中挖掘出美的事物，使我们更加热爱我们的社会主义祖国。

本协会将举办摄影培训班，聘请专业或业余摄影家来讲学，在一二年内本协会成员除了能掌握摄影基本知识外，还能学会在拍摄过程中常用的知识，如追随法，逆光摄影，高调摄影等，在冲洗照片过程中常用的如冲洗放大，多次曝光叠加成像，修改底片等方法。待初步掌握了这些技能后，我们还将出外采访，从而更好地深入实际，了解社会，还将尽可能地游历祖国名山大川，拍出有浓郁的生活气息和奇丽风光的艺术照片，举办学员作品展览评出优秀作品，对作者予以适当奖励，结业时，凡掌握了所学内容者，都发给毕业证书，并赠送纪念品。总之凡加入本协会的职工，只要认真学习，虚心请教，互相交流，取长补短，切磋技艺，都会在摄影技术上取得很大进步，成为祖国有用的人才。

凡是对摄影有爱好的职工，可以自愿报名参加。要自带照相机，有摄影作品的职工最好交上来，以便录取时参考，活动时间每星期二、四下午，报名处在总公司办公楼 203 室，报名时交一张一寸照片，报名时间 5 月 1 ~ 10 日，过期不再补报，有关各项要求望及时发给各党支部给予传达，尽快将名单报上来。

摄影是一门艺术，它会使我们生活更充实，激发我们爱国和为祖国献身的勇气，望大家踊跃参加。

××总公司工会
×年×月×日

（2）××区工商局、××区公安分局通知

全区各旅店业：

根据上级指示精神，对全区旅店业进行一次整顿，我们研究召开旅店业负责人会议，现将有关事项通知如下：

一、会议时间：2000 年 4 月 5 日在××招待所报到，会期两天。

二、参加会议人员：全区国营、集体、个体旅店业来一名负责人，不得缺席，否则按停业处理或取缔，并请各派出所和工商所负责

人出席会议。

三、资料自备。

四、差旅费自理。

特此通知。

××区工商局
××区公安分局
×年×月×日

（3）××学院关于中秋节、国庆节放假的通知

各系：

根据国务院中秋节、国庆节放假通知，今年中秋节放假时间为 9 月 22 日至 24 日（22 日为中秋节），9 月 25 日、26 日（双休日）正常上班；国庆节放假时间为 10 月 1 日至 7 日，10 月 8 日、9 日正常上班。

结合学院即将面临教学工作评价实际，中秋节全院教职员工放假时间为 9 月 22 日，9 月 23 日、24 日教学计划不变，25 日、26 日正常休息。国庆节教职工、学生放假时间为 10 月 1～3 日。

放假期间学生可以请假外出，但是一定要按级请假。

××学院
×年×月×日

2. 分析下面这份通报正文部分的内容和结构。

国务院办公厅关于江苏省吴江县红星玻璃钢厂
擅自制作和出售国徽的通报

各省、自治区、直辖市人民政府办公厅：

据反映，江苏省吴江县红星玻璃钢厂 19××年元月向各地发函称：本厂采用玻璃钢材料制作中华人民共和国国徽，自去年生产直径为 67 公分的国徽以来，已有 25 个省、市、自治区数百个单位订货。还根据一些单位的需要，试生产了直径一米的国徽，欢迎订购等等。国徽，是中华人民共和国的象征，国徽的制发是一件非常严肃的事情。前中央人民政府办公厅和国务院办公厅都曾规定，县以上各级人民政府悬挂的国徽由中央人民政府、国务院统一制发，并对悬挂国徽的机关和各级政府悬挂的国徽尺寸作了具体规定。江苏省吴江县红星玻璃钢厂未经授权，自定规格，擅自制作和出售国徽是错误的，请江苏省人民政府办公厅立即制止，对于已售出和制出的不符合规格的国徽应当全部销毁。

请各省、自治区、直辖市人民政府办公厅认真检查一下本地区有无类似情况，一经发现，应立即纠正。

×年×月×日

3. 下面两份公文选用公告这个文种是否恰当，为什么？请加以修改。

（1） ××市重污染天气预警公告

受持续静稳天气和外源污染传输过境叠加影响，2月9日11时，我市空气质量指数（AQI）达到233，属重度污染。根据环保、气象部门会商结果，市重污染天气应急工作领导小组决定于2018年2月9日14时发布重污染天气蓝色预警，同时启动Ⅳ级响应。

请市民做好健康防护措施，儿童、老年人和患有心脑血管疾病等易感人群应当留在室内，减少户外活动；一般人群应减少户外活动，户外活动应当采取佩戴口罩等防护措施。

为遏制空气污染程度，减少大气污染物排放，我们倡导：各位市民朋友尽量乘坐公共交通工具出行，减少机动车上路行驶；机动车停车时及时熄火，减少车辆原地怠速运行；施工工地增加洒水降尘频次，加强施工工地扬尘管理；道路增加清扫、冲洗保洁频次；排污单位进一步采取措施，控制污染工序生产，减少污染物排放。

××市生态环境局
×年×月×日

（2）关于举办2017年××市“春风行动”暨春季大型人才招聘会的公告

为促进我市农村牧区劳动力转移人员、应往届高校毕业生、失业人员等各类流动人员就地就近就业，进一步提供及时高效的公共就业服务，维护合法用工权益，满足企业和各类单位用人需求，经研究决定举办2017年××市“春风行动”暨春季大型人才招聘会，现将大会有关事宜公告如下：

一、主办、承办单位

……

二、大会时间

……

三、大会地点

……

四、参会对象

……

××市人力资源和社会保障局
×年×月×日

4. 分析下面这份通告存在的问题，并加以修改。

××市人民政府关于大型焰火晚会期间对
××广场及周边路段交通管制的通告

正月初二将会有很多市民到××广场观看美丽的焰火，广大市民在欣赏到璀璨的烟花的同时，会遭遇堵车的烦恼。为丰富广大人民群众的精神生活，提高群众生活质量，特发布：

2月8日对××广场及周边路段实行交通管制，管制期间禁止一切车辆通行。××广场地下停车场及沈阳路、上海路和鞍山东路道路两侧禁止社会机动车停放。

特此通告。

××市人民政府
×年×月×日

5. 分析下面几份公文存在的问题，并加以修改。

（1）关于××110KV输变电工程增加投资的申请报告

××电力公司：

我局农网二期建设改造工程，××110KV输变电工程项目，为与××城市总体规划相配套，市政府及市规划土地管理局要求该站110KV进线自北塔路北侧以110KV电缆入地至变电站内，长度约580

米，由此引起该站投资较原科研报告投资增加284万元（110KV电缆价格330元/米，电缆头6万元/个），请予批复。

附件：投资估算表

××××××××
×年×月×四日

（2）××市地方税务局关于批转税收管理员制度实施方案的通知

××县地方税务局征管科：

经市局研究决定，对你局报来的税收管理员制度实施方案的请示重新进行了修改、补充。现予批转（修改后的实施方案附后）。

请按修改后的实施方案积极投入运行，运行中有何问题，请及时向市局反馈。

附件《××县地方税务局税收管理员制度实施方案》

×年×月×日

（3）××日报社关于青年记者业务进修的函

××大学教务处负责同志：

您好！

现有一事，烦请你校给予解决。你校是知名高校，尤其是新闻专业，更是享誉全国。因此，我社曾于去年准备派记者到你校学习，但由于力量不足，未能实现。现根据国家有关部门关于尽快提高新闻工作者的素质的有关精神和上级要求，我社为了提高青年记者的业务能力，我们克服暂时困难，决定从现有记者中抽出12名青年记者，到你校新闻系记者进修班脱产进修一年，时间从2006年2月1日开始，到2007年1月31日结束。有关进修费用按上级有关文件规定缴纳。如你校能同意，不仅是对新闻事业的大力支持，也是对我社工作的鼎力相助。对此，我们将不胜感谢。希尽快函告我们。

此致

敬礼！

××日报社人事处
×年×月×日

四、写作题

1. 代国务院办公厅拟写一份通知，将已经国务院同意的证监会《关于开展创新企业境内发行股票或存托凭证试点的若干意见》转发给各省、自治区、直辖市人民政府和国务院各部委、各直属机构，要求认真贯彻执行。成文日期2018年3月22日。注明此件公开发布。

2. 根据所给材料，代××驾驶员培训中心向××市交通运输局拟写一份添置教练车的公文。要求正确选用文种，符合相应的公文语体风格。材料如下：

近些年，我市私家车总量持续增长，驾驶员培训中心的业务也呈现出较好的发展态势。为进一步扩大业务范围，为社会服务，中心打算添置10辆桑塔纳××型教练车。添置教练车后，预计可满足当前驾驶培训需要，年培训人数可从现在的700人达到1 200人，培训效益可望翻倍。因此专门行文，请求批准。

3. 根据所给材料，代××大学拟写一份函给××市人力资源和社会保障局，主要意思是申请兑现××教授享受国家“万人计划”科技创新领军人才待遇。材料如下：

根据《中共中央组织部办公厅关于印发第三批国家“万人计划”领军人才入选名单的通知》精神，××大学“新世纪百千万人才工程”国家级人选××教授已于2018年3月入选第三批国家“万人计划”科技创新领军人才。根据《××市引进高层次人才若干优惠政策规定》精神，现申请兑现××教授国家“万人计划”科技创新领军人才相关待遇。结尾语可用“特此函达，支持为盼。”成文日期2018年4月6日。

4. 根据所给材料，代××大学拟写一份复函给××校友会，主要意思是同意××同志兼任××校友会秘书长。材料如下：

前期，××校友会向××大学发函，邀请××同志兼任××校友会秘书长一职。××大学收函后，按照××市民政局《关于清理规范行业协会工作全面整改阶段相关事宜的通知》精神及上级有关规定，经学校研究并报请校党委常委会审核，同意了这一请求，并规定兼职时间从2018年5月至2019年12月（一届以内），兼职不兼薪。成文日期2018年4月6日。

第 2 章 机关事务文书

本章要点

✧ 机关事务文书的含义、种类和特点

✧ 计划、总结、调查报告、述职报告、简报等事务文书的特点和写作方法

2.1 机关事务文书概述

2.1.1 机关事务文书的含义与种类

机关事务文书，是指党政机关、企事业单位、社会团体等在处理日常公务时除法定公文外广泛使用的一类应用文书。它通行于各行各业，沿用约定俗成的惯用体式制作，在日常公务活动中具有很强的实用性、事务性，属于公务文书中的通用文书。

当今社会，各机关、部门或单位之间的联系日益频繁，公务活动日益增多，需要使用事务文书指导工作，规范行为，沟通情况，交流信息，总结经验，礼仪应酬等，因此，事务文书的应用范围广泛，使用频率很高。

事务文书的分类没有统一的规定，大致包括以下几类：

（1）计划类文体：计划、安排、规划等；

（2）调查总结类文体：调查报告、总结、述职报告等；

（3）会议类文体：开幕词、闭幕词、会议报告等；

（4）记录简报类文体：简报、会议记录、大事记等；

（5）规章准则类文体：章程、条例、规定、办法、细则、规则、规程、制度、守则、公约等；

（6）告白类文体：声明、启事；

（7）礼仪类文体：请柬、聘书、迎送词、答谢词、贺电、贺词、祝词、讣告、悼词等。

2.1.2　机关事务文书的特点

机关事务文书与法定公文同属公务文书中的通用文书序列，两者有许多相似之处，但也有所不同，主要表现在：

（1）两者都要由一定的作者制发，但法定公文一定要由法定的作者拟定和发布，按照法定的程序制作和处理，而事务文书作者的法定性和制发程序不及公文那样严格。

（2）两者都具有政治性和政策性，它们都担负着传达、贯彻党和国家方针政策、处理公务的重要任务，它们的内容与国家的政治、政策密切相关，但事务文书的这一特点不及法定公文那样显著，一般不具有严格的约束力和法定的权威效力。

（3）两者都依照规定的体式制作，并按照机关、组织的隶属关系行文，但法定公文制作的依据是国家的明文规定，如《党政机关公文处理工作条例》（中办发〔2012〕14 号），其中对公文的种类、格式、办理、管理等做了一系列详密的规定，必须严格执行，不得有丝毫疏忽，否则会影响公文的效力，而事务文书的制作没有这样严格细致的规定，它依照长期以来约定俗成的惯用体式制作，不强行统一，规范程度相对较弱。

2.1.3　机关事务文书的作用

（1）部署指导工作，总结经验教训，如计划、总结；

（2）宣传教育，动员群众，如会议类文体中的会议报告；

（3）沟通情况，留存备考，如简报、调查报告，会议记录、大事记；

（4）规范行为，约束行动，如规章制度；

（5）告白事体，礼仪应酬，如声明、启事及礼仪性文体。

机关事务文书是通用文书中的一个大类，本章着重分析计划、总结、调查报告、述职报告和简报等工作中常用的几种文体的特点和写作要领。

2.2 计 划

2.2.1 计划的含义和种类

计划是单位或个人，为做好某项工作，完成某项任务，根据党和国家的方针、政策和上级的指示、要求，结合本单位或个人的实际情况，确定具体的目标任务，提出相应的措施、步骤和要求而写成的一种事务文书。它是使用频率较高的一种文体，广泛应用于党政机关、社会团体和企事业单位。写好计划对于减少工作的盲目性，提高工作的自觉性、主动性，督促检查指导工作和提高工作效率具有重要的意义。

我们常见的规划、纲要、工作要点、打算、设想、安排、方案等，都是对未来一个时期的工作或活动做出部署和安排，都属于计划的范畴，只是它们在时限长短、内容详略、范围大小等方面有一定的区别。一般来说，规划、纲要是指时间较长、范围较广、内容较概括，展示发展远景和总体目标的计划，如《三峡工程规划》《国家中长期教育改革和发展规划纲要》；工作要点是指领导部门向所属单位布置工作、交代政策、明确任务时采用的偏重于政策性、原则性指导的计划，如《××大学 2020 年党政工作要点》；打算、设想是指非正式的、初步形成的粗线条的计划，如《××市关于设立高新技术产业开发区的设想》《××局关于年终清查“小金库”的打算》；安排是指工作内容明确具体、适用时间较短、范围较小的一种计划，如《××市城乡建设委员会关于 2019 年市政建设的初步安排》；方案是指对将要实行的某项重要工作，从目的、要求、方式、方法，到具体进度进行安排，经上级批准后方可执行的计划，如《2019 年清产核资工作方案》等。

计划的应用范围广泛，按照不同的标准，可以划分为不同的类型：

按内容划分，可分为工作计划、教学计划、学习计划等。

按范围划分，可分为系统计划、单位计划、个人计划等。

按时间划分，可分为长期计划（三年或五年以上）、短期计划（年度、季度、月份）和临时性计划。

按内容含量划分，可分为综合性计划和专题性计划。综合性计划反映的内容比较全面，而专题性计划多用来安排某项具体工作。

按写作形式划分，可分为文字式计划、表格式计划。

2.2.2　计划的作用和特点

计划在现实工作中具有十分重要的作用：

（1）组织保证作用。计划是贯彻党和国家的方针政策和上级指示要求的重要保证，计划一经确定，无论单位或个人，都要统一思想认识，统一行动，保证计划的顺利实施，服从服务于整个工作的大局。

（2）调配控制作用。古人云："凡事预则立，不预则废"，有了计划，管理者就会对未来工作的目标、措施、步骤做到心中有数，增强工作的可预见性，减少盲目性和随意性，合理调配人力、物力、财力，充分发挥执行者的积极性和创造力，以提高工作效率，圆满完成计划的各项指标。

（3）监督约束作用。有了计划，就可以按照预定的进度，检查工作的进展情况，及时发现、解决问题，科学、合理地配置资源，提高工作质量和效率。

计划的制订要突出目的性、预见性和可行性，计划的执行要突出约束性，因此，好的计划应具有以下特点：

（1）明确的目的性。计划是为完成一定时期内特定的工作任务而做出的安排和打算，其目的是显而易见的。因此在制订每份计划前，必须深刻领会上级领导的指示精神，认真研究本单位的实际情况，明确工作目标、任务和要求，只有这样才能统一认识，集中力量，为圆满完成计划的各项指标奠定坚实的基础。

（2）科学的预见性。计划毕竟是对未来工作的预想性部署和安排，因此科学的预见是制订计划的前提。制定者既要深刻理解党和国家的方针政策，把握政策导向，又要深入实际，调查研究，充分掌握各种历史的、现实的和全局的、局部的各种情况和资料，认真听取群众的意见，集思广益，反复论证，从而制订出切实可行的计划。当然，无论制定者多么有远见，具体安排多么周密严谨，它也总是有待于实践的检验。

（3）突出的可行性。为做好某项工作，实现某一目标，使整个工作有条不紊、高质量、高效率地完成，计划必须切实可行。一方面，任务指标的预定要植根于现实，既不可过高，让执行者觉得可望而不可即，从而挫伤他们的积极性，导致计划落空；又不可太低，让执行者觉得轻而易举，一蹴而就，这样也不利于激发他们的潜力，从而失去了制订计划的意义。因此计划的目标、任务，应稍高于计划执行者的能力，让他们经过努力可以实现。另一方面，为完成目标任务而制定的方法要得当，措施要得力，步骤要具有可操作性，这样才能达到预期目的。没有可行性的计划是没有价值的。

（4）严格的约束性。计划虽然不是法定公文，没有法定的权威性和行政约束力，但是它一旦被批准通过和下达，就会在特定的范围、特定的时间内产生一定的权威性和约束力，规范、指导有关部门和人员的实践活动。因此在计划执行过程中，必须自觉维护计划的权威，不打折扣，不随意变通，积极稳妥、扎扎实实地开展工作，保证计划的完成。

2.2.3 计划的撰写

怎样写好工作计划①

计划的写作形式主要有两种：文字式和表格式，这里主要介绍文字式计划的写作。计划的写作要把握三个要领：一是基本格式要完整；二是解决好两个问题，即明确做什么和怎么做；三是语言要准确、简洁、明白。

计划的格式一般包括标题、正文和落款三部分。

1. 标题

标题，即计划的名称，它一般由制定计划的单位名称、适用期限、内容范围或性质及文体名称四部分构成，如《××省交通厅2020年工作计划》。如果计划尚需经过讨论定稿，应在标题后面用圆括号注明“征求意见稿”“草案”“讨论稿”等字样。

2. 正文

正文一般包括开头、主体、结尾三部分。

（1）开头。也叫前言，用简明扼要的文字说明制订计划的依据和总的目标任务，主要说明“为什么”和“做什么”，这是计划中统领全文的总纲。依据，主要是指党和国家的方针政策和上级的指示精神，以及本单位基本情况的总体分析，这是制订计划的出发点。还可以在此基础上提出总的目标任务。这一部分要开门见山，简洁明快，

① 谢亦森：《大手笔是怎样炼成的（理论篇）》，长江文艺出版社2019年版，第252页。

切忌大话、空话、套话、废话连篇。

（2）主体。这是计划的核心，要明确回答到底怎样完成目标任务，即“怎么做”的问题。目标任务是谋划措施与步骤的重要依据，一份计划一般有一个总的目标，在总目标下，还可以有子目标或分步目标。实现目标的措施要明确具体，切实可行；步骤要写清楚实现目标的工作程序和时间安排，先做什么，后做什么，每一步在什么时限内完成，达到何种程度等。

如果是综合性计划，那么在这一部分，要对前言中的总体目标任务进行科学分解，可以分成并列的几个方面，以工作的主次轻重为顺序，或者以时间或工作开展的先后为顺序，然后针对每个方面工作的特点和要求，制订相应的落实措施和步骤。重点要突出，主次要分明。

如果是专题性计划，则可直接切入到具体目标任务的实施。要详细说明为完成目标任务采取的具体方法、措施，人力、物力、财力的调配运用，有关部门的具体分工，不同时限达到的具体要求，落实到工作数量、质量、效率、效益等各个方面。

主体部分要做到条理清楚，层次分明，具体明确。尤其是各项内容的逻辑次序要严谨周密，哪些在前，哪些在后，要符合客观事物的内在的联系。

（3）结尾。这一部分可根据内容需要来确定。或者点明工作重点，强调主要环节，或者说明注意事项，分析可能出现的问题，或者提出希望和号召，激励大家为完成计划而努力奋斗，或者意尽言终，写完措施后自然收束。

3. 落款

在正文的右下方，应写明制订计划的单位名称和成文日期。若标题中已有单位名称，也可只写明成文日期。

2.2.4　计划的写作要求

1. 要吃透“两头”

计划的写作，不能闭门造车，一要吃透“上头”，深刻理解党和国家的方针政策、上级的指示精神，二要吃透“下头”，深入研究本单位的实际情况。计划具有较强的政策性，计划的制订要服从党和国家工作的大局，体现有关的方针政策和指示精神。制订计划，还要实事求是，一切从实际出发，认真分析工作所面临的内外部环境，有利因素和不利因素，历史状况和现实情况，以往成功的经验和失败的教训。只有这样，才能保证计划的可行性。

2. 目标要明确，措施要切实可行

制订计划要从实际情况出发，制定的目标任务、要求达到的标准应该明确，要规定清楚数量、质量、工作步骤和时间进度，不能模棱两可，责任不清，要求不明。要针对目标任务提出具体措施，分清主次，突出重点，提出实施计划的具体办法和力量部署，这是完成计划的有力保证。

3. 条理要清晰，语言要准确

制订计划在形式上要注意整体结构，要条理清晰，写清楚先做什么，后做什么。语言以叙述说明为主，以准确简洁为原则，不要过多地议论。

例文 1

××市教育局 2008 年工作计划①

一、2008 年教育工作的指导思想

以邓小平理论和“三个代表”重要思想为指导，坚持科学发展观，深化改革，推动创新。认真落实××市委、市政府《关于建设教育强市、教育名市的实施意见》精神，坚持“义务教育抓均衡，高中教育抓规模，学前教育抓规范，职成教育抓服务，各类教育上质量”的工作思路，“积极实施人才强校战略”“教育强镇、教育名校工程”和“名师、名校长工程”，推进“义务教育城镇化、一体化、均衡化，高中教育城市化、规模化，职业教育集团化、市场化，成人教育综合化、实体化，学前教育规范化、标准化，教育教学手段现代化”，推动教育强市、教育名市建设上一个新台阶，努力办出让群众满意的教育。

二、主要目标任务

1. 基础教育：全市小学入学率、巩固率分别保持在 100%，初中入学率、巩固率分别保持在 100% 和 97.5%，6～15 岁残疾少儿入学率达到 93% 以上；高中阶段入学率达到 75%；3～5 周岁幼儿入园率达到 93%。

2. 职、成教育：职业学校实现招生 1 500 人，5 所成人学校达到省级示范性成人学校标准，并组建 1～3 个经济、信息或技术服务实

① 选自《应用写作》，2008 年第 1 期，第 55 页。

体。职、成学校引进推广1~2项新品种或新技术，年完成培训5万人次以上。

3. 推进“教育强镇、教育名校工程”：力争使××开发区、××镇、××镇、××镇4个镇区达到“教育强镇”标准，把全市30%的乡镇建成“教育强镇”。年内创建40所规范化中小学，使全市80%的中小学达到规范化学校标准。力争完成市一中扩建所涉居民的搬迁任务，着手扩建工程。

4. 推进“名师、名校长工程”和“人才强校”战略。（略）

5. 改善办学条件，提高教育教学质量。（略）

6. 推进“教育信息化工程”。（略）

7. 确保学校安全稳定。（略）

三、主要措施

（一）保证教育均衡发展，巩固提高“普九”成果，迎接省第四次“普九”复查

1. 落实“以县为主”义务教育管理体制。努力落实学校公用经费标准，保障学校的经费投入和正常运转；加大办学条件改善力度，抓好项目学校建设，进一步调整优化学校布局。

2. 深入推进学区一体化改革。完成学区一体化管理体制建设，实现学区统一领导、统一师资调配、统一教学管理的目标，实现学科教师的专业化设置，实现教育资源有机共享，提高各学校设施设备利用率，并适时召开学区一体化改革现场会。

3. 大力实施“薄弱学校转化工程”。（略）

4. 落实贫困生救助政策。（略）

5. 巩固提高特殊教育普及成果，规范特教管理体制。（略）

（二）强化优质高中建设，扩大优质高中教育资源

6. 依托一中、九中品牌优势，广泛吸引社会资源，把学校做强做大。一中通过后勤社会化等手段抓好生活区建设，推动“名校办分校”“名校办民校”改革，进一步扩大招生规模。两所高中积极创造条件争创国家级示范性高中。

7. 其他高中扩大办学规模，提高办学水平。三中九门教育集团建成××市级示范性高中，其他几所高中争创××市级示范性高中。

8. 进一步改革高中招生录取办法。（略）

（三）采取多种方式，规范学前三年教育（略）

（四）整合教育资源，大力发展职、成教育（略）

（五）规范民办学校管理，提高民办学校办学水平（略）

（六）深入实施“教育强镇、教育名校工程”，提升我市教育的

知名度和竞争力（略）

（七）扎实推进“名师、名校长工程”和“人才强校”战略，为“教育强市、教育名市”建设提供人才支撑（略）

（八）推进素质教育，深化课程改革，整体提高教育教学质量（略）

（九）进一步加强教育信息化建设，加快推进教育教学手段和管理手段的“现代化”（略）

（十）高度重视并做好安全稳定工作，为建设教育强市、教育名市创设良好的环境（略）

2008年是建设教育强市、教育名市的第二年，各级各类学校要抓住机遇，锐意进取，乘势而上，认真规划全年工作，推动教育强镇、教育名校建设，扩大优质教育资源，提高教育教学质量，为实现××市教育更大突破做出不懈努力。

二〇〇八年×月×日

例文2

××市城区出租摩托车、货运出租车及搬运装卸市场整治工作方案[①]

为贯彻落实《国务院办公厅转发建设部、交通部等部门关于清理整顿城市出租汽车等公共客运交通意见的通知》精神，决定对市城区出租摩托车（以下简称“摩的”）、出租三轮车（含机动和非机动及板车）和货运出租汽车（指核定载重量一吨以下，以下简称“货的”）以及搬运装卸（含各类搬家公司）市场秩序、经营行为进行一次专项整治，特拟定如下工作方案：

一、总体要求及工作目标

这次整治工作依据国家有关法律、行政法规和道路运输管理规章，整治城区摩的、出租三轮车、货的及搬运装卸市场秩序，规范经营管理行为，制止无序竞争和税费流失，形成有序化发展、规范化运作、集约化经营、公司化管理的格局。通过整治，达到统一管理、集

① 谢亦森：《大手笔是怎样炼成的（理论篇）》，长江文艺出版社2019年版，第253页。

约经营、标志清晰、行为规范、市场有序的目的。

二、整治范围及对象

整治的范围主要是客运出租摩托车、货运出租车、各类出租三轮车和搬运装卸几大行业。整治的对象是，在城区从事摩的、货的、搬运装卸业经营活动的各类企业或个体经营业户及所有从业人员。

三、整治的步骤

整治工作分三步进行。

第一步：调查摸底阶段，7月20~31日。由市运管处、交警支队、工商局组成联合调查组，分片对城区168个点的货的、摩的、三轮车进行调查摸底，掌握分布情况。整治过程中重点抓好贸易广场、商城、汽车站、客运东站和西站、南门广场、东桥路水果批发市场的停放管理。

第二步：宣传发动阶段，11月1~20日。在此阶段要运用广播、电视、报纸等宣传渠道，广泛宣传这次整治工作的意义、指导思想、目标、做法及要求。

第三步：整治阶段，11月21~30日。集中时间、集中人力抓好此项整治工作。

四、整治的主要做法

（一）清理市场，办理管运手续

凡在我市城区组建摩的、货的、搬运装卸公司的国营、集体、中外合资、独资企业和个体经营者，均须到市运管处办理《经营许可证》。从事货的、摩的经营业务的车辆，均须到市运管处分别办理《道路运输证》或《营运证》，并领取出租车牌。

（二）额度控制，把好市场准入关

根据我市从事摩的和出租三轮车的经营者多为下岗工人的实际，在整治期间（即11月30日前）前来办理摩的、货的和三轮车营运手续的，均给予办理；今后新增摩的、三轮车均严格控制。考虑到城区规模、道路条件和经营发展现状，城市货运出租汽车首批办证拟控制在300辆以内。

（三）规模经营，实行公司化管理

为了便于管理，少走弯路，分别组建货的和摩的公司。凡在城区从事货运出租的汽车分市属、区属分别挂靠在市交通货运服务有限公司和区货运服务中心；摩的和各类三轮车一律挂靠到区出租摩托车服务中心。城区的货的、摩的从纳入行业管理的那一天起，就步入集约化经营、公司化管理的轨道。

（四）规范运作，统一标志和停放地点

凡在城区从事摩的、货的、出租三轮车经营业务的车辆，均应在指定的位置悬挂市运管处统一制发的出租车牌：货的统一喷印蓝色，车门上统一喷印出租公司名称及监督电话。同时，规划好摩的、货的、三轮车停放待租地点（含客运出租），按照既方便乘客、又不影响市容市貌的原则，在十个主要的停放地，实行划线停放。

（五）培育市场，鼓励合法经营

为了培育摩的和货的市场，运管部门对从事摩的、货的经营业务的车辆，只能按国家规定标准征收道路运输管理费；搬运装卸业则采取放水养鱼的做法，每个搬运装卸公司每月收取管理费50元。

（六）加强监督，建立有序的市场秩序

为使整治工作得到落实，确保建立有序摩的、三轮车、货的、搬运装卸市场秩序，从12月20日开始，对未办理《经营许可证》的摩的、三轮车、货运出租汽车公司、搬运装卸公司及未办理有关营运手续和未悬挂出租车牌的摩托车、三轮车、货运出租汽车，一律按交通部3号令及有关法规从严处罚。

五、整治的组织领导和工作要求

为了加强领导，成立出租摩托车、货运出租车及搬运装卸市场整治领导小组。

为了方便业户办理营运手续，将简化过户程序。“货的”过户时只需填表、照相、更换行驶证，收取行驶证工本费和照相费；“摩的”填表后，在行驶证上变更单位名称，收取行驶证工本费。在整治阶段，交通、工商、交警将联合办公，以简化程序，提高效率，加强市场的监管力度。

2.3 总结

2.3.1 总结的含义和种类

总结是单位或个人对前一段时间的工作进行回顾、检查和反思，对其综合、归纳和分析，从中找出经验和教训，并使之条理化、系统化，以指导今后工作而形成的一种事务文书。

总结是现实工作中应用范围很广、使用频率很高的一种文体。根据不同的标准，总结可以划分为不同的类型：

按内容划分，有工作总结、学习总结、思想总结、生产总结等。

按时间划分，有年度总结、季度总结、月份总结、阶段总结等。

按范围划分，有系统总结、单位总结、班组总结、个人总结等。

按功能划分，有汇报性总结和经验性总结。

从总结的内容含量来看，还可以分为综合性总结和专题性总结。

综合性总结，是单位、部门或个人对一定时期内各方面工作的全面总结。这类总结涉及面广，内容详细，能够展现以往工作的全貌，既包括工作开展的基本情况、经验和体会，也包括工作中存在的问题、不足和今后的努力方向。综合性总结主要用来向上级汇报工作，指导本单位或个人的工作实践。

专题性总结，是单位、部门或个人就某项具体工作或专项活动进行的总结。这类总结内容单一、具体，并且多数情况下以总结典型经验、做法为主。这类总结现实针对性强，富有指导意义，工作中常见的经验介绍、典型发言等都属于这一类。

2.3.2　总结的作用和特点

总结的作用可以概括为：

(1) 有利于检验方针、政策的正确性和落实情况，提高认识水平。我们工作的最终目的就是贯彻落实党和国家的方针、政策，并且检验方针、政策正确与否。正如毛泽东同志所说：“所谓经验，就是实行政策的过程和归宿。政策必须在人民实践中，也就是在经验中，才能证明其正确与否，才能确定其正确和错误的程度。”通过总结，我们可以结合工作实践，加深对方针、政策的理解和把握，实现从感性到理性、从实践到理论的飞跃，提高思想认识水平。

(2) 有利于提高决策水平，指导今后工作。通过总结，可以从中提取经验，吸取教训，明确方向，为领导层决策提供参考和依据，提高决策水平；也有利于在以后的工作中发扬成绩，纠正错误，克服盲目性，增强自觉性，进一步做好工作。

(3) 有利于单位间沟通情况，交流经验。通过总结，有利于上下级之间相互沟通，统一认识，促进工作；也有利于不同单位间增进了解，肯定成绩，找出差距，交流经验，取长补短，共同提高。

总结的特征主要表现在：

(1) 客观性。总结的基础是客观事实。写总结必须坚持实事求是的原则，一切从实际出发，决不可歪曲甚至篡改事实。在分析研究过程中，依据的标准也要客观，要正确对待成绩与缺点，经验和教训，坚持两点论，防止片面性，反对绝对化。只有在客观事实基础上总结出的经验和教训，才是真正有规律性的东西，才具有指导工作的意义和价值。

（2）指导性。总结的目的不是留恋怀旧，也不是陶醉于过去的成绩成就，而是通过对过去工作的回顾，找出经验，发现不足，从中总结出有规律性的东西，用以指导今后的工作实践，这是总结的出发点和归宿，因此，指导性是总结的重要特性。

（3）理论性。既然总结的目的在于指导工作，那么总结的内容就不能只对工作事实和成绩简单堆砌，对有关材料和数据机械罗列，而是要上升到一定的高度，对大量的工作材料进行分析思考，去伪存真，去粗取精，由此及彼，由表及里，从感性认识上升到理性认识，体现出规律性和理论性，从而更有效地指导今后的工作。

2.3.3 总结的撰写

总结的基本格式一般包括标题、正文和落款三部分。

1. 标题

总结的标题拟制比较灵活，常用的有以下两种形式：

（1）公文式标题。这类标题一般由单位名称、时限、内容和文体名称组成，如《××省教育厅2020年工作总结》。也可以省略部分要素，或由单位名称、内容和文体名称组成，或由内容和文体名称组成，如《××市社会治安综合治理工作总结》《灾区卫生防疫工作总结》等。这种标题形式庄重、醒目，综合性总结和专题性总结都可以使用。

（2）普通文章式标题。可以用单行标题，这类标题直接概括总结的内容，鲜明地表现总结的主题，如《坚持向财务管理要效益》《围绕产品特点搞好结构调整》。也可以用双行标题，这类标题由正题和副题组成。正题一般揭示总结的内容，点明观点，突出主题，副题一般补充说明单位名称、时限、内容和文体名称，如《适应新形势　研究新情况　解决新问题——××市信访办公室××年工作总结》《挖潜力　促效益　补损失——××厂××年工作总结》等，正副标题相互补充，信息概括较为全面。专题性总结多采用这种标题形式。

2. 正文

总结的正文往往因内容、目的的不同而呈现不同的结构安排，且总体上一般采用总分式结构。综合性总结一般包括基本情况概述，成绩、做法、经验和体会，存在的问题、不足和今后的打算、努力方向等内容；而专题性总结，尤其是经验总结，一般着眼于前两部分内容。

（1）开头，总述工作的基本情况，包括工作开展的背景、内外部环境、主客观条件、总结的时限和范围、主要成绩，以及对工作情况的总体评价等。并不是每篇总结在这几方面都要面面俱到，可以根据总结的内容有所侧重，但要实事求是、中肯贴切、简洁精练。这是总结的引言、总提，起着开宗明义、提纲挈领的重要作用。

总结怎样设计小标题①

（2）主体，这是让读者了解工作全貌的关键部分，需要结合充分的事实、典型的材料和确凿的数据，具体详细地阐述工作所取得的成绩、采取的主要措施和做法，以及实际工作中的切身体会和具有典型意义的经验。

做法是不是值得借鉴，经验教训总结得准不准，很大程度上取决于这一部分观点的提炼。观点常常采用首括句（也称主题句、段旨撮要）或小标题的形式体现，首括句或小标题，一般句式、字数相近，集中用在主体部分，使主体部分相对比较独立和完整。

根据总结内容和侧重点的不同，首括句或小标题的提炼可以选择不同的角度。如果侧重总结宣传有特色、有成效、好的做法，可以采用“做法”或“做法 + 目标/成效”的句式，以做法统领事实和成效，以成效证明是经验性的做法，如：

一、注重顶层设计，确保探索有方
二、注重两线并行，确保推进有力
三、注重民生导向，确保服务有效
四、注重凝聚合力，确保工作有为

再如：

一、利用新媒体，创新工作方式，实现了党建工作效率倍增
二、借助新平台，提升工作水准，实现了为民服务水平倍升
三、搭建新渠道，延伸工作触角，实现了党员干部活力倍强

如果侧重分享有价值的经验体会，可以选用肯定或判断句式来表述观点，如：

① 谢亦森：《大手笔是怎样炼成的（理论篇）》，长江文艺出版社 2019 年版，第 193 页。

一、加强教育学习是做好党建工作的重要前提
二、突出抓好思想作风建设是做好党建工作的有效方法
三、强化制度约束是做好党建工作的有力举措
四、加强领导是做好党建工作的根本保证

提炼好首括句或小标题，可以增强主旨的显明性，突出醒目；增强文章的层次性，条理清楚；还可以增强文章的易读性，便于快速阅读。首括句或小标题的提炼最见概括材料和遣词造句的功夫，显示了思路的清晰，能够使读者迅速便捷地掌握好的经验和做法，写总结、调研类文章务必要加强这方面的训练。当然了，表述方法完全可以多种多样，用工整的句子可以，用自由的、散式的句子也可以，只要务实、有效、把话说到点子上，用什么表述方法都可以。

总之，主体部分内容涉及面广，时间跨度大，写作时既要做到条理清楚、逻辑严密，又要实事求是、事理结合；既要立足全局、高屋建瓴，又要精微细致、解剖麻雀。

（3）结尾，除专题性的经验总结外，一般总结在阐述了成绩、做法、经验和体会后，还要指出工作中存在的问题和不足，提出改进的措施，明确今后的努力方向和打算。这一部分内容虽不需要十分详细，但要具体实在，切不可笼统、抽象，敷衍塞责，做表面文章。

3. 落款

位于正文右下方，署单位名称和成文日期。如果标题中已有单位名称，只写明成文日期也可。如果总结是用以发表和交流，则需要把单位名称置于标题之下。

2.3.4 总结的写作要求

1. 做好材料的积累

俗话说：“巧妇难为无米之炊”。对于写作总结来说，如果不能充分地积累、占有材料，作者就会陷入“无米之炊”的困境。因为材料是作者分析研究问题的基础和前提。只有占有了大量的、有代表性的材料，作者才能全面、正确、深刻地揭示出经验、教训等“有规律性的东西”，为今后的工作实践指明方向。否则，作者就会脱离实际，摆架子，做样子，闭门造车，分析问题隔靴搔痒，阐述观点见解肤浅，展望未来目光狭隘，甚至以空洞虚假的、错误有害的所谓的“规律”将未来的工作实践引入歧途。因此作者在写作总结之前，一

定要深入实际调查研究，积累和占有丰富的材料。可以通过工作计划、会议记录、有关的上行和下行公文以及工作日记、大事记等途径积累材料。在积累材料的过程中，既要有文字材料，又要有数字材料；既要有概括的、“面”上的材料，又要有具体的、“点”上的材料；既要有实际工作的材料，又要有工作背景的材料。

2. 突出重点，写出特点

写总结一定要结合本单位的实际情况，总结出新鲜的、反映单位特点和个性的经验和教训。有些总结，观点浮泛，见解一般，面貌雷同，除了单位名称和具体数字外，其他内容几乎一模一样。即便是同一单位的总结，除了日期以外，也基本上年年相似，岁岁雷同。这样的总结对实际工作还有什么指导意义呢？造成这种现象的原因是多方面的。或是目的不明确，或是材料不充分，或是其他原因，但最主要的还是重点不突出，特点不鲜明。要解决这一问题，首先，要从结构的安排、材料的选择、叙述的详略上突出重点和主要工作，从重点和主要工作的全过程，包括部署工作的指导思想、目标、措施和步骤，以及最终的实施结果和效果，分析工作所取得的成绩，总结取得成绩的经验和体会；其次，对做得比较出色的、有特点的、有深刻认识和体会的工作，要写出独到的经验和体会。

3. 观点和材料要有机统一

写总结既不是甲乙丙丁、一二三四般地罗列材料，也不是蜻蜓点水、天马行空似的大发议论，而是要把观点和材料有机地统一起来，结合起来，以观点统率材料，以材料说明观点。在工作中取得了什么成绩，有什么体会，有哪些教训，总结不是干巴巴地概括出这些内容，而是以典型、准确、生动的事实和严密的逻辑推理来说明每项成绩是怎么取得的，为什么有这些体会，教训是怎么得来的。只有这样，读者才能从中受到启发，总结才能有说服力，才能对今后的工作真正有指导意义。

例文 1

××市税务局××××年税收工作总结

×××年，我市税收工作在省局和各级政府领导下，贯彻治理、整顿和深化改革的方针，大力组织收入，积极促产增收，加强征收管理，全面完成了各项税收工作任务。回顾一年来的工作实践，主要取得了以下几个方面的成绩：

一、超额完成了税收任务，为全国实现超收30亿元作出了贡献

××××年，全市入库工商各税163 380万元，比上年实际增收15 312万元，增长10.34%，完成省下达我市追加计划161 860万元的100.94%，超收1 520万元。税收收入在1998年增长6.01%的基础上，继续保持了稳步增长，为全国实现超收30亿元作出了贡献。

××××年组织收入工作，是在工业生产面临能源紧张、原材料价格上涨、资金短缺等困难的情况下进行的。因此，全年税收任务能够超额完成，实属不易。其主要原因，一是各级领导重视，加强了对税收工作的领导，坚持把抓收入放在首位；二是及早把全年任务和后来的调增指标层层分解落实，明确责任，强化考核，做到人人有任务，个个有目标，责任人人负，重担大家挑，从而保证了税收任务的超额完成；三是对计划执行情况不断检查、督促，普遍做到按旬检查、按月分析、按季考核收入进度，预测税收增减变动趋势，及时采取有针对性的措施，保证了税款按期足额入库；四是既抓重点税源户，又不放松零散税源征收，用大税源来保证任务的完成，用小税源来弥补收入缺口；五是加强部门配合，大力压缩欠税，实行局、所挂钩，以点带面，促进所与所之间协调发展，保证税款全面均衡地入库。

二、坚持依法治税，发挥了税收在治理整顿中的宏观调控作用

党的十三届三中全会关于“治理经济环境，整顿经济秩序，全面深化改革”的方针，为严格依法治税提供了良好机遇。全市各级税务部门抓住这一机遇，坚持和推进依法治税，强化税收的宏观调控和监督职能，促进了治理整顿工作的进行。

（一）强调统一税法……

（二）开展税收大检查……

（三）加强了对个体工商业户的税收管理……

（四）清理整顿各类公司的减免税……

三、加强征收管理，提高征管质量

一年来，我们在强化征收管理方面，着重做了以下三方面工作。

（一）加强征管基础建设……

（二）广泛开展税法宣传……

（三）组织发票大检查……

四、注重涵养税源，促进生产发展

（略）

五、完善税制改革，强化税收职能

（略）

六、坚持为政清廉，提高干部素质

（略）

一年来，全市税收工作取得了一定成绩，但是，也存在一些问题和不足，主要有：干部素质还不适应新形势下税制改革的要求；工作作风还不够深入；征管工作，特别是廉政建设还有待于进一步研究改进。

在新的一年里，我们将遵照国务院《关于整顿税收秩序加强税收管理的决定》等三个文件的精神，发扬成绩，克服缺点，振奋精神，努力工作，为增加税收，平衡国家财政预算，振兴地方经济作出新贡献。

××××年×月×日

例文 2

打造文明创建工作升级版
步入人社事业发展新境界[①]

——××市××局 20××年度文明创建工作总结

岳阳市人力资源和社会保障局

20××年是我市深化全国文明城市建设的复检大年，又是我局党组部署文明单位创建工作的开篇之年。在党组强有力的领导下，全局上下以开展“五比五创”主题活动为动力，驰而不息抓创建，久久为功塑文明。

一年来，我们强化“三大保障”，构建了支撑文明创建工作的新体系。一是强化组织保障。由局长牵头成立创建领导小组，领导力量上做到了“全覆盖”。将《文明单位测评细则》所有考评项目指标分解到局系统每个科室和单位，任务分解上做到了“无盲区”。思想层层动员，压力层层传导，并通过开展文明单位、文明干部评选调动干部积极性，工作联动上做到了“零梗阻”。二是强化制度保障。先后出台了《创建××市文明单位工作实施方案》《关于集中开展窗口单位整治的通知》《关于深入开展我们的节日主题活动的通知》《关于创新道德讲堂活动的通知》等一系列文件，构筑了文明创建的制度

① 选自《应用写作》，2019 年第 4 期，第 59 页。

体系。各项工作推进有章可循，各项活动开展有方案、有程序、有图影、有宣传，计划周全，目标明确，措施具体。三是强化人财物保障。要人给人，人员尽量配齐，安排一名机关党委副书记专管专抓。要钱给钱，资金优先安排。新增预算45万元用于宣传教育、活动开展硬件建设先进评选等。要场地给场地，载体全力保障，全局系统用于学习培训、文体活动的室内外场地面积达3 000平方米以上。

通过全方位布局、多层次组织、立体化推进，我局文明创建工作一改过去分兵突进、各自为政的粗放状态，形成全局努力、全员参与、全力以赴、全面推进的格局，在系统性、联动性、影响性上实现了质的飞跃。

一年来，我们打赢“三大战役”，巩固了深化全国文明城市建设的新成果。我们深刻领会深化全国文明城市建设的极端重要性，切实把握市委市政府“保牌”的底线思维，站在讲政治的高度，将执行市委、市政府的相关部署放在高于一切、优于一切、重于一切的位置。一是大刀阔斧开展窗口单位整治行动。明确整治重点，重点解决工作不实、纪律松散、效能不高三方面突出问题。明确整治范围，最大限度杜绝了因责任空档导致工作空档的可能。明确整治标准，从严从紧从实执行城市公共文明指数测评规定的12条标准。明确工作纪律，实施全天候监测，组织了6轮督查暗访、4次讲评通报，对影响创建大局的人员处理毫不手软。整治工作被××部长在大会点名表扬。二是持之以恒地实施文明引导服务活动。我局文明引导工作，公共服务场所范围很广，责任路段全市最长。我们第一时间路段踩点、动员部署、派人上路。关键时期每天有18人进行引导。引导人员一律做到“四个必须”（必须佩戴袖章、必须配备垃圾夹、必须携带《致全体市民一封信》，必须规范文明引导），每天不间断地实施高强度、高密度的督查。全市志愿者培训大会推介了我局做法，“新湖南”媒体也发图片新闻进行了报道。三是不折不扣完成资料归集申报任务。资料归集，我局涉及11项测评指标、16项测评标准、20项测评要求。我们迅速研究对策、分解任务、加紧操作、攻坚克难，总体上提前10天保质保量完成了任务，完成了一些人认为不可能完成的任务。在深化全国文明城市建设中，我们最大限度付出心血汗水，艰辛而胜利地完成了市委市政府下达的全部任务指标。

一年来，我们实施“三大改造”，营造了文明单位和谐优美的新气象。一是政治思想改造提升。主要是以多种形式深入学习贯彻党的十八届六中全会和十九大精神，以习近平新时代中国特色社会主义思想武装头脑，全体党员干部政治思想更加坚定。二是硬件设施改造提质。今年新建设施有：党员活动室，工会活动室，功能完备、场所很大的道德讲堂基地和室内健身场地“职工之家”，全景式展现了我局工作成就的文明建设成就展览室。文明创建工作硬件设施条件有了跨越式改观。三是环境卫生改造提标。机关食堂经过升级改造，被评为市级“文明食堂”。东西两院道路绿化、亮化、净化、美化工作有大的改进。机关内外工作生活环境舒适宜人。

一年来，我们突出“三大活动”，增进了文明创建工作朝气蓬勃的新活力。文明创建，归根结底还是要以人为本。我们着眼于“人”这个根本因素，开展了丰富多彩的活动，以各种活动增进干部活力，以干部活力增进单位活性。一是压茬拓展公益活动。在宣教维权服务方面，开展送法上街、送法进企、送法入校、送法进社区等活动。在人文帮扶服务方面，对对口扶贫单位××镇××村实施精准扶贫，积极参加全市关爱贫困儿童公益大行动，在全市驻村扶贫工作会议上作典型发言。在助民服务方面，先后到联点社区开展保洁保绿、义诊、慰问活动。组织46名志愿者义务献血，政府献血办专程送来感谢信。二是定期开展学习活动。作为“××市首批十佳道德讲堂”，我们创新活动方式，坚持“七有”标准，举办讲堂7期。选送四五十名干部到高校、党校参加政治、业务培训。组织全局干部职工开展了文明创建知识测试、文明旅游知识培训。举办家庭教育、禁毒、消防、国防知识讲座。弘扬了全员学习、终身学习的良好风尚。三是经常开展文体活动。在各个节日都举办了“我们的节日”等活动，平时还组织了篮球赛、门球赛和钓鱼比赛、登山比赛等。各类活动一轮接一轮的铺开，愉悦了干部身心，提振了单位士气，激发了工作潜能，文明创建工作的影响力、感召力、引领力、塑造力显著提升。

一年来，我们推进“三大变化”，展现了全局上下积极昂扬、奋发求为的新风貌。一是公益宣传氛围更浓。印制文明创建倡议书、宣传单、文明旅游倡议书等宣传资料2 000多份，分发给每名干部职工。各电子显示屏滚动播放文明用语、文明宣传理念。150多块展板展出中国梦、讲文明树新风、遵德守礼等公益广告。核心价值观的影响“像空气一样无所不在、无时不有”。二是为民服务水平更优。我们以文明创建为标杆，定义人社服务的境界，为民服务水平大幅提高。窗口服务经过大半年整治，今非昔比。在此基础上充分运用“互联网+人社服务”模式，全力将窗口服务向基层延伸，社保卡服务网点进银行、进社区，很多业务实现网上直办，在社区就可通过一体机自助办理。三是干部精神状态更佳。文明创建工作成效如何，落脚点还是在发展成果上。我局文明创建工作节节推进，全局干部职工精神振奋、热情饱满。20××年，就业、社保工作任务提前一个季度完成，各项人才人事计划圆满落实，劳动监察维稳和仲裁维权硕果累累，队伍建设、廉政建设抓得更加主动。一年来获得的地市级以上荣誉有30多项。团结的和风、创业的劲风、惠民的春风、文明的新风、廉洁的清风以及书香洋溢的学风，扑面而来。

我们用整整一年的时间，书写了属于自己单位的“文明简史”。文明创建之所以成为助推我局改革发展的“新服务器”，有四方面原因：一是决心大。局党组提出“举全局之力抓文明创建”。成立窗口整治工作志愿服务工作等几个领导小组，都由一把手任组长；组织全局300多名干部职工参加的志愿者宣誓仪式活动，也是局长带头领誓、带头参与，切实做到了重要机构“一把手”挂帅、重要工作“一把手”牵头、重要活动“一把手”领队。党组思想重视、态度坚决，干部思想统一、步调一致，形成合力，势不可当。二是站位高。我局文明创建并不是为创建而创建，眼光也不仅仅盯在夺牌上，而是着眼于长线发展、长远规划、长效机制。我们以创建市级标兵单位的标准来要求硬件建设，以创建省级文明单位的标准来要求志愿服务、以创建省级标兵单位的标准来要求活动组织，以创建全国文明单位的标准来要求干部素质，“取法乎上，得乎其中”。三是动力足。我们在全局系统干部职工中深入开展“五比五创”主题活动，通过“比学习，创一流素质；比团结，创一流队伍；比服务，创一流作风；比效能，创一流业绩；比奉献，创一流形象”，为文明创建工作涵养了内蕴、铆足了动力，推动各项工作运行稳健有力、活力生生不息。四是基础牢。局属各单位文明底蕴丰厚，工保处和医保处分别是“省级文明单位”，人才中心和社保处分别是“省级文明窗口单位”，就业局是“市级文明单位”和“全国人社优质服务窗口单位”，监察支队党支部是“全省先进基层党组织”，仲裁院也曾被人社部授集体一等功。所以局机关今年创建文明单位起点高、基础牢。

当然，我们也清醒地看到工作中存在的问题。主要是：不平衡，个别单位仍被动应付；不充分，极少数同志积极性仍不够高；不深入，有些工作挖潜不够。

创建市级文明单位只是我们文明创建工作万里长征的第一步。20××年点了题、开了篇，今后还要加强常态化、制度化建设，坚持定目标、提素质、补短板，做到责任常在、机制长效、考评常严，让人人成为文明创建的参与者、贡献者和受益者，让文明创建成为新时代推进人社事业实现科学跨越的新驱动器。

2.4 调查报告

2.4.1 调查报告的含义和种类

调查报告就是根据特定的意图和目的，对客观事物和社会问题进行深入调查和认真分析研究之后，写成的揭示事物本质、规律的事务文书。调查报告是使用频率较高的一种应用文体，从运用情况看，在标题中，凡以考察报告、调查记、调查、调查汇报等为文体名称的，都属于调查报告的范畴。

毛泽东同志是我们党大兴调查研究之风的开创者，他提出了“没有调查就没有发言权”的著名论断。调查报告在领导工作中的作用越来越重要，它已经成为开展工作不可或缺的基本手段和领导决策的基础和依据。

（1）根据调查报告的内容范围，调查报告可分为综合调查报告和专题调查报告。

综合调查报告，就是围绕一个中心问题，对某一单位、地区或系统，或某一涉及面较广的事项进行多方面的调查取材，在此基础上分析研究、整理撰写而成的调查报告。这种调查报告课题重大，涉及面广，在实际工作中对上级部门制定方针政策有重要的参考作用。

专题调查报告，就是对一项工作、一个事件或一种社会现象进行专项调查研究后写成的调查报告。这种调查报告内容具体单一，涉及范围小，更贴近工作实际，往往适合对当前迫切需要了解、解决的问题和事项的调查。

（2）根据调查报告内容性质的不同，调查报告可分为介绍经验的调查报告、揭露问题的调查报告、反映情况的调查报告。

介绍经验的调查报告，简称经验调查，主要介绍具有普遍指导意义的典型经验，为有关部门提供具体的经验、做法，以推动整个工作的全面开展。

揭露问题的调查报告，简称问题调查，主要是揭示实际工作中的缺点、失误，和违背党的方针政策、违犯党纪国法的行为，以及社会生活中的不良现象和倾向。其目的是通过大量的事实，归纳教训，揭示问题产生的根源，提出相应的解决方案，以引起有关部门的重视和全社会的关注。

反映情况的调查报告，简称情况调查，包括反映工作情况的调查报告和反映社会新生事物的调查报告两种情形。前者针对某项工作的现状或群众普遍关心的热点问题、关系国计民生的重大问题进行深入调查和分析研究，提出建议，为领导机关、决策部门了解情况、研究问题、制定和修改有关政策、采取相应措施提供依据；后者是对社会生活中出现的新生事物的产生背景、原因、发展过程和规律，以及它的存在意义、影响和发展前途进行调查分析后写成的，其主要意义是帮助人们提高认识，树立对新生事物的正确态度，在实际生活中采取正当的行动。

2.4.2 调查报告的作用和特点

在我们党的历史上，从大革命阶段到解放战争时期，出自共产党人之手的调查报告，在推动人们认识世界、改造世界方面，发挥了无可限量的作用。《湖南农民运动考察报告》《兴国调查》《长冈乡调查》等农村调查名篇，至今光芒闪耀。新中国成立以来，从社会主义革命和建设时期，到改革开放新时期，对调查报告，人们的认识显著提高，这一文体的产量显著加大，功效显著增强。就其作用而言，主要体现在以下方面：

（1）传递相关信息。调查报告可以反映某地区、某单位包括某个人的现实状况、发展历程，以及人们关心的热点问题，这些材料、数据及相关认识，可通过传播媒体而递送信息，增进地区之间、单位之间、上下之间的了解，相互启发，推进工作。

（2）总结工作经验。调查报告能够反映某一方针政策在具体地区、单位贯彻执行的状况，介绍在工作中获得成功的先进单位、优秀个人的典型经验，此种经验虽产生于特定对象，却具有指导性、启发性，而用调查报告的形式总结出来，推广开来，就可以变为共同财富，起到点上开花、面上结果的作用。

（3）揭露存在的问题。作为光明的对立面，阴暗面也是客观存在的。违犯党纪国法的行为，生活中的消极腐败现象，工作中的缺点、错误，诸如此类，调查报告可以揭露，进而剖析原因，分析危害，提出办法。社会生活中的个案，往往可以在面上找到投影；特定单位出现的问题，汲取的教训，便于各个单位引以为戒，警钟长鸣。

（4）提供决策基础。党和政府的正确决策，取决于对现实状况的准确认识和科学分析，而这种认识、分析则源于对客观实际的系统、深入和周密的把握。调查报告反映社情民意，揭示新情况、新经验，对领导机关调整政策，制定政策，大有裨益。①

在社会发展瞬息万变的今天，各级领导都非常重视调查研究工作，认为调查研究是我们的谋事之基，成事之道。调查报告具有以下特点：

（1）针对性。调查报告是一种针对性很强的文体，这主要体现在调查意图、目的的针对性和调查对象的特定性。我们衡量一篇调查报告价值的大小，主要看它是否反映了党和国家的方针、政策的贯彻执行情况，是否准确地抓住了当前工作中迫切需要解决的问题，是否有利于各项工作的深入开展。针对性越强，反映问题就越典型，内容就越符合实际工作需要，这样的调查报告价值就越大。因此，写作调查报告必须从工作的实际需要出发，明确调查目的，选择有代表性的事物，进行深入调查和分析研究。只有这样才能充分发挥调查报告的作用。

（2）真实性。调查报告来自现实生活，是在对客观事实深入调查的基础上产生的。无论是总结推广典型经验，揭露问题本质根源，还是反映基本情况，调查报告都必须“求真”，从客观实际出发，以真人实事为依托，通过对事实材料的分析研究，得出正确的结论。因此，真实性是调查报告的生命，是调查报告的价值和意义之所在。偏离了真实性这一基础，任何貌似深刻的结论都是没有说服力的，站不住脚的。

（3）深刻性。调查报告的意义和价值不仅体现在它对客观事物的真实反映上，更重要的还要“求是”，在实事和“求真”的基础上深刻地揭示事物的内在本质，探索事物的发展规律，发掘出一些深层次的矛盾，作出符合实际的结论，以作为决策的依据和行动的指南，帮助人们从个别中找出一般，从偶然中发现必然，透过现象看本质。所以，写作调查报告，不能停留在对客观事实的一般性描述上，还要上升到理论层面，对情况进行深刻的分析研究，得出符合客观实际的观点、结论。

2.4.3　调查报告的撰写

调查报告是对客观事物深入调查、分析研究之后，整理撰写而成的书面报告，“调查”是写作调查报告的前提，“报告”是调查研究成果的集中体现和形成科学认识的展示形式，没有调查和研究的过程就没有调

① 张庆儒：《调查报告与领导决策》，载《应用写作》2005 年第 6 期，第 18 页。

查报告的产生。因此写作调查报告，必须先做好调查和研究工作。

1. 调查取材

（1）明确调查意图，带着问题调查。在调查活动开始前，调查者的意图必须明确，要了解哪些情况，解决什么问题，切不可随心所欲，否则就会陷入盲目被动的境地。

（2）制订好调查计划。科学、周密、合理的调查计划是做好调查工作的保证。其内容主要包括调查的目的、时间、对象、方式、方法以及调查提纲，等等。

（3）要有正确的指导思想和态度。对客观事物展开调查，在思想上必须以马列主义、毛泽东思想为指导，坚持实事求是的路线，正确地对待历史的、现实的、正面的、反面的、概括的、具体的各种材料。还要做到态度认真、诚实谦虚，毛泽东同志说过："没有满腔的热忱，没有眼睛向下的决心，没有求知的欲望，没有放下臭架子、甘当小学生的精神，是一定不能做，也一定做不好的。"在调查过程中，如果仅仅是听听汇报，翻翻记录，做做样子，浮在表面蜻蜓点水，走马观花，是绝对无法得到真实生动的第一手材料的。

（4）讲究调查的方式、方法。在调查过程中，恰当合理的调查方式和方法是高效率、高质量获取材料的重要保证。调查的方式有全面调查、典型调查、抽样调查三种。在日常工作中，经常运用的调查方法有问卷调查、开座谈会、个别交谈、实地考察等。

2. 分析研究

通过调查获取材料之后，接下来就是对材料的分析研究。有的调查报告只罗列情况和现象，这是有"调"无"研"，有的虽然对事实现象进行了分析提炼，但分析得不准、不深、不透，也等于无"研"，对材料进行分析研究是调查报告写作之前的重要一环。分析研究的根本方法就是毛泽东同志提出的"去粗取精，去伪存真。由此及彼，由表及里"。

由于调查得来的材料是零碎的、散乱的、直觉性的，并且材料的来源渠道不同，材料的性质差别也很大，因此在深入研究时，必须对材料予以鉴别。鉴别材料就是区别材料的真伪、优劣，就是"去粗取精，去伪存真"；然后再对材料进行比较、整理、综合，找出材料之间内在的本质联系，从具体到抽象，从个别到一般，透过现象看本质，也就是"由此及彼，由表及里"。

分析研究的过程也是作者提取观点、得出结论的过程。这一过程是非常复杂的，难度也是相当大的。一方面，观点的形成要受到材料的制约。调查得来的材料未必能满足需要，有时材料的真实性、典型性不足；有时在分析研究过程中还需要补充新材料，需要再回到实际中作调查；另一方面，观点的形成还受一个人的政策水平、理论水平和分析判断能力的制约。对国家方针政策的理解掌握程度如何，对政治经济理论通晓运用程度怎样，分析判断问题的能力高低，都直接影响到最终观点或结论的质量。因此，在对材料进行分析研究时，要抓住事物的本质，不要停留于对表面现象的罗列；要注意定性分析和定量分析的结合，既要对事物的性质、特点和走向进行分析——定性分析，也要通过典型数据摆事实、讲道理，用数量关系揭示事物的根本特性——定量分析，避免抽象空泛和烦琐枯燥，还要辩证、全面、准确地分析问题，防止一叶障目，片面极端。

3. 构思撰写

调查报告的基本格式一般包括标题、署名和正文。

（1）标题。常用的有两种形式：

一是公文式标题。明确标明调查内容和文体名称，使人一目了然，如《关于搞活县域经济的调查》《关于海南进口和倒卖汽车等物资问题的调查报告》。

二是普通文章式标题。可以用单行标题，直接揭示文章主题，或者归纳全文内容，如《城乡居民收入差距及其决定因素研究》，但这种标题形式文体特征不够明显；较明显的是双行标题形式，即正题、副题相结合，正题揭示调查报告的中心，副题指明调查对象、内容和文体名称，如《找准思想共同点利益交汇点化解矛盾切入点——陕西省推进党的创新理论大众化的调研报告》。

调查报告的标题形式多种多样，不管采用哪一种形式，都要力求准确、简明、醒目。

（2）署名。在标题的下方，署作者姓名或调查组名称。

（3）正文。调查报告的正文一般包括开头、主体和结尾三部分。

开头，也称作前言，引言。这一部分简要介绍调查的基本情况，包括调查的背景、目的、对象、内容、范围、方式等，有的还将调查结论进行简要概括放在这一部分，给读者一个总体印象，同时为主体部分的展开作好准备。写法上可采用点题式、概述式、提问式等不同形式，要做到开宗明义，简练概括。

主体。详细阐述调查的主要内容，揭示客观事物的本质规律，表达作者的观点。主体部分的结构形式常用的有横式、纵式、综合式三种：

横式结构。这种结构形式按照事物的性质或内在联系，并列地从几个方面来组织材料，各方面之间呈横向并列关系，组合在一起就构成了事物的整体。这种结构形式观点鲜明，条理清楚，能够比较全面地反映客观事物。如《泉城的“阳光大姐”——济南市妇联创建妇女就业服务组织调查》，这是一份典型的经验调查，作者在文中总结了济南市妇联创建“阳光大姐”服务组织的三条经验，即“运用市场机制，打造服务品牌”，“加强引导扶持，创造良好环境”和“注重心理指导，增强自尊自信”。这三条经验虽然有先后次序的不同，但在整体结构上呈现出横向并列的关系。横式结构在调查报告中运用得相当广泛，应当熟练掌握。

纵式结构。这种结构形式按照事物发生、发展的时间顺序或内在逻辑来组织安排材料，通过层层递进、深入，来揭示事物的本质规律。这种结构形式脉络清晰，线索分明，符合读者认识事物、分析事理的思维习惯。如《兴国农村文化调查》中，作者设计了“序言”“走进兴国”“文化发展的‘三个春天’”“多元的农村文化景观”“文化活动的功效”“几个应引起重视的问题”“结语”这 7 个小标题，循序渐进，对江西兴国县农村文化发展的历史、现状和未来作了全面的回顾、介绍、分析和展望，全篇按照事物发展的内在逻辑和读者的思维习惯，步步推进，好似谜底层层揭开，认识渐渐明朗，给人以水到渠成之感。

综合式结构。这是一种横式、纵式两种结构交错使用、相互配合的结构形式。它兼有横式结构和纵式结构的特点，适用于内容繁多、头绪复杂的大型调查报告。这种结构形式或是在以时间、内在逻辑为主线安排材料的过程中，为了把问题说清楚，横向展开叙述、说明，或是在横向安排材料的过程中，对一些问题的来龙去脉加以交代，使文章纵横交错，纲目并举。

结尾。调查报告的结尾灵活多样，如何结尾主要依据文章内容的需要确定。有的事毕言止，不设结语；有的设置结语，作为有机部分，收束全文，常用的有总结式、展望式、建议式等，都要求简洁有力，全篇浑然一体。

怎样写好调查报告①

2.4.4 调查报告的写作要求

1. 材料要真实典型

写作调查报告的目的就是通过对调查得来的材料进行深入的分析研究，得出科学的结论，材料的真实与否，直接关系到结论的对错，文章价值的大小。因此，材料的真实性是第一位的，这是调查报告写作的前提和基础。作者在搜集、选择材料的过程中，必须明辨真伪，

① 谢亦森：《大手笔是怎样炼成的（理论篇）》，长江文艺出版社 2019 年版，第 103 页。

决不可道听途说，敷衍了事。

在调查报告写作过程中，作者还必须考虑选择、使用的材料是否典型。不同的材料蕴涵的意义不同，反映问题的角度、程度也不尽相同。典型的材料有广泛的代表性和说服力，在文章中能起到以一当十的作用。因此作者必须慧眼独具，善于辨析材料的意义，对那些经过艰苦努力搜集而来，却意义一般的材料要能做到忍痛割爱。

2. 观点和材料要统一

在一篇文章中，观点是灵魂和统帅，是取舍和组织、安排材料的最主要的依据，而材料是形成观点的基础，观点一旦形成，材料就会成为表现观点的支撑。因此，观点与材料是辩证统一，相辅相成的。在调查报告写作中，单纯地罗列材料，或者喋喋不休地空谈，只能使文章材料与观点相游离，难以做到以理服人。只有观点与材料密切结合，以丰富、典型的材料，鲜明、有力地说明观点，才能真正表达出作者的观点，从而实现调查报告的价值。

3. 在表达上要叙议结合

叙，指叙述；议，即议论。调查报告在叙述事实、说明情况时，作者既要如实反映情况，更要结合材料进行分析，展开议论与说理，表明态度和观点。调查报告经常采用叙议结合的表达方式，或先提出观点，然后以事实材料说明论证；或先陈述事实，说明情况，再分析研究，得出结论；或边叙边议，边摆事实，边讲道理，最终得出结论。这种表达方式是写作调查报告必须遵循的准则，它不仅有利于反映客观情况，阐述鲜明观点，而且只有材料与观点两者紧密结合，有机统一，才能构成一篇严谨完整、文脉贯通的篇章。

例文 1

兴国农村文化调查①

序　言

1930 年 10 月，为了总结土地革命的经验，毛泽东找来江西兴国县永丰区参加红军的八位农民，以开座谈会的形式进行了一个星期的调查，写下了著名的《兴国调查》，有力指导了当时的土地革命。《兴国调查》也成为一份光辉的马克思主义文献，成为中国社会调查

① 选自《光明日报》，2008 年 1 月 22 日。

史上的一个经典样本。

2007 年 10 月底，为深入贯彻党的十七大精神，我们来到兴国，对当地农村文化事业发展情况进行了为期近两个月的调查。通过问卷调查、开座谈会、实地走访等形式，基本摸清了兴国县农村文化事业发展的历史和现状，并由此得出自己的结论。我们感到，兴国农村文化事业的发展，具有一定的代表性，是当前广大农村文化发展情况的一个缩影。弄清兴国农村文化的发展情况，对于推进农村文化事业发展，切实保障广大农民的基本文化权益，具有一定的启示意义。

走进兴国

兴国县地处罗霄山脉以东、武夷山脉以西的雩山山区，位于江西省中南部，赣州市北部，距赣州市 82 公里、省会南昌 346 公里，是全国扶贫重点县。全县国土总面积 3 215 平方公里，辖 25 个乡镇、4 个国营林场、1 个工业园区，304 个行政村。总人口 75 万人，其中农业人口 63 万人。

兴国县是全国著名的苏区模范县、红军县、烈士县和将军县。第二次国内革命战争时期，兴国是第三、第四、第五次反围剿的主战场。1934 年 1 月，毛泽东在《关心群众生活，注意工作方法》讲话中称赞："兴国的同志们创造了第一等的工作"，并亲自为兴国县的代表题写了"模范兴国"四个大字。当年兴国全县总人口 23 万人，参加红军的就达 8 万多人，有 5 万多烈士为革命牺牲。二万五千里长征中，几乎每一公里就有一名兴国籍将士倒下。艰苦卓绝的斗争，孕育出 54 位功勋卓著的共和国将军，兴国县由此成为全国著名的"将军县"。

兴国县还是文化部命名的"中国民间艺术山歌之乡"。兴国山歌的一大特征就是在歌首有一个前喊式的歌腔"哎呀嘞"，旋律在最高音上延长，给人一种热烈、奔放的感觉。"哎呀嘞！炮火声来战号声，打个山歌你们听，快跟敌人决死战，红军哥！打到抚州南昌城。"战争年代，兴国山歌鼓舞人们战胜困难、勇往直前，曾被生动地形容为"一首山歌三个师"。新中国成立后，兴国山歌与时俱进，不断创新发展。2006 年，经国务院批准，兴国山歌列入第一批国家级非物质文化遗产名录。

文化发展的"三个春天"

对于当前兴国农村文化的发展，县文化局原局长姚荣滔、县文化馆调研部主任陈展峰、县电影公司经理刘汉明等多位同志都这样评价："兴国农村文化正迎来发展的'第三个春天'。"他们言下的"第一个春天"，是指新中国成立后，兴国山歌老树发新枝，特别是 1958

年歌手刘承达把山歌唱到了北京，受到毛主席、周总理等党和国家领导人的亲切接见。“第二个春天”，是指“文革”结束，尤其是党的十一届三中全会后，兴国电影院、剧院、图书馆、文化大楼等相继建成，乡镇文化站逐个建立，农村文化事业呈现繁荣景象。

从20世纪90年代中期开始，兴国农村文化建设经历了一个长达10年的萧条期。1993年以后，县里实行乡镇财政包干，改变了原有由县财政下拨乡镇文化站经费的机制，文化站的开支大多“断奶”，办公、活动用房甚至被收回、挤占，农村文化体系陷于瘫痪。

“第三个春天”始自2005年。当年8月，江西省出台《农村文化事业专项资金暂行管理办法》，明确规定省财政每年至少安排6 000万元农村文化事业专项资金，用于购买专业文艺演出团体到农村进行文艺演出、电影公司组织放映队到乡村放映电影、乡镇政府组织农民群众开展各种文体活动，免费让农民群众观看和参与。在具体操作上，由省财政将资金下达到县财政部门后，县财政只将资金额度下达到乡镇一级，乡镇政府根据县文化局的推荐，每年购买4场县级以上（含县级）专业文艺演出团体的优秀节目，在乡镇所在地或有条件的行政村为全乡镇农民演出；每年从县电影公司为每个行政村购买6场以上电影，免费为农民放映；每年组织3次以上由各行政村农民群众共同参与的综合性文化、体育、科技活动。文艺团体则根据有关凭证到县文化局报账。这一举措，正式称呼是“三项农村文化活动”；而基层则称之为“政府买单工程”。

多元的农村文化景观

由“政府买单”的送电影下乡、送地方戏下乡、送山歌下乡，与民间商业演出及群众自发活动等一起，构成了多元化的农村文化景观。

- 农村电影放映队

农村电影放映工作在20世纪七八十年代曾经很红火，但其后由于受到电视冲击等因素影响，一度冷落。“政府买单”后，慢慢地把观众请回到了银幕前。目前全县共有农村电影放映队25个，专业放映员45人，配备数字电影机25台，分片建立网点147个，做到了重点影片、重点时段、重点区域有固定放映队和放映点，此外还根据需要及偏远村民生活特点组织“流动放映”。2007年，兴国农村电影放映队共放映电影2 058场，观众达60余万人次。

每放映一场电影，政府向放映队支付230元报酬。

- 山歌剧团

兴国县山歌剧团成立于1986年，属全额拨款事业单位，是赣南唯一以地方剧种为主的专业剧团。剧团现有在职人员27人，包括中级职称人员8人，平均年龄30岁。2007年，该团到各乡镇巡回演出112场，农民观众25万余人次。因为有着浓郁的地方风格，“说的是自己家乡的口音，唱的是自己村里的事，演的是自己身边的人”，剧团演出在乡、村尤其是边远山区备受欢迎，最突出的是2007年春节在梅窖镇三僚村连续演出了8场。

每演出一场，政府向剧团支付2 000元。

● 山歌小分队

山歌小分队由县文化馆组织，现有成员4人，分成两组，每组一男一女，均为当地较有名气的农民山歌手。小分队采取分区包片的方式，直接下到村落圩场、田间地头，长年累月骑着摩托车在各村巡回演出。1月7日晚，我们在距县城40余公里的城岗乡回龙村目睹了其中一组的对唱演出。演出场所设在村里的一家杂货店前，观众100余人，多为老人、妇女和儿童，也有少数中青年男子。演出前半段为演唱宣传十七大精神的新编山歌，后半段为演唱谐趣性的传统山歌，生动的表演引得观众阵阵欢笑。两位歌手郭德京（男，51岁）、谢观莲（女，55岁）介绍说，从2007年2月他们开始搭档，至今已演出近300场。

小分队每演出一场，政府向其支付100元。

● 民间剧团

组建于2002年的兴荣剧团是兴国县最大的商业性民间文艺团体，现有成员14人，均为本县农民，平均年龄30岁左右。演出市场除本县外，还有周边的邻县，主要是应庙会及民间喜丧等活动的约请。其演出题材较广泛，唱词多靠临场发挥，以古装扮相为主。剧团每年演出10个月、300场左右，每场收入1 500元上下。

兴国县农村还存在着一些小规模的农民业余剧团，成员大多只有三五人，平时务农或务工，往往只是在特定的节庆日才有所活动。

● 群众自发活动

兴国农民有时自发组织规模较大的自娱自乐文化活动，包括传统的舞龙、舞狮、踩花船、唱山歌、演戏文、剪纸、纸扎等，活动的高峰期通常是在春节前后，平时则不多见。日常群众自发文化活动，主导者及参与者往往年岁较大，人数不多且相对固定，多在村里的文化活动室或类似公众场所，从事拉二胡吹笛子等器乐演奏及书画等活动。如潋江镇澄塘村群众文化活动的中坚力量是村里的老年协会。该村共有2 340人，其中60岁以上老人236位，加入了老年协会的有187位，经常参加活动的约40人。

此外，兴国县还举办一些较大型文化活动。如2006年举办山歌艺术节，参演人数300余人。2007年举办城乡老人艺术节，吸引了3 000余名爱好文艺的中老年人参加。每个周末在县城开展的“山歌情韵”广场文化活动，也有由县直单位和各乡镇选送的节目演出。

文化活动的功效

随着农村文化活动的不断丰富，文化活动的功效日益显现。

- 丰富了群众的精神生活

作为兴国传统山歌的搜集整理者和新山歌的创作者，姚荣滔经常下乡采风，对农村情况非常熟悉。他认为，“三项农村文化活动”的开展，大大缓解了农民的“看戏难、看电影难、参与活动难”，丰富了群众的文化生活。他说，群众对文化生活是非常渴望的，山歌剧团每次下乡演出，附近地方的许多老表都会蜂拥而至，以致山头上田埂上到处人山人海。调查中许多人反映，山歌队自编自唱，通俗易懂，大家听了都蛮高兴。

- 宣传了党的路线方针政策

党的十七大召开后，兴国县依托山歌剧团建立了一支20余人的“流动”宣传队，深入乡村开展巡回演出；各乡镇也普遍从农民歌手中挑选出10～20人，组成宣传队宣传党的十七大精神。“用山歌宣传党的路线方针政策，效果比作几场报告都要好。”回龙村党支部书记肖晓明说，新农村建设刚启动时，工作很难开展，但剧团、山歌队来宣传“三清三改”（清垃圾、清淤泥、清路障，改水、改厕、改路）后，群众的积极性就上来了。

- 稳定了村落人心

兴国县是全国扶贫重点县，外出务工的中青年占到全县总农业人口总数的24.6%。在大多数村落里，留下的多是老人、妇女、儿童。这种情况，使得兴国原有的乡村社会结构发生着深刻的改变，同时也形成了“留守儿童”等社会问题。农村文化活动的开展，为促进村民之间的交流沟通、保证乡村社会结构和谐变迁提供了一个有益的平台。文院村原党支部书记刘德凡说，现在喊老表聚起来开会不是很好喊，但是一搞文化活动，人就都来了，大家在一起聊聊天，平时有什么不愉快的事情，谈开就没事了。

几个应引起重视的问题

兴国县自2005年9月份开展“三项农村文化活动”以来，进展良好，但是依然存在一些问题需要引起注意。

一是重视不够。在一些基层领导思想中，文化工作排不上号，摆不上位，说起来重要，干起来次要，忙起来不要，钱紧了扔掉。一些乡镇的文化站由于受体制、场所等因素的影响，活动基本处于停顿状态。

二是经费紧缺。“三项农村文化活动”开展两年多来，该县文化系统分3批共使用经费476.6万元，均来自上级拨款。除此外，目前该县文化事业经费实际上就是文化系统的人头经费，根本没有更多的资金搞文化建设，导致一些文化设备早已破旧不堪却无法得到更新。县山歌小分队原有4组8人，但因经费不足已减为两组4人。

三是后继乏人。县文化系统原有4名副高职称人员已全部退休，文艺创作人员出现断层。由于地位低、待遇差，故没人愿意学、愿意干。县山歌剧团已很难招到新学员。加上农村青年纷纷外出打工，业余文艺队伍青黄不接，难以为继。

结　语

通过对兴国县农村文化状况的调查，我们认为：

——就经济欠发达地区而言，短期内要使农民物质生活有很大提高，尚有相当大的难度。若能改善农民群众生活的精神层面，将有益于从总体上提高他们的生活质量与幸福指数。

——当前，农村的生产方式和社群人际关系都在发生变化，若能以公共文化活动搭建沟通交流平台，将有益于增强农民群众对村落的认同感和归属感，促进社群人际关系良性重构。

——农民的社会心理和价值观念正在发生深刻而复杂的变化，若能以潜移默化的方式，将中国特色社会主义共同理想、以爱国主义为核心的民族精神和以改革创新为核心的时代精神以及社会主义荣辱观，贯穿于农村文化活动之中，将有益于社会主义核心价值体系在农村的建设。

——在经济欠发达农村地区，首先需要地方党委政府把文化工作放到全面建设小康社会的战略高度来对待，适当增加经费投入，将其纳入党政工作考核目标，同时引导基层农民群众自身成为农村文化建设的主体。

——要加强农村文化队伍的建设，培养一批批稳定的农村专业文化骨干。当务之急是理顺乡镇文化站的工作体制，恢复农村文化站正常运转，使其集中精力安排指导农村文化工作。

例文 2

泉城的“阳光大姐”[1]

——济南市妇联创建妇女就业服务组织调查

中共济南市委政研室　济南市社科联调查组

就业是民生之本。近年来，济南市妇联创建“阳光大姐”服务组织，截至目前，已取得引导 5 万余名下岗妇女就业创业的好成绩。她们的实践表明，正确处理政府与市场的关系，使党委政府、群众团体、中介机构各尽其责、各施所能，从而协调一致地共同推动劳动就业再就业，是创新就业模式的关键突破口。

一、运用市场机制，打造服务品牌

一是解放思想，走向市场。“阳光大姐”服务中心，作为向下岗妇女提供服务和指导的机构，创办之初，由市妇联直接管理。然而，在运行实践中，行政性的管理机制暴露出不少自身无法解决的矛盾。为了解决行政控制型管理模式带来的矛盾，济南市妇联对“阳光大姐”服务中心进行了股份制改造，成立了“阳光大姐”服务有限责任公司。按照现代企业制度的要求，确定服务宗旨和企业精神；规范业务培训、质量监督、考核激励、财务审批等 18 项制度，并纳入自建的信息管理系统；根据家政服务员的从业时间、工种差异和用户满意度，确定其工资标准，集体办理意外伤害、重大疾病保险。现代企业管理制度的建立，为“阳光大姐”提供了有力的制度保障。

二是瞄准需求，深入市场。作为市场竞争主体，“阳光大姐”在为下岗妇女提供就业机会的前提下，根据市场需求，不断提高服务质量，拓展服务领域。一方面，对家政服务市场进行深入调研，开创出月嫂、烹饪师、育儿嫂等 10 大门类 20 余种服务项目；另一方面，开办妇女培训学校，展开针对性强的技能培训。“阳光大姐”的服务项目很快成为需要提前预约的“香饽饽”，有时甚至供不应求。

三是做大做强，打造品牌。服务上，大力开发市场急需、妇女能为的项目，使服务更齐全、更专业、更精细；经营上，积极发展连锁经营和加盟经营，拓展外地市场，建立劳务人才培训输送基地。同时实施品牌延伸战略，经营项目向母婴用品、专业保洁、物业管理等领域拓展，服务对象由居民家庭拓展到机关、企事业单位，有力地形成

---

① 选自《求是》2007 年第 6 期。

了规模经营和品牌效应。

二、加强引导扶持，创造良好环境

济南市妇联在做大做强“阳光大姐”的实践中，坚持正确处理妇联机关与市场实体的关系，为解决劳动就业问题提供了有益经验。

一是加强机制创新，把握发展方向。作为“阳光大姐”的控股方，济南市妇联主要承担把握方向、掌握政策、实施监管、提供服务的职责；公司管理人员则负责经营定位、市场开拓、财务管理、人员培训、业务拓展、后续服务等职责。由此，“阳光大姐”加快步入了“分工明确、职责清晰，管而不死、活而不乱”的良性发展轨道。

二是强化协调服务，优化发展环境。济南市妇联加强与有关部门、单位的联系，积极为“阳光大姐”创造良好的发展环境。如连续四年与市劳动部门联合举办妇女创业就业专场推介会，连续两年与市人事局联合举办女大学生就业洽谈会，成立妇女创业顾问团，与劳动、工商、税务等部门联合召开政策咨询会；建立妇女创业项目库，多渠道争取政府政策性贴息贷款和创业资金；充分发挥女企业家协会的作用，为妇女创业提供市场信息、贷款担保和经营经验；使“阳光大姐”培训学校被认定为市政府“阳光工程”培训基地，同时争取新闻媒体的支持，传播企业信息，宣传企业文化，树立良好的企业品牌形象。

三是加强队伍建设，提高文明素质。聘请市妇联培养的下岗女职工创业典型——一位女企业家担任“阳光大姐”公司总经理。注重培养“阳光大姐”员工的文明素质，坚持教育与管理并重，通过制定具体“爱心”指标来考核激励员工奉献爱心、传递爱心。无形的教育、有形的制度，铸成了“阳光大姐”特有的企业精神和风范，成为践行“责任加爱心”的模范群体。

三、注重心理指导，增强自尊自信

据有关调查，在国企改革中，下岗女工人数占下岗职工总数70%以上，而再就业率仅为39%。许多妇女下岗后，因知识陈旧、技能低下，在求职中屡屡碰壁，失去生活来源，由此产生社会遗弃感和失落情绪。针对下岗妇女的失落心态，“阳光大姐”不仅帮助她们再就业，而且注意做好思想工作，给予她们充分的理解和尊重，使她们感受到社会的关爱与温暖。为了解决求职妇女对于家政服务业的认识误区和心理障碍，“阳光大姐”开辟了“温馨话室”，聘请教育学、心理学、社会学等方面的专家为她们进行心理咨询和答疑解惑，增强她们的自信心和进取心，让许多求职妇女认识到家政服务业是一种新兴产业，只要努力工作，同样会得到社会的认同。与此同时，济南市妇联鼓励有能力的妇女自主创业。一大批下岗妇女在“‘阳光大姐’助你创业行”活动的扶持下，成为“巾帼小老板”，有的还被选为市、区政协委员和人大代表。

2.5 述职报告

2.5.1 述职报告的含义和作用

述职报告，是指各级机关、团体和企事业单位的工作人员，就自己任职期间的岗位职责履行情况进行自我总结和评估，向上级领导和群众汇报的一种文体。

述职报告虽然是一种新兴的应用文体，但其基本内涵由来已久。《孟子·梁惠王》中说：“诸侯朝于天子曰述职。述职者，述所职也。”即诸侯向天子陈述职守，报告任职情况。延及当代，社会分工越来越细，单位内部岗位职责日益清晰明确，并且伴随着干部体制改革和人事管理制度的推行，干部聘任制和岗位责任制的实施，个人与职位的对应关系越来越密切。在这一形势要求下，述职报告应运而生，成为各级领导、各类公务员和专业技术人员例行考核的重要组成部分。根据组织部门的相关要求，党员领导干部有时在述职的同时需要汇报廉洁勤政的情况，所以往往述职述廉合在一起，形成述职述廉报告。它既是个人对履行岗位职责的自我回顾、总结、反思与评价，又是组织人事部门和上级领导考核、选拔、任用干部的重要依据，对个人成长和单位管理都起着重要作用：

（1）有利于提高述职者的自身素质。通过述职，对过去的工作进行回顾，总结经验，吸取教训，改进工作方法，以便今后能更好地完成各项任务。

（2）有利于考核评定。上级领导和群众可以根据述职报告，全面了解述职者的工作情况，以便对其进行考核，做出评价。

（3）有助于群众监督，发扬民主。干部向群众汇报自己的工作，由群众评议，一方面可以让群众了解情况，增强透明度；另一方面，群众评议又可完善干部的总结，密切干群关系，接受群众监督。

（4）述职报告还是现代管理的重要内容。述职报告这种形式已成为上级领导和组织人事部门对有关人员进行考核的重要途径。

2.5.2 述职报告的特点

述职报告和单位工作总结的不同

1. 专用性

述职报告一般是工作人员对自己在规定的范围（职责范围）、时间内（任职期间）政绩的归纳、总结，具有专用性。

2. 述评性

如果述职者完整客观地叙述了履行岗位职责情况，那无疑能够充分展示工作的全貌，但是对旁观者——上级领导、组织人事部门和广大群众来说，只是知道做了什么，至于做得怎样，是否尽职尽责，恐怕还是了无印象或印象不深。因此述职者除了陈述工作事实之外，还要结合有关标准对履行岗位职责情况进行自我评价。要做到述评结合，既要入乎其内，真实地陈述情况，还要出乎其外，能够以局外人的眼光评价自己。

3. 标准性

述职者在进行自我评价鉴定时有一定的标准，这个标准就是述职者所在岗位的行为规范、岗位职责、目标任务。行为规范是从事某一职业一般的行为准则，如会计人员有特定的行为规范，教师也有基本的行为准则；岗位职责是对某一岗位工作人员的具体要求；目标任务则是衡量述职者履行岗位职责的更为具体、明确的目标。每个岗位对述职者在一定时期内要达到的目标、完成的任务都有质的或量的要求。这三个标准从不同层面概括了述职者所应遵循的原则和需要达到的要求。

4. 实绩性

述职报告侧重于情况、事实的表述，即个人任务完成的情况、工作质量与效率、所作的主要贡献、个人态度表现，但突出的还是工作实绩。述职报告虽然是一种回顾性文体，但它绝不等同于个人工作总结。个人工作总结是在工作事实的基础上，上升到一定的理论高度，通过分析、提炼、概括，找经验，谈体会，摸规律，从而指导今后的工作。与述职报告相比，理性的色彩浓了，对规律的揭示深了，对问题的认识也立体化了。对这两种文体应当予以区别。

2.5.3 述职报告的撰写

述职报告一般由标题、主送单位、正文、附件、落款等组成。

1. 标题

述职报告大多直接以文体名称作标题，如《述职报告》，或《述职述廉报告》等。

2. 主送单位

主送单位即述职报告的呈送单位、部门或负责人。如“区委组织部”“市人事局”“校职称评定委员会”等。主送单位一般情况下只有一个。

3. 正文

述职报告的正文一般由开头、主体、结语三部分组成。

（1）开头。为了让有关部门或人员准确、恰当地了解述职者履行岗位职责的情况，述职者必须首先概述任职的自然情况，即所任职务、任职时间、所负责的具体工作。如：“我于××年×月任××大学副校长，主管全校的教学、科研工作，并兼管工会工作。按照岗位规范，现将我两年来履行职位责任的情况陈述如下。”开头部分也可对所做工作进行总体的评价。这部分内容要简明扼要，确定述职的范围与基调，使读者或听众对述职者有一个大致的了解。

（2）主体。着重陈述自己在履行岗位职责过程中的突出的工作实绩，这是述职的核心。内容主要包括三个方面：①突出的政绩：列举有代表性的典型工作实绩，写明时间、主要内容、个人所起的作用及其影响和效果，要做到摆事实，谈实绩；②工作中存在的问题与不足：失误与不足是难免的，应实事求是地分析其主客观因素；③表明今后的努力方向和打算。

这一部分内容广泛，材料丰富，因此既要按照一定的顺序组织安排各项内容，又要突出重点，主次分明。履行岗位职责情况和工作实绩是写作的重点内容，需要详细陈述。写作时可以先把自己的工作分成几个方面，再写各方面工作的主要进程，采取的主要措施，取得的主要成绩。在陈述过程中，一定要密切联系实际，以丰富、生动、具体的工作事实和工作成绩来说明自己是如何履行岗位职责的，要突出体现述职者的德、才、绩，力求达到较好的表达效果。

述职报告作为对工作人员全面衡量与考核的手段，还需要述职者客观公正地评价自己工作中存在的问题与不足，这不仅不会影响上级领导和组织人事部门对述职者的考核与评定，还会因其自我评价的真实全面而得到肯定。因此，在涉及问题与不足时不可遮遮掩掩，也不可泛泛而谈，做表面文章，而是要真正剖析自己，找出原因，吸取教训，有针对性地提出今后的打算。

（3）结语。这是报告人表示接受评议、批评的部分，是主体内容的自然收束。述职报告的结语常用“以上报告，请审查”“专此报告，请审阅”“特此报告”等。如果是大会公开述职，还可以用“报告完毕，请批评指正”或“述职至此，谢谢大家”的表态语作结，既显示了对上级领导和职工群众的尊重，又表现了自己的谦恭态度，不可忽视。

4. 附件

如果有补充说明正文的文字材料、图表，如获奖情况、文章转载情况等，可作为述职报告的附件处理。一般在正文末尾左下方写明附件的名称及数量，然后将具体材料附在述职报告的最后。

5. 落款

述职报告的落款一般在正文末尾右下方，署上述职人的职务、姓名。在署名下方，注明成文日期。

2.5.4 述职报告的写作要求

1. 要紧紧围绕岗位职责，如实陈述工作实绩

述职报告重在叙述个人履行岗位职责的情况，着眼于汇报个人胜任某职、履职的能力如何，一定要真实、客观、准确，不夸大成绩，不弄虚作假。现代社会中，一项工作往往是大家分工合作完成的，所以在写自己的工作成绩时，应该写清自己在这项工作中所处的位置，担任的具体工作，所起的作用，写入述职报告的，一定是与自己有关的，或组织协调，或监督指导，无“我”之事不提，无“我”之策不说。避免把述职报告写成单位工作总结，尤其是单位领导干部，在述职时一定不要把单位工作与个人工作混为一谈。

2. 态度要老实，文风要朴实

撰写述职报告一定要端正态度，实事求是地反映本人履行岗位职责情况，认真对待工作中取得的成绩和存在问题，切不可文过饰非，制造假象，迷惑欺骗有关部门和群众。在文风方面，一定要平直朴实，对自我的评价要中肯贴切，避免使用夸张、比喻等文学性手法，也不要讲大话、空话、过头话，否则结果会适得其反。

例文

20××年度述职述廉报告[①]

尊敬的各位领导、各位同事、同志们：

根据组织安排，我于20××年3月任镇党委委员、纪委书记，

① 谢亦森：《大手笔是怎样炼成的（语言篇）》，长江文艺出版社2013年版，第326页。

分管纪检监察、政法综治、信访维稳等工作。一年来，我紧紧围绕镇党委、政府工作部署，勤于学习，勇于实践，踏实苦干，兢兢业业干好每一项工作，较好地完成了各项工作任务。现将自己的思想、工作、作风情况汇报如下：

一、以强烈的“知识恐慌感”加强学习，着力提高自身素质

我始终把学习放在首要位置，虚心向书本学、向实践学、向群众学、向领导和同事学，充分利用参加全省新任乡镇纪委书记培训和全市乡镇干部能力建设培训的机会，坚持个人自学和集中学习相结合，认真学习中国特色社会主义理论、科学发展观等政治理论知识，自觉加强纪检监察业务知识学习，认真学习涉农法律法规和相关政策，努力提高驾驭工作的能力和水平。注重把理论学习、工作实践和认真思考三者有机结合起来，撰写了《树立五大理念、建立五项机制——创建和谐平安乡镇的实践与思考》《推行党风廉政建设“星级创评”——××镇营造风清气正政治生态的探索》等3篇调研文章，在有关报刊发表通讯、政论文章20余篇。

二、以“一日无为，三日不安”的紧迫感认真履责，全力抓实抓好各项工作

抓实抓好纪检监察工作。狠抓了党风廉政建设责任制的落实，调整充实了镇党风廉政建设工作领导小组，明确了任务分工，落实了“一岗双责”要求，做到党风廉政建设工作件件有人抓、事事有人管。年初，镇党委与各党支部、站所负责人签订了党风廉政建设责任书；党政班子成员、各党支部书记、站所负责人都签订了《党员干部廉洁自律承诺书》，建立了党员干部《廉政档案》。坚持“有案必查、违纪必究”的原则，着力抓好案件查处工作，对党员干部涉嫌违纪问题进行排查核实，全年镇纪委自办案件3件，给予党纪处分5人。按照“五有一好”和“双创”工程要求，提出了“开展一项活动，推进三个创新”的工作思路，即倡导开展“有话对我说、服务到你家”勤廉为民活动，创新宣教形式、监督模式和服务方式，为农民群众提供快捷、周到的服务，解决实际问题100余个；推行党风廉政建设“星级创评”和政务（村务）公开质询，切实改进镇村干部作风，密切党群、干群关系；以镇红歌乐团和××村农民业余剧团为载体，加强廉政文化建设，弘扬正气，倡导新风，营造风清气正的发展环境；着力打造了3个党风廉政建设示范村，创建了我镇党风廉政建设新亮点、新品牌，受到了县纪委肯定表扬。

抓实抓好政法综治工作。扎实推进我镇和谐平安创建和社会治安综合治理工作，完善“三级联创”工作机制，着重抓好平安村（社区）、平安校园、平安单位（企业）、平安家庭创建活动；突出治安防控重点，继续深化村企共建治安联防活动，进一步健全了治安防控体系。紧盯奥运、“五一”、“国庆”、“两会”等敏感时期、非常时期，未雨绸缪，提出了“三个着力，五个加强”的工作举措，深入开展“两个大排查”和“大接访、大下访”活动，共受理群众来信来访41件次，排查出各类矛盾纠纷62起，成功调处48起，确保“小事不出村”，全年未发生一起赴县以上集体访、非正常访，维护了全镇社会和谐稳定。认真抓好“五五”普法工作，共举办普法宣传活动6次，通过以会代训等形式举办普法培训班12次，参训人数近千人次，使干部群众的法制观念得到进一步提高。

抓实抓好驻片驻村工作。紧密结合农村实际情况，充分调动镇村干部的积极性，和大家一起经常深入农村、深入群众，齐心协力、尽心尽力做好驻片驻村各项工作。注重抓好农业产业发展：积极引导农民发展甜玉米、薄皮西瓜、白鸭等主导种养业，全年新发展甜玉米500余亩、薄皮西瓜100余亩、立体养殖1 000余亩，促进了当地农民增产增收。全力以赴抓好新农村建设：以村庄规划编制为引领，以村庄整治为抓手，既积极向上争资金争项目，又充分发挥农民主体作用，精心打造了3个省级新农村建设示范点，实现改水、改厕率均达到90%以上，新增硬化村组道路10余公里，改善了农村生产生活环境。切实抓好计划生育工作：以落实环孕检及四术及时率为基础，确保了驻片各村计划生育指标合格；加大工作力度，依法依规征收社会抚养费，改变了社会抚养费征收连续多年排名落后的状况。

天道酬勤，一分耕耘一分收获。由于镇党委正确领导、各方共同努力，我镇纪检监察、综治工作均荣获全县年终考评第一名，被评为全县“信访工作先进单位”、全县“北京奥运信访维稳工作先进单位”，本人也荣获全县“综治工作先进个人”称号。

三、以“打铁先要自身硬”的律己意识守准则，正品行，努力树立良好形象

作为一名纪委书记，不论是工作上还是生活上，我时刻牢记宗旨，严格要求自己，处处以身作则，带头遵守廉政准则和党风廉政建设各项规定，恪守社会公德，生活俭朴，处事严谨，为人耿直，作风正派，从不参与赌博和公款吃喝玩乐等活动，从未出现“吃、拿、卡、要”的行为，从未利用职务之便为自己谋取不正当利益，坚决抵制不良习气侵蚀，拒收礼金5次计1.8万元；自觉做到服务中心、顾全大局，尊重领导、团结同事，密切联系群众、服务群众、敬畏群众，始终做到踏踏实实干事、清清白白做人。

回顾一年来的工作，虽然取得了一些成绩，但也存在一些不足，主要表现在：理论学习停留于浅尝辄止、一知半解，联系实际不够；工作经验有欠缺，尤其是缺乏实际操作能力和破解难题的能力；做群众工作不深、不细，不善于做深入细致的思想政治工作，导致一些矛盾纠纷没有得到及时解决；工作中稳重有余，闯劲不足，积极性、主动性、灵活性有待提高。对此，我将在今后的学习工作中认真加以改进，始终保持奋发向上的精神状态，始终保持勇于拼搏的工作激情，更加严格要求自己，更加勤奋学习，更加扎实工作，在基层工作实践中经风雨、见世面、长才干。

以上述职述廉，敬请各位领导和同事多多批评指正，并请在今后的工作中多多指教帮助。

述职人：××
××××年×月×日

2.6　简　报

2.6.1　简报的含义、作用和特点

简报的历史可以追溯到两千年前汉代的“邸报”，也叫“邸抄”或“邸钞”，是抄发皇帝谕旨、臣僚奏议和有关政治情报的抄本。发展到今天的简报，是机关、团体、企事业单位为汇报工作、交流信息、总结经验、反映问题而编写的简明新颖的情况报告或报道的汇编，又叫“动态”“简讯”“情况反映”“内部参考”等。对于简报的总体认识，可以从以下几个方面来理解。

（1）简报是一个系统、机关或单位传递情况或信息的载体。简报所收稿件，可以是信息的汇总，情况的报告，可以是事件的报道，还可以是对某方面工作或某个问题进行调查分析后所形成的调查报告。与报刊等其他信息载体相比，其内容虽然广泛，但并不是以全社会作为反映对象，也不向全社会进行公开报道，而是仅限于反映与机关、单位公务活动有关的情况，在机关内部传播。

（2）简报不是机关公文，不具有法定效力和行政约束力。上级

下发的简报没有指令性，下级上报的简报也不要求上级批复表态，不相隶属机关之间交换的简报更没有相互制约的作用。与机关公文相比，简报只是机关事务工作中一种常用的交流信息、沟通情况的有效方式。

在机关公务活动中，简报的作用是十分明显的。上级机关和领导人通过简报，便于及时掌握实情，为指导工作和制定政策提供依据。下级机关通过简报，可以向上级汇报工作、反映情况，以便及时得到上级的领导和指导，更好地开展工作；不相隶属机关之间通过简报可以互通情况、交流信息，加强横向联系。因此，简报在机关工作中使用频率很高。它还可以根据工作的需要改写成报告、新闻、通讯等文章。编写简报是机关办公室的一项经常性、基础性工作，也是办公室“以文辅政”的重要组成部分。对机关工作人员来说，编写简报可以说是做好工作的“入门功夫”，是提高语言文字表达等综合能力的有效途径，它可以较全面地锻炼写作能力，为各类公文的写作奠定基础。

简报的作用和功能是逐步得到认识和推广的，1956 年 6 月 9 日，国务院《关于所属各部门工作报告制度的规定》中指出：“工作简报：各办、外交、计委、建委、体委、民委、侨委，两周向总理写一次工作简报，明白扼要地报告所掌管的范围内重大问题的处理，工作中的重要情况和经验。”当时的简报，是下级机关专门用来向上级部门反映情况的，随着形势的发展，简报的作用逐渐得到推广，应用范围更为广泛，由单纯的上行，发展到了下行、平行，成了机关事务工作中不可缺少的工具。

由此可见，简报在各种公务活动中，是沟通上下、联系左右的重要媒介，其特点可以用四个字来概括：快、简、新、密。

（1）快，即讲求时效。简报要发挥它的作用，就要及时迅速地把工作中有普遍意义的经验加以推广，有倾向性的问题加以报告，有参考价值的信息加以传送。一些重要情况和信息要在一两天，甚至几个小时之内就要报道出来，让有关领导和部门获悉，类似于“抢”新闻。如果拖拖拉拉，慢条斯理，就可能失去工作的宝贵时机，使重要情况失去意义。在某种特殊的场合和环境下，时间就是简报的质量，及时就能发挥简报的作用。因此，简报的运用要树立强烈的时间观念，编写人员要对客观事物有敏锐的反应能力，快写、快印、快发。

（2）简，形式短小。这是由“快”的特点决定的，长篇大论，冗长繁杂，势必要花许多时间去推敲，自然快不起来。简，是指简报语言简练，篇幅简短。它要做到迅速地反映情况，用简洁明了的语言把重要的有实际意义的情况直截了当地表达出来。在篇幅上，要短小精悍，如果内容确实重要难以割舍，可以分成几期，编成一个统一主题下的简报系列。

（3）新，内容新颖。表现在两个方面：一是材料新，即所反映的是新情况、新事物、新动态、新问题。只有这些新东西才能引起人们的关注，促使人们思考。如果简报的内容都是些人所共知、时过境迁的陈旧消息，那就没有什么价值了。二是观点新，即新的认识和见解。简报要求在反映客观情况的同时，还要对情况从新的角度加以分析研究，挖掘出新的内涵，产生新的认识和理解，总结出新的经验。即使是并不十分新鲜的材料，经过认真剖析，也应使其透出新意。这样，简报的内容才能给人以新的思想启迪，打开新的思路。

（4）密，有一定的机密性。简报一般只在机关单位内部流通，不向全社会公开发布，有一定的阅读范围。由于简报反映的内容不同，密级不同，阅读对象也不一样。有的简报，某一级别的干部可以阅读，低一级的就不能阅读，在一定时间和范围内，具有保密性质。一般地说，越是高级领导机关编印的简报，机密程度就越高。

2.6.2　简报的种类

简报的种类很多，可以从不同角度进行分类。按内容含量，有综合简报和专题简报；按内容特点，有动态简报和经验简报；按写作对象，有工作简报和会议简报；按日期规模，有定期简报、不定期简报、长期简报和临时简报等。在日常工作中，常用的有以下几种：

1. 工作简报

即用来反映各项工作情况的简报。包括定期反映工作情况和问题、经验和教训的日常工作简报，反映某项中心工作进行情况的短期性中心工作简报，报道某项专门工作的专题简报等。

2. 动态简报

一般用来汇集社会各个阶层对国内外形势变化、方针政策或其他重大措施的公布实施，以及工作业务动向和日常生活中各种问题的思想反映，比如有的机关专门定期编印《舆情信息》，供机关领导参阅。这类简报能以客观准确的事实材料，为有关部门研究问题，制订方针政策和具体措施提供依据，具有较高的参考价值，保密性强，一般控制发放范围，只上行给有关领导。领导掌握情况以后，可以及时采取措施，排除干扰，解决重大的思想认识问题或实际问题，以保证党和国家方针政策的顺利贯彻。

3. 会议简报

这是反映会议召开情况和会议主要精神及与会人员意见与建议的临时性简报，一般由大会秘书处或主持单位编写，分连续性简报和综合性简报两种。

连续性简报，又叫会议进程简报，是随着会议的进程而陆续编发的，内容是连续的，能比较全面地反映会议各个阶段的情况，包括预备会情况、开幕式情况、大会发言、小组讨论情况、典型发言摘要等。这种简报的期数视会议规模而定。

综合性简报，又叫会议纪要式简报，是在某个会议结束时所写的概括会议情况的简报。它可以综合反映会议进展情况，与会人员的重要发言、意见建议，以及会议决定、领导人的讲话等，起传达会议精神的作用。

2.6.3 简报的编排与编写方法

1. 编排格式

简报的编排格式包括报头、报体、报尾三部分。

（1）报头部分。位于首页上方，一般占全页的1/3篇幅，通常有通栏红线与正文隔开，样式和内容相对固定，主要包括：

①简报名称。位于报头中心位置，用套红大号字体，如“××简报”“××动态”“××信息”等。

②简报期数。位于简报名称正下方，一般按年编期，依次序编号；有的在年序号下面再标出出版以来的总序号，写为“总第×期”。如果内容特殊，需要改变分发范围，可在简报名称下加“增刊”字样，增刊要单独编期。

③编印单位。位于通栏红线之上，期数左下方，如“××局党委办公室编”“××会议秘书处编”等。

④编印日期。位于通栏红线之上，期数右下方，年月日一般要写全。

⑤密级。在报头左上角，注明“绝密”“机密”“秘密”“内部刊物”等。

⑥编号。在报头右上角，按印数编号，以利于保存和查找。

现行各类简报，一般均含有上述内容，但排版形式多样，有横排，有竖排，在具体编写时可根据情况灵活掌握。

(2) 报体部分。是简报的核心部分，即编排简报文章的部分。通常会包括这样几项内容：

①目录。综合性简报或内容较多的简报，往往在首页报头之下编排目录。有的按篇章的内容性质和重要程度排列，有的按页码顺序编排，有的还以固定栏目形式编排。只有一篇文章的简报，不必编排目录。

②按语。按语是简报制发主体加写的，是针对正文内容为读者写的提示语。它引导读者理解办报机关的主张和意图，为什么肯定某一经验，为什么批评某一错误，为什么提倡某一做法，都是从事关全局的角度，提出值得注意的带有倾向性的意见。

按语位于间隔线之下，标题之上，注明“编者按”或“编者的话”，其印刷字体与标题、正文有所区别。不必为每篇文章都加按语，但转载的文章一般要加写按语。按语也可放在文章之后，称为“编后”。

按语有评论性、说明性和注释性三种类型：

评论性按语，主要是对文章所反映的问题加上必要的评议，直陈编者的意见，揭示事件所蕴含的意义。

说明性按语，主要是说明文章刊载的目的，或是说明文章的参考价值，或是向读者交代某些必要情况，如传达领导指示，介绍作者情况，对读者、投稿者提出某种希望或要求等。

注释性按语，主要是对文章中出现的读者不太熟悉的人物或事物加以简单的注释，如注解有关资料、解释专业术语等。

③简报稿。

标题：简报稿的标题要求“直言其事，明显其意”，力求确切、简洁、醒目。

正文：排印在标题之下，可根据简报类别及内容特点选择不同的写法，几种常见的编写方法后面专题讲解。

署名：正文结束后，要紧跟着标出撰稿者或供稿单位，用圆括号括起来。

(3) 报尾部分。位于简报最后一页下方，一般包括两项内容：

①发送范围，表明收文者。用两条通栏横线框起，其间纵向顶格齐头标“报”“送”“发”，报上级，送平级，发下级。

②印发份数，注明本期总印数备查。在最下方通栏横线之下右下方，标明“共印×份”，有的还注明本期责任编辑等。

2. 编写方法

采写简报与编印简报是两项工作。采写，是作者深入实际，调查采访，选择材料写成稿件，提供给编辑人员。编，是编辑，是将现成的稿件编排出来，其任务是选择稿件，修改润色，加写按语。尽管具体分工不同，但两者目标是一致的。稿件编排样式已如前述，简报稿的采写主要有以下几种方法：

（1）消息报道式。简报被称为机关内部的新闻报刊，因此常采用消息的写作方法，但与报刊上的新闻消息又有区别，相比较而言，文风较为朴素。其内容结构一般包括前言、主体和结尾三部分：

前言，也称导语，是正文的开头，要求把全文的主要事实和中心思想用简明的一句话或一段话概括出来，即所谓“篇首举其目”。

主体，紧承导语，用典型事例或准确数据将导语具体化。要求恰当地安排结构，层次分明地把具体情况写清楚。在表达上，主要采用叙述的方式，结构安排主要有两种形式：一是按时间顺序，即按事件发生发展的先后顺序来安排结构；二是按逻辑顺序，即按内容之间的内在联系来安排结构，为了醒目清晰，常采用小标题或条首句概括的形式。

结尾，或者对主体事实作概括性小结，以加深读者印象；或者对事件、问题进行分析，肯定成绩，总结经验，找出差距，指明今后努力方向；或者提出要求和号召，动员群众为完成某项任务而努力。也可文终意止，不再续写结尾。有些简报进行连续性报道，为了引起人们对事情今后发展的关注，可以交代“事件发展情况将陆续报道”或“问题正在进一步调查中”。

（2）文件汇编式。机关和企业在日常公务中有大量文件上传下达，但并不是每个工作人员都有资格和必要看到这些文件的原文，特别是一些涉及机密内容的公文。在这种情况下，就可以通过简报将某些一般人员应当知晓的内容摘录编写，或将一些有参考价值、无须保密的文件直接编发出来，加强单位内部信息的沟通和交流，促进工作的开展。这种形式往往加写按语，以表明编者的观点，说明转发的目的。

（3）工作研究式。针对工作中存在的一些问题进行分析研究，提出解决问题的意见和办法，以推动工作的开展，这种文体往往结合实际工作，针对性、理论性较强，但一般文字比较简短，不做长篇大论。

例文 1

建行工作简报

第 15 期

中国人民建设银行××市分行编　　　　　　　　××年×月×日

编者按：建设银行搞扶贫，安排贷款支持是一个方面，还有很重要的一条是要利用建行的业务特长和联系面广、信息灵通的特点，积极为贫困地区的企业提供多种咨询服务。×县支行没有投资一分钱，而使贫困村工农业生产扭亏为盈的经验告诉我们，那种认为银行扶贫只靠贷款，离开贷款扶贫工作就不能开展的认识是片面的。希望各行认真学习×县支行的经验，在安排贷款支持的同时，注意加强对贫困地区的调查研究，结合建行业务特点，做好综合服务工作，把我行扶贫工作搞得更好一些。

市建设银行×县支行扶贫扶到了点子上——

没有投资一分钱　落后面貌大改观

最近，×县县委县政府在总结全县扶贫工作的成绩和经验时，充分肯定了××市建设银行×县支行的做法。他们全年未向自己的扶贫对象大杜社乡小杜社村投资一分钱，却使该村工农业生产扭亏为盈，逐步摆脱了贫困。县委认为，这个做法为全县的扶贫工作开辟了一条新路。

大杜社乡小杜社村在×县是一个较穷的村，××年人均收入 575 元。××年 4 月，根据×县的扶贫计划，××市建设银行×县支行专门抽出人员组成扶贫工作队，进入该村，从指导改革、完善承包、强化管理的软件扶贫战略入手，没有投资一分钱，就使这个村的面貌发生了很大变化。他们的主要做法是：

一、深入调查，制定扶贫战略。银行扶贫工作队进村后，不当“救世主”，不搞包办代替，而是通过召开干部、党团员、群众参加的不同类型的座谈会等形式，深入调查，了解和掌握了影响该村经济发展的主要原因：一是新上任的领导班子年纪轻，缺乏管理经验；二是底子薄，缺少对农业的投入；三是各种责任制不完善，而且落实不力；四是一些开支上吃“大锅饭”的现象依然较严重。根据上述情况，扶贫工件队有的放矢地提出了把“加强管理，深化改革，完善各种承包责任制”作为扶贫工作的指导思想。

二、不作表面文章，把工作的着眼点放在推动该村自身的改革深化上。首先，扶贫工作队从深入改革，落实承包经营责任制入手，帮助该村对村办企业进行了重点整顿。例如，这个村的三合板厂，由于没有实行任何形式的责任制，经营管理混乱，××年亏损4万元。扶贫工作队抓住这个典型，协助该厂清产核资，加强财务管理，制订改革方案，把企业承包给个人经营，仅半年时间就扭亏为盈，年底上缴利润0.6万元。又如，该村的家具厂在他们的帮助下，实行承包后，当年就上缴利润1.5万元。其次，发挥建行自身优势，主动为村办企业提供致富项目。该村只有一个小型修建队，过去在本乡内搞些修修补补的小工程，收入甚微。建行的同志发挥自身优势，在对修建队对进行整顿，加强基础建设，并帮助改建小杜社建筑工程队的同时，还主动为工程队找项目。在建行同志的帮助指导下，这个建筑工程队的知名度不断提高，闯出乡界，打入县城。当年创产值60万元，获利润18万元，大大扭转了该村的整个经济形势。

三、帮助该村严格管理，增收节支。过去该村每月的电费开支高达0.4万元，而交纳电费的用户却寥寥无几。扶贫工作队协助村里开展“双增双节”活动，查找开支浪费的原因，并采取按承包点装电表的办法，使电费从每月0.4万元下降到0.1万元。不到半年，仅这一项措施，就帮助村里节支1.5万元。与此同时，扶贫工作队还协助村里对已承包给个人的菜地、果园、鱼池、农机等进行了必要的调整，并加强了农业后勤服务，帮助农民解决农机播种、种子、化肥、水电使用方面的困难，从而调动了农民的积极性。

经过一年的努力，小杜社村××年实现工农业产值达169.5万元，比上年增长70.2%；集体纯收入达80万元，比上年增长64.6%；粮食总产218万斤，比上年增长17.9%；粮食亩产1 221斤，比上年增长21.2%；人均分配748元，比上年增长30%。

（中共×市市委办公厅《××简讯》）

报： 总行、市委、市计委、建委、经委、体改委、市人行。

送： 市财政局、统计局、审计局、税务局、工商银行、农业银行、中国银行、保险公司、市工商局、有关大专院校、新闻单位、有关联行、各支行、投资银行市分行。

例文 2

山东自学考试简报

第 46 期

山东省自学考试办公室编　　××年×月×日

【编者的话】今年 5 月 5 日至 10 日，全国政协科教文卫体委员会考察组对山东、湖北两省高等教育自学考试工作的考察结束后，将考察情况在《政协全国专门委员会简报》23 至 26 期做了通报。考察组随行记者在《人民政协报》1995 年 6 月 27 日第二版上发表了《没有围墙的大学》的通讯。这些材料充分肯定了两省高教自学考试十几年来的成绩，并高度评价了这种新型教育形式。为使我省有关领导及各级考办系统对考察情况有所了解，现将《政协全国专门委员会简报》23、24 期有关考察山东情况的简报，《高教自学考试工作情况调查简报之一》《高教自学考试工作情况调查简报之二》，及通讯《没有围墙的大学》全文转载。

高教自学考试工作情况调查简报之一

5 月 5 日至 19 日，全国政协科教文卫体委员会组织调查组对山东、湖北两省高等教育自学考试工作进行了调查，现将山东省教委副主任曾繁仁所介绍的有关情况简报如下。

基本情况

山东省的高等教育自学考试工作是从 1983 年下半年开始筹备的，于 1984 年上半年举办了首次考试，当时只开考了 4 个专业的 4 门课程。到 1995 年上半年，开考专业已达 54 个，课程 204 门；报考人数 26 万余人，考生比 1984 年同期增长 6.65 倍；已形成了有本科、专科、中专和岗位专业证书等多种层次结构，专业学科则包括了文、理、工、农、医、师等，门类亦比较齐全。自学考试补充和完善了山东省高等和中等教育体系，成为其重要的组成部分。

自学考试实施 10 年来，为山东的经济建设造就和选拔了一大批有用的专门人才。到 1995 年初，各专业已培养大专以上毕业生 64 582 人，其中本科毕业生 3 023 人，现有在籍考生，即取得一门以上单科合格成绩者 1 723 733 人，另有 10 万余人获中专毕业证书及专业合格证书。自学考试的考生，大多在岗学习，利用业余时间自学，基本做到专业对口，学用一致。因此，在普遍提高劳动者素质方面，自学考试已显示出其独特的优势。

基本做法

1. 坚持自学考试为本省经济建设服务的方向。紧紧围绕经济建设和社会发展的需要，因需设考，学用一致，充分发挥了自学考试的优势和专业设置灵活等特点，增强人才培养的针对性和适用性。

2. 严格管理，确保考试质量。坚持严格的质量标准是自学考试事业发展的重要保证。十年来，在实施考试的各个具体环节上，形成了有力的制约机制，保证了考试的质量，取得了社会信誉。

3. 开展社会助学，促进自学考试健康发展。个人自学、社会助学、国家考试是自学考试制度的三个重要的有机组成部分。1990年以来，在全省加强了社会助学工作的指导和监督，并要求各级教育行政部门和自考部门把社会助学作为一项基础性的工作来抓，调整加强了考办的自学指导机构，加强了对各种社会力量助学的组织和管理。

4. 建立了一套较为完善的规章制度，努力实现各项工作的规范化、标准化。

5. 加强了管理队伍自身的建设，提高了管理水平。

6. 开展多种形式的自学考试宣传工作，把大批有志青年吸引到自学成才的行列中来。

7. 加强主考学校建设，发挥主考学校作用。

问题与建议

（略）

高教自学考试工作情况调查简报之二

（略）

没有围墙的大学

——全国政协高教自考调查随行记

（略）

报： 全国考办，国家考试中心，省委省政府、省人大、省政协办公厅，省教委主任、副主任，省考委主任、副主任、委员，省委组织部，省人事局、劳动局。

送： 省教委有关处室，驻济南新闻单位，各省、市、自治区考办，省直各社会助学单位，各市地考委主任、副主任、委员，各主考院校考办、主考系。

发： 各市地县区考办，市地有关助学单位。

本章小结

事务文书在日常公务活动中具有很强的实用性、事务性，具有某种惯用体例，是应用文章的一个大类。它不属于正式公文，但比正式公文的使用频率更高，应用更广泛。

事务文书包含的文体较多，本章选择了其中的计划、总结、调查报告、简报、述职报告几个文体具体讲述。

对于计划来说，最重要的也许不是它的写法而是怎样使计划实施，社会生活中的许多计划最后都成了纸上谈兵，这样的教训不胜枚举，希望在学习中首先能引起我们的一些思考，计划的目标和实施步骤是重点，因此，计划的写作一定要交代清楚“做什么”和“怎么做”这两个问题；总结最难写的部分不在于对做过事情的周全的叙述，而在于对工作实践中所取得成绩和存在问题的理论升华，要想真正使自己的总结有水平、有价值，这一关键部分的提炼必须认真揣摩；调查报告的撰写固然重要，但在具体写作前准确获得被调查对象的事实材料也许更为重要，因为这是一篇调查报告最坚实的基础，在学习写作调查报告时，这项基础性的工作千万不能忽视；述职报告的写作重点应该放在对自己一段时间内工作的全面叙述和客观评价上，要有述有评，并注意和工作总结区分开来；简报不是一种文体，而是多种信息和文体的载体，有其固定的编排格式，应熟练掌握编排格式和简报稿的撰写方法。

思考与练习

一、简答题

1. 什么是事务文书？它的特点是什么？它有哪些类别？

2. 什么是计划？试区分规划、纲要、要点、打算、设想、安排、方案的不同。

3. 简述计划的作用和特点。
4. 简述计划的内容和结构。
5. 什么是总结？简述总结的作用和特点。
6. 举例说明总结的内容和结构。
7. 什么是调查报告？
8. 简述调查报告的作用和特点。
9. 调查报告和总结有何异同？
10. 举例说明调查报告的内容和结构。
11. 写作调查报告如何做到叙议结合？
12. 什么是述职报告？它有哪些特点？
13. 如何理解述职报告的述评性？
14. 述职报告与个人工作总结有什么不同？
15. 举例说明述职报告的内容和结构。
16. 什么是简报？它有什么作用？
17. 简报的特点有哪些？
18. 简述简报的编排格式。
19. 什么是按语？它有哪些类型？
20. 简述简报的编写方法。

二、分析题

1. 分析下面这份计划存在的问题并提出修改意见。

中国建设银行××支行第四季度工作计划

今年的工作十分繁忙，尤其是第四季度的工作，如何把本季度工作搞好，做下列计划：

（1）抽出时间认真学习有关基建改革的文件。

（2）深入单位了解完成工作量的情况和资金支用情况，为审查好年终决算打基础。

（3）了解建设单位明年的计划安排和完成情况，以便做好明年的信贷计划工作。

（4）认真地与建设单位对清基建计划，避免超计划支出。

××年×月

2. 党的十九大报告是应用文的典范之作，报告前半部分全面客观地总结了党的十八大以来五年的成就和历史性变革，写作方法值得学习和借鉴。请根据每段内容，概括段旨句，并与原文对照比较。

经济建设取得重大成就。坚定不移贯彻新发展理念，坚决端正发展观念、转变发展方式，发展质量和效益不断提升。经济保持中高速增长，在世界主要国家中名列前茅，国内生产总值从五十四万亿元增长到八十万亿元，稳居世界第二，对世界经济增长贡献率超过百分之三十。供给侧结构性改革深入推进，经济结构不断优化，数字经济等新兴产业蓬勃发展，高铁、公路、桥梁、港口、机场等基础设施建设快速推进。农业现代化稳步推进，粮食生产能力达到一万二千亿斤。城镇化率年均提高一点二个百分点，八千多万农业转移人口成为城镇居民。区域发展协调性增强，"一带一路"建设、京津冀协同发展、长江经济带发展成效显著。创新驱动发展战略大力实施，创新型国家建设成果丰硕，天宫、蛟龙、天眼、悟空、墨子、大飞机等重大科技成果相继问世。南海岛礁建设积极推进。开放型经济新体制逐步健全，对外贸易、对外投资、外汇储备稳居世界前列。

全面深化改革取得重大突破。蹄疾步稳推进全面深化改革，坚决破除各方面体制机制弊端。改革全面发力、多点突破、纵深推进，着力增强改革系统性、整体性、协同性，压茬拓展改革广度和深度，推出一千五百多项改革举措，重要领域和关键环节改革取得突破性进展，主要领域改革主体框架基本确立。中国特色社会主义制度更加完善，国家治理体系和治理能力现代化水平明显提高，全社会发展活力和创新活力明显增强。

______________________。积极发展社会主义民主政治，推进全面依法治国，党的领导、人民当家做主、依法治国有机统一的制度建设全面加强，党的领导体制机制不断完善，社会主义民主不断发展，党内民主更加广泛，社会主义协商民主全面展开，爱国统一战线巩固发展，民族宗教工作创新推进。科学立法、严格执法、公正司法、全民守法深入推进，法治国家、法治政府、法治社会建设相互促进，中国特色社会主义法治体系日益完善，全社会法治观念明显增强。国家监察体制改革试点取得实效，行政体制改革、司法体制改革、权力运行制约和监督体系建设有效实施。

______________________。加强党对意识形态工作的领导，党的理论创新全面推进，马克思主义在意识形态领域的指导地位更加鲜明，中国特色社会主义和中国梦深入人心，社会主义核心价值观和中华优秀传统文化广泛弘扬，群众性精神文明创建活动扎实开展。公共文化服务水平不断提高，文艺创作持续繁荣，文化事业和文化产业蓬勃发展，互联网建设管理运用不断完善，全民健身和竞技体育全面发展。主旋律更加响亮，正能量更加强劲，文化自信得到彰显，国家文化软实力和中华文化影响力大幅提升，全党全社会思想上的团结统一更加巩固。

______________。深入贯彻以人民为中心的发展思想，一大批惠民举措落地实施，人民获得感显著增强。脱贫攻坚战取得决定性进展，六千多万贫困人口稳定脱贫，贫困发生率从百分之十点二下降到百分之四以下。教育事业全面发展，中西部和农村教育明显加强。就业状况持续改善，城镇新增就业年均一千三百万人以上。城乡居民收入增速超过经济增速，中等收入群体持续扩大。覆盖城乡居民的社会保障体系基本建立，人民健康和医疗卫生水平大幅提高，保障性住房建设稳步推进。社会治理体系更加完善，社会大局保持稳定，国家安全全面加强。

______________。大力度推进生态文明建设，全党全国贯彻绿色发展理念的自觉性和主动性显著增强，忽视生态环境保护的状况明显改变。生态文明制度体系加快形成，主体功能区制度逐步健全，国家公园体制试点积极推进。全面节约资源有效推进，能源资源消耗强度大幅下降。重大生态保护和修复工程进展顺利，森林覆盖率持续提高。生态环境治理明显加强，环境状况得到改善。引导应对气候变化国际合作，成为全球生态文明建设的重要参与者、贡献者、引领者。

______________。着眼于实现中国梦强军梦，制定新形势下军事战略方针，全力推进国防和军队现代化。召开古田全军政治工作会议，恢复和发扬我党我军光荣传统和优良作风，人民军队政治生态得到有效治理。国防和军队改革取得历史性突破，形成军委管总、战区主战、军种主建新格局，人民军队组织架构和力量体系实现革命性重塑。加强练兵备战，有效遂行海上维权、反恐维稳、抢险救灾、国际维和、亚丁湾护航、人道主义救援等重大任务，武器装备加快发展，军事斗争准备取得重大进展。人民军队在中国特色强军之路上迈出坚定步伐。

______________。全面准确贯彻“一国两制”方针，牢牢掌握宪法和基本法赋予的中央对香港、澳门全面管治权，深化内地和港澳地区交流合作，保持香港、澳门繁荣稳定。坚持一个中国原则和“九二共识”，推动两岸关系和平发展，加强两岸经济文化交流合作，实现两岸领导人历史性会晤。妥善应对台湾局势变化，坚决反对和遏制“台独”分裂势力，有力维护台海和平稳定。

______________。全面推进中国特色大国外交，形成全方位、多层次、立体化的外交布局，为我国发展营造了良好外部条件。实施共建“一带一路”倡议，发起创办亚洲基础设施投资银行，设立丝路基金，举办首届“一带一路”国际合作高峰论坛、亚太经合组织领导人非正式会议、二十国集团领导人杭州峰会、金砖国家领导人厦门会晤、亚信峰会。倡导构建人类命运共同体，促进全球治理体系变革。我国国际影响力、感召力、塑造力进一步提高，为世界和平与发展作出新的重大贡献。

______________________。全面加强党的领导和党的建设，坚决改变管党治党宽松软状况。推动全党尊崇党章，增强政治意识、大局意识、核心意识、看齐意识，坚决维护党中央权威和集中统一领导，严明党的政治纪律和政治规矩，层层落实管党治党政治责任。坚持照镜子、正衣冠、洗洗澡、治治病的要求，开展党的群众路线教育实践活动和“三严三实”专题教育，推进“两学一做”学习教育常态化制度化，全党理想信念更加坚定、党性更加坚强。贯彻新时期好干部标准，选人用人状况和风气明显好转。党的建设制度改革深入推进，党内法规制度体系不断完善。把纪律挺在前面，着力解决人民群众反映最强烈、对党的执政基础威胁最大的突出问题。出台中央八项规定，严厉整治形式主义、官僚主义、享乐主义和奢靡之风，坚决反对特权。巡视利剑作用彰显，实现中央和省级党委巡视全覆盖。坚持反腐败无禁区、全覆盖、零容忍，坚定不移“打虎”“拍蝇”“猎狐”，不敢腐的目标初步实现，不能腐的笼子越扎越牢，不想腐的堤坝正在构筑，反腐败斗争压倒性态势已经形成并巩固发展。

3. 分析下面这份述职报告存在的问题并提出修改意见。

我的述职报告

领导、同志们：

自1986年担任××学校校长以来，已三年多了，在这三年多的时间里，我校建立了微生物、电子计算机等六个系，招收学生7 000多人，办中国理科大学夜校四批，计400多名学生。兴建教学楼四幢，职工宿舍楼两幢。四处求贤，建立了一支可观的教师队伍。三年来取得了可喜成绩。在这里我打算汇报以下几个问题。

一、能认真贯彻党的方针政策，执行党的基本路线，坚持四项基本原则，思想上，行动上与党中央保持一致。

二、认真履行校长职责，搞好学校各项工作。

（一）坚持正确的办学方向。我校是市内较正规的一所大学，是培养德智体全面发展人才的阵地。我们坚持正确的办学方向，接受了一批又一批高考合格的高中毕业生进校，又送走了一批又一批德才兼备的大学生毕业出校。我们坚持走出去请进来的办法办校，把不同专业的学生分别送到武汉、厦门实习。也请武汉、东北等地的知名教授来我校讲课。在改革形势下，我校坚持多种形式办学。我们办了四期夜大班。为了吸引学生，给学校创收，我亲自三上北京请来出题老师给夜大讲课，以保证考试合格率。为了坚持正确的办学方向，减轻国家及家庭的经济压力，提倡学生勤工俭学，谋开源之路。总之，为了使办学坚持正确方向，我做到了呕心沥血。

（二）重视学校机构建设及师资队伍建设。我担任校长以来，把学校科室机构建设列入重要议事日程，按德才兼备原则，坚持任人唯贤的干部路线，配齐了中层领导班子。从知识结构讲，既有大学生，也有中小学生；从年龄结构讲，既有年近六旬的老科长，也有二十多岁的科室主任……这些中层干部人际关系好、办事能力强、运转灵活。与此同时，抓紧了师资队伍建设。我校共有教职员工 248 人，教师仅 82 人，行政人员是教师人员的两倍，因此，我在任期间，严格控制教学人员调出，行政人员调入。

（三）抓住教学科研两个轮子。在大学学府，必须占领教学与科研两个阵地，作为一名校长更应身先士卒。

1. 努力完成教学任务。三年来共代课 250 课时，听课 100 课时。

2. 积极从事科研活动。三年来共发表论文 8 篇，其中一篇获省级奖。与人合编书一本。参加过 5 次学术研讨会。

3. 支持科室教学工作与科研工作，奖励教学、科研成绩突出者。

4. 优惠行政后勤人员，使他们为教学服务好。

三、克己奉公，遵纪守法。

领导班子内成员，能够以身作则，在行动上做到“三不”。

（一）领导成员不住宽敞明亮的楼房。

（二）不请客送礼。

（三）不走后门，搞不正之风。

4. 分析下面这份简报在内容、格式方面存在的问题，并提出修改意见。

第十八期

会议简报

2018 年 × 月 × 日　　　　　　　　　　× × 市科技协会秘书处

活化知识　成效显著

编者按：晓月同志在湖滨大学学习期间，理论联系实际，活化知识，学出了成效，成果突出。

晓月同志在校学习三年来，坚持理论联系实际，在系统学习马列主义理论的同时，主攻写作课，活化知识，成果显著。

晓月同志曾在《湖滨日报》任总编室副主任，在新闻理论与实践方面取得了一定成绩，曾多次在新闻刊物上发表文章。在湖滨大学学习期间，根据所学知识，指导新闻写作，又发表了数篇论文及《新闻学初探》一书。

该同志品学兼优，在校学习期间，多次被评为优秀学员，学习成绩很好，各门功课都在90分以上，该同志体育也很好，地市大学生运动会上，为学校争得了第三名。

报：　　　　　　　　　　　　　　送：
发：

共印60份

三、写作题

1. 下面这段话，是一份计划的前言，不符合前言的制作要求，请提出修改意见。

近几年来，我们公司的青年职工越来越多，其中不少是接班顶职的，这些职工理论水平低，文化底子薄，科学知识贫乏，不爱学习，只爱玩，打扑克，搓麻将，成天三五成群地串门喝酒，劳动效率低下，一些最基本的工作要求都达不到。根据上级指示，提高职工素质，普及中等文化水平是“科技促公交事业”的关键。为此，我公司决定对高中文化程度以下的青年职工进行培训和文化补习，岗位培训半年，文化补习半年。为了搞好培训和学习，为振兴公交事业发展做贡献，特做如下计划：

2. 根据所给材料，以××省财政厅名义写一份简报稿，刊登在××省办公厅2007年10月16日编发的第5期《工作简报》上。材料如下：

2007年10月15日，省财政厅对全省农林特产税纳税大检查工作，进行了部署。检查的重点是2007年度发生的偷漏税和征收人员违反法纪的问题。性质严重的问题，可追溯到2007年以前。检查的内容包括：纳税单位和个人偷漏税款；征收单位（含代征单位）执行税收政策情况，包括税目开征是否全面，有否任意降低计税价格和税率以及擅自减免税的问题；征收人员违反法纪问题，包括有否挪用、贪污和私分税款、营私舞弊、以权谋私等。大检查的时间，自查阶段从 11 月开始，12 月底结束。重点检查阶段从明年 1 月初至 2 月初。

3. 拟写一份个人工作或学习计划。

4. 拟写一份个人年度工作或学习总结。

第 3 章

财经专用文书

本章要点

✧ 财经专用文书的含义和特点

✧ 市场调查报告、合同、审计报告、纳税检查报告、经济新闻、经济论文等文体的特点和写作方法。

3.1 财经专用文书概述

3.1.1 财经专用文书的含义

财经专用文书，也称财经专业文书，是指在财经活动中形成和发展起来的专门用于处理财经业务、反映财经内容的应用文。它是应用文大家族的重要成员，具有应用文的一般特性，与其他专业应用文相比，又有自身的特点。

3.1.2 财经专用文书的特点

1. 专业性

财经工作本身具有很强的专业性，而财经专业应用文是以反映财经活动为内容的，所以它不同于基础性写作，而是一种财经领域的专业性写作。它的理论基础是反映财经工作和经济发展规律的经济理论，它的写作内容贯穿于财经管理活动的全过程，主要材料来自生产、交换、分配、消费的实践，阐述的观点是各个环节需要解决的问题，它的各种文体，都是为搞好经济管理、提高经济效益而确定的，它的语言、表达方式都要体现经济管理的专业性，使用大量的专业术语。因此，不具备一定的财经专业知识，是难以胜任财经专用文书写作工作的。

2. 政策性

党和国家的方针政策是一切财经工作的生命线，也是财经文书写作的准则和依据。有些财经文书，本身就是开展财经活动的方针政策，有些财经文书所提供的信息、数据、资料等，是制定方针政策的重要依据，有些财经文书，其内容是检验财经政策的执行情况，这些都是财经文书政策性的体现。因此，财经文书的写作一定要体现国家财经政策的精神，要以有关法规和政策为依据去分析财经现象，研究财经形势，解决财经问题。财经文书的写作在贯彻方针政策的同时，还要遵循法律法规，不能搞“上有政策，下有对策”，制作涉外经济文书，还要注意符合国际经济公约和国际惯例，要符合国家政权的政治意向和根本利益。

3. 定量性

经济活动往往用数字说明问题，因此，财经类应用文比一般工作应用文更注重定量分析，常常使用大量数据反映情况，说明问题，许多文章离开数字将难以作出分析，得出结论。如党的十九大报告在论述经济建设取得重大成就时说：“国内生产总值从五十四万亿元增长到八十万亿元，稳居世界第二，对世界经济增长贡献率超过百分之三十。”几个数据把五年来的成就凸显了出来。再如市场调查报告，分析的主要依据是数据，分析的基本方法是通过数字的对比进行定量分析，没有调查得来的数据，写作便无法进行。

财经应用文的种类很多，本章着重介绍市场调查报告、合同、审计报告、纳税检查报告、经济新闻和经济论文的写作。

3.2 市场调查报告

3.2.1 市场调查报告的含义和应用

经济部门或企业经营管理者运用科学的方法，有目的、有计划、系统地对市场需求、供应和商品销售情况进行搜集、记录、整理和分析研究，从而得出结论，并据此对今后市场供需态势做出合理推论，这就是市场调查；把调查得来的资料进行筛选、整理和加工，形成完整的书面材料，就是市场调查报告。

市场调查报告是市场调查结果的集中体现，也是市场信息的重要载体。从文体写作这个角度来说，在调查报告的大家庭中，它是在财经领域具体运用时形成的一种变体，因其内容紧紧围绕市场这一主题而与其他类型的调查报告区别开来。

我国的市场调查是随着经济的发展逐渐兴盛起来的。在计划经济时期，主要是卖方市场，一方面国民的购买力比较低，对物质文化生活的需求不高；另一方面，商品生产的数量少，产品的规格、品种、花色比较单一，市场范围比较小，市场需求变化不大，而产品的生产厂家和经营商店也不愁商品没有销路，因此，很少对市场进行周密的调查。改革开放之后，计划经济逐渐向市场经济过渡，市场情况发生了很大变化，卖方市场已经向买方市场转化。生产发展了，人们的物质生活水平提高了，购买力也大幅度提高，尽管市场上的商品不断增加品种、花色，为消费者提供了越来越多的选择余地，但总是赶不上消费者的需求。市场上的供需矛盾推动着市场经济不断向前发展，旧的矛盾刚刚解决，新的矛盾就涌现出来，市场情况瞬息万变，难以把握，这就需要经常不断地对市场进行调查。商品的生产者需要了解消费者对自己产品的意见和要求，需要研究消费者的购买心理，研究市场的消费趋势，以便制定生产决策；经营管理部门也需要调查研究市场，研究供需矛盾，掌握市场动态，以便制定政策，从财政、金融、税收、物价等方面发挥国家的宏观调控作用，促进生产发展，满足人们日益增长的物质文化生活的需要。在发展社会主义市场经济的今天，调查市场，了解市场需求情况，不断解决市场上出现的供需矛盾，成为企业经营者和财经管理部门的一个经常性课题。

时下，重视市场调查，在市场中寻找自身的坐标，已成为企业家们的共识，各类商情调查、投资咨询、企业策划等新潮职业应运而生。他们从市场调查与市场分析入手，根据消费者的需求，对企业的生产与产品的设计进行指导，协助企业组织以消费者需求为中心的生产活动，并通过广告推销产品。同时，又根据市场对产品和服务的反映，为企业下一步生产和新产品开发提供反馈信息。可以说，通过科学有效的市场调查为企业和政府部门提供决策资讯，一方面为这些新潮职业提供了无限商机；另一方面也为市场调查报告这个文体提供了更为广阔的生存空间。

3.2.2 市场调查报告的特点

1. 针对性

针对性是市场调查的灵魂，主要包括两个方面：第一，市场调查总是为了说明某一个问题，或者为了解决某一个问题，所以必须做到目的明确，有的放矢；第二，市场调查必须明确阅读对象，阅读对象不同，他们的要求和关注的问题也不一样。如果既不明确解决的问题，也不明确阅读对象，针对性不强，撰写的报告就是盲目而毫无意义的。针对性越强，指导意义也就越大，价值作用也越大。

2. 预见性

市场调查应紧扣市场活动的新动向、新问题，寻找一些人们未知的新发现，提出新观点，形成新结论，这个结论必须带有预见性，才能具有重要的使用价值，达到指导经营活动的目的。不要把众所周知的、常识性的、陈旧的观点或结论作为调查的成果。有预见性的结论被有识之士采纳，会产生巨大的经济效益；不及时采纳这样的建议，对经营活动做出调整，也会给企业造成不应有的损失。

3. 时效性

信息时代，市场竞争更加激烈，企业在生产经营活动中必须及时掌握准确、系统的经济资料，对市场变化迅速做出反应，并对未来的状况科学地加以预测，才能在竞争中立于不败之地。因此，要顺应瞬息万变的市场形势，市场调查报告的写作必须讲求时间效益，及时反馈市场信息，而且要及时到达使用者手中，使经营决策能够快步跟上市场形势的发展变化。

3.2.3 市场调查报告的分类

市场调查的内容涉及市场营销活动的整个过程，凡是直接或间接影响市场经营销售的情报、信息，都是市场调查的内容，根据内容侧重点的不同，市场调查报告可以分为以下几种类型：

1. 市场环境调查

市场环境调查主要包括经济环境、政治环境、社会文化环境、科学环境和自然地理环境等。具体的调查内容可以是市场的购买力水平，经济结构，国家的方针、政策和法律法规，风俗习惯，科学发展动态，气候等各种影响市场营销的因素。

2. 市场需求调查

市场需求调查主要包括消费者需求量调查、消费者收入调查、消费结构调查、消费者行为调查，如消费者为什么购买、购买什么、购买数量、购买频率、购买时间、购买方式、购买习惯、购买偏好和购买后的评价等。

3. 市场供给调查

市场供给调查主要包括产品生产能力调查、产品实体调查等。如为某一产品市场可以提供的产品数量、质量、功能、型号、品牌，生产供应企业的情况等。

4. 市场营销因素调查

市场营销因素调查主要包括产品、价格、渠道和促销的调查。产品的调查主要有了解市场上新产品开发的情况、设计的情况、消费者使用的情况、消费者的评价、产品生命周期阶段、产品的组合情况等。产品的价格调查主要有了解消费者对价格的接受情况，对价格策略的反应等。渠道调查主要包括了解渠道的结构、中间商的情况、消费者对中间商的满意情况等。促销活动调查主要包括各种促销活动的效果，如广告实施的效果、人员推销的效果、营业推广的效果和对外宣传的市场反应等。

5. 市场竞争情况调查

市场竞争情况调查主要包括对竞争企业的调查和分析，了解同类企业的产品、价格等方面的情况，了解他们采取了什么竞争手段和策略，做到知己知彼，通过调查帮助企业确定竞争策略。

3.2.4 市场调查报告的撰写

市场调查是由一系列收集和分析市场数据的步骤组成的。某一步骤作出的决定可能影响其他后续步骤，某一步骤所做的任何修改往往意味着其他步骤也可能需要修改。市场调查的步骤，一般按如下程序进行：(1) 确定问题与假设；(2) 确定所需资料；(3) 确定收集资料的方式；(4) 抽样设计；(5) 数据收集；(6) 数据分析；(7) 调查报告。

材料的收集和调查的方式方法是写作的前提，一定要准备充分。方式方法正确，材料事实丰富翔实，分析才有可能准确可靠。

市场调查报告一般包括标题、正文、署名三部分。

1. 标题

市场调查报告标题一般由调查单位、调查内容和文体名称等要素组成，如《××厂关于××牌电视机产销情况的市场调查》《××市居民家庭饮食消费状况调查报告》等。

2. 正文

正文包括开头、主体、结尾三部分。

（1）开头。又称前言，这一部分是对调查情况的简要说明。包括调查的原因、时间、对象（地区、范围）、经过、方法（是普查，还是随机抽查）等。其具体形式可以是：

说明式。即用说明的方式，对调查的时间、地点、对象、经过、方式进行简单介绍，使人对报告有一个总体印象。

议论式。提出调查的中心问题，并对该类问题的重要性以及问题的性质加以分析，以加深读者对该类问题的理解和重视。有关调查的时间、地点、对象、经过、方式暂不说明，而是随着后文内容的展开予以说明。

结论式。将调查分析得出的基本结论在前言中提出来，使读者获得对调查结论的本质性认识。

（2）主体。一般包括：①调查对象的基本情况。这部分可按时间顺序进行表述，有历史的情况，有现实的情况；也可按问题的性质归纳成几个类别加以表述。无论如何表述，都要求如实反映调查情况。其经济运行的具体情况，要有调查数字，其表述可用叙述与图表相结合的方式。②分析或预测。即通过分析研究所收集的资料，预测市场发展的趋势。市场调查报告虽然不以预测为重点，但很多报告的资料分析，都暗含对市场前景的判断。③建议或措施。这是这类报告的落脚点。根据分析或预测得出的结论，思考相应对策，既要有针对性，又要有可行性。

（3）结尾。这是全文的结束部分，或重申观点，或加深认识。这部分也可以省略。

3. 署名

为了对调查内容负责，通常在末尾右下方署调查单位名称或调查人员姓名，并注明完稿日期。如在报刊上公开发表，署名则在标题下方，一般省略完稿日期。

撰写市场调查报告要做到：有明确的调查目的；调查和搜集材料，要真实、准确和典型；讲究方法，体现科学性；防止以偏概全，得出片面结论；要讲究时效，及时发挥作用。

例文

中国 50 城市保险市场需求调查报告[①]

国务院发展研究中心市场经济研究所 陆刃波

商业保险已是我国城市居民家庭重要的理财和保障措施之一。我国保险市场巨大的消费潜力已经吸引众多国内外的保险公司的关注，特别是我国加入 WTO 后，随着外资保险企业的进入，我国保险市场消费环境、消费需求、保险公司资金规模、服务水平、行业监管乃至整个市场体系都将发生深刻变化。全面了解和把握目前我国保险市场的现状以及未来五年中国城市保险市场的消费需求规模、特征，建立规范的保险市场秩序，更好地促进我国保险业健康发展，已成为政府、研究机构、中外保险企业共同关注的问题。尽管近年来有一些商业调查机构对个别城市的保险市场进行一些不完整的调查统计，但一直没有任何研究机构实施过全国范围保险市场消费需求状况的全面量化研究。为此，国务院发展研究中心市场经济研究所与中国保险学会共同组织了“中国 50 个城市保险市场调研”课题研究。之所以选取 50 个城市作为调研目标，是因为城市保险市场是当前乃至今后相当长一个时期我国保险产品消费的主体市场。此外，根据我国加入 WTO 后在保险市场开放地域限制条款规定，中国入世时，允许外国保险公司在上海、广州、大连、深圳、佛山提供服务；中国“入世”后两年内，允许外资保险公司在北京、成都、重庆、福州、苏州、厦门、宁波、沈阳、武汉、天津提供服务；中国“入世”后 3 年内，取消地域限制。因此，调查这些最具发展潜力的城市居民家庭及其企业对保险产品的消费现状以及对保险产品的消费预期，就可以有效地把握我国保险市场的可拓展空间。目前，课题组的专家对调查城市的 22 182 个居民家庭的调查数据进行统计分析后指出，当前我国保险市场正处于培育发展阶段，基本呈现以下特征。

一、商业保险市场的家庭渗透率较低

当前我国城市居民保险消费主要构成是社会保险和商业保险两部分。社会保险由于开展历史较早，而且政府对企事业单位已有强制性政策措施，所以其消费规模远远高于商业保险。商业保险市场的规模主要取决于居民的收入、对保险知识的了解、保险公司对推出产品的

---

① 蔡文泉：《经济应用文写作教程》，清华大学出版社 2018 年版，第 115 页。

宣传力度等多种因素。统计数据显示，在我国城市市场，有46.5%的城市居民已拥有社会保险，仅有4.5%的居民购买了商业保险；有21.1%的居民既拥有了社会保险又购买了商业保险。此外尚有27.9%的居民没有购买任何保险产品。这说明目前我国保险市场的家庭渗透率较低，从个人商业人寿保险渗透角度看，我国城市个人商业人寿保险的渗透率更低，这表明我国城市商业保险市场具有相当大的可拓展空间。

课题组的专家认为，通过我国分城市对比家庭社会保险拥有率和商业保险购买率对照，就可以发现两者所形成的图形基本吻合，这说明两者具有一定的正相关关系。城市社会保险普及率较高，相对应的商业保险拥有率上升，反映出当前我国城市居民通过对社会保险认识的加深，会增加购买商业保险的信心。但是，由于我国各个地区经济发展水平差异性较大，因此在一些社会保险渗透率较低的东北、西北地区城市的居民家庭为了提高对各种风险的防范和出于投资需要而对商业保险产生了较大的需求。

课题组的专家通过对比保险消费者家庭收入与购买商业保险的关系，可以清晰地看出，月收入在2 000～20 000元的家庭，购买商业保险的比重随着收入的增加而呈上升趋势；而家庭月收入超过20 000元时，购买商业保险的比例明显下降，专家们认为，这是高收入家庭抵御各种风险的能力明显提高的缘故。

二、消费者对保险的认知有限

通过对实际调查的46个城市（有4个城市因故取消）22 182个居民家庭的调查表明，当前我国城市居民对保险、保险公司、保险产品的认知度较低。大多数居民对保险知识只有一般性的了解，只有6%的居民家庭认为自己对保险知识了解的较多，而36%的居民家庭表示自己对保险知识的了解甚少，甚至完全不了解。同样，被访者对保险公司的服务和所推出的保险产品了解程度也很低。

造成城市居民对保险知识关注程度低的主要原因是受传统思想的影响，认为当前我国社会稳定、自己的收入逐年提高，不需要保险；另一个原因是目前我国保险市场尚处在培育阶段，保险公司对保险产品知识的宣传力度不够。但相反也有39.2%的消费者认为随着我国经济体制改革，人们将面临工作、学习、就业、医疗等方面的种种压力和风险，因此需要通过保险来降低或转移所承受的风险。课题组的专家认为他们是现阶段中外保险公司的主要服务对象。

由于受多种社会及经济发展因素的影响，我国城市居民家庭在收入可投向的比较上，保险尚处于较次要的地位，统计数据显示，银行储蓄仍然是居民处置闲置资金最普遍的选择；其次是随着我国大中城市住房制度改革，城市居民的资金转向房产市场，选取购买商业保险的消费者只有9%。

三、消费者获取保险信息途径多样化

随着我国保险市场渐趋活跃和信息传播媒体的发达，广大保险消费者可以较方便地获取有关保险方面的各种知识。统计数据显示，当前报纸杂志是城市居民获取保险信息最主要的媒体；其次是通过亲戚朋友得到的保险方面的知识，此外，电视、广播也是重要的保险信息传播途径。近年来，各保险公司加大了保险宣传资料发布工作，这对消费者较为详尽地了解保险知识起到了重要的作用。除此之外，各保险公司的保险代理人上门讲解的作用也是显而易见的。至于各种形式的课堂讲授、网上咨询等传播形式尚待进一步发展。

那么当前保险消费者最迫切需要了解哪些方面的信息呢？统计数据显示，消费者最关注的首先是保险公司的信誉介绍，其次是保险公司推出的各种产品介绍，最后是保险公司服务内容的介绍以及各种有关保险公司规模实力方面的相关信息。对此，保险公司应密切结合自己的经营理念、产品种类，通过各种相关媒体的信息传递给自己的目标消费群体，可以预见到，今后随着中国保险市场竞争的加剧，对保险信息传播媒体的争夺也将成为必然趋势。

专家们认为尽管保险公司的保险代理人本身存在着许多未尽如人意之处，但是他们仍然是未来消费者购买保险产品的主要选择方式。他们最突出的优势是对所介绍的保险公司方面的知识较其他传播媒体详尽；另外他们具有上门服务的特点。这是其他媒体无法替代的。在已购买商业保险的被访者中、有41.5%的人接触过保险代理人，而且其中大部分是保险代理人主动上门拜访。对于保险代理人上门拜访这一新生事物大多数消费者认为能够接受，只有12.6%的消费者对此表示反感。

四、城市居民对保险的预期需求

我国保险市场的开发需要有一个渐进的过程，城市居民对保险尤其是商业保险的需求在短期内不可能得到相当大的提高，有相当一部分人对保险继续持观望和等待的态度。但是可以相信，随着近年来城市居民收入的提高，以及对保险知识的了解，其中许多人将会认识到保险的重要性，从而成为保险产品的消费者。在未来三年里，中国城市居民仍然将社会保险作为自己主要的保障手段。统计数据显示，有11.5%的被访问者表示在未来三年里肯定购买保险产品；表明可能购买保险产品的比例为38.4%，也就是说，在未来三年里有49.9%的城市居民在考虑购买保险产品。由于当前我国社会保险已具有相当的深度和广度，在消费者心目中已具有较强的信誉和可信任度，自然成为保险消费者购买的首选。因此有51.9%的预期消费者选择购买社会保险；有27.6%的预期消费者选择购买商业保险；而选择两者均买的预期消费者为20.5%。

如果将预期消费者细分，可以看出在未来三年里肯定购买保险的消费者较多倾向于购买社会保险；而表示可能购买者则对商业保险兴趣较大。

在未来三年里有购买商业保险预期的被访者中，有49%的消费者已经有过购买商业保险的经历，今后准备继续购买或增加购买其他的保险品种。可见近年商业保险已具有一定的市场深度，并在消费者心中已形成较稳定的影响力。

在预期消费者对保险产品的选择上可以看出，目前国内保险公司成熟的保险业务都具有广阔的市场前景。医疗、养老保险是未来三年里我国城市居民最希望购买的商业人寿保险产品。其预期购买率分别达到预期消费者总数的76%和50%。有37%的预期消费者选择了意外伤害保险。此外，机动车辆险、少儿类险也都具有较大的需求。但是一些个别险种消费者还较为生疏，如女性保险等。

在预期购买商业保险的消费者中对养老保险的预期购买率最高，达到了50%。表示不购买养老保险的消费者主要是有更好的资金投向，其次是有的人对自己生活具有较强自信，不用买保险，而对保险公司抱不信任态度的消费者占到了26.2%。

五、消费者对当前中资保险公司的满意度较低

在对拥有保险购买经历的城市居民对保险公司的满意度调查显示，绝大多数消费者对保险的购买过程和保险公司赔付的满意度较低。在购买过程中，有31%的消费者认为保险代理人过于纠缠，有26.2%的消费者认为保险代理人对合同条款的解释不清楚，专家分析认为，造成保险消费者这种不良印象的主要原因是保险公司对保险代理人的选择不够慎重，保险代理人素质不高，过于追求眼前利益，或是保险公司对保险代理人的业务培训不够充分，造成了对消费者的过度承诺，使一部分消费者感觉受到了欺骗。此外，保险代理人的过度流动、保险公司在保单确定方面的烦琐，也影响了消费者对保险公司销售过程的满意程度。

调查结果显示，消费者对目前各家保险公司产品销售过程的满意度较为接近，这反映出各家保险公司在销售手段上的雷同，缺乏创新意识。而消费者对保险公司的售后服务总体上看，满意度也同样较低，对保险公司售后服务表示满意或是非常满意的消费者只占消费者总数的37%。消费者对保险公司售后服务不满意之处主要集中在三个方面，即投保后保险代理人态度的变化；履行合同时保险公司与消费者理解的差异，以及保险公司处理赔付的态度和方式。

消费者普遍对当前保险公司赔付条款的满意度较低。他们认为保险公司所推出的赔付范围以及赔付费用上与自己的心理期望偏差较大，同时对保险公司在赔付过程中的态度和及时性也较为失望。专家认为，消费者对保险公司较低的满意率表明目前我国保险市场竞争程度较低，这就为保险行业新进入者，特别是外资保险公司的进入提供了市场机会。消费者对保险公司满意度的降低，是导致消费者退保的主要原因之一。调查显示，有8.9%的消费者有过退保行为。从地域上看、哈尔滨、北京、石家庄等城市的退保率较高，造成退保的原因是多方面的，从总体上看，保费高、保障低是造成退保的主要原因，其次是保险的回报率低。此外，有19.5%的保户退保的原因是感觉上当受骗。在有过赔付经历的消费者中，有31.3%的消费者认为保险公司在理赔和勘查工作上不太及时。相对而言，在当前几个较大的全国性保险公司中，消费者对中国人寿保险公司的售后服务满意度较高。

保险公司在今后的销售过程中，应不断创新，提高销售过程的满意度，提高保险产品销售的成功率。同时，如何提高保险销售过程和赔付过程的透明度，是保险公司进行市场竞争的焦点。

六、消费者对外资保险公司期望值较高

从总体上看，目前我国城市保险市场的竞争度还较低，特别是经营商业人寿保险的企业很少，大部分城市的商业人寿保险企业不到3家，经营范围也较窄，这必然会导致保险消费者对保险公司的认知降低。在所调研的46个城市中，当回答问卷中“你所知道的保险公司”时，有54.6%的被访者首先想到中国人寿保险公司，其次是中国平安保险公司，这两家保险公司成为我国保险市场品牌知名度最高和市场占有率最高的保险企业，是我国保险市场的主体。但是这两家保险公司在商业寿险的重度消费者（年保费支出超过5 000元）市场上的竞争能力有所降低。专家们认为这一市场将是外资保险公司重点争夺的市场。因此，如何有效地提高对重度消费者的吸引力，是摆在当前中国商业人寿保险市场的领先者面前的重要课题。

那么广大保险消费者是如何看待外资保险企业的呢？统计数据显示，目前我国消费者对外资保险公司的期望值较高，普遍认为它们在服务、人员素质、产品、赔付、资本规模、信誉等方面均优于中国保险公司，只是在购买方便性这一指标上的优势不大。

受这种因素的影响，目前外国保险公司在业务量上以及未来三年内消费者预期需求还不能超越国内保险公司。

课题组的专家认为，由于保险产品的特殊性，无论是外国保险企业还是中国保险企业都必然要受制于相同的经济环境、法律制度和资本运行规则，在同一个市场中的保险公司所推出的保险产品，服务理念虽然有所差异，但大体相同。消费者对外资保险公司的高评价，主要是建立在对原有保险公司较低满意度的基础上，这种较高的期望值是外资保险企业开拓中国保险市场的动力，但同时也是一种压力，和国内保险公司一样为取得竞争优势，都必须认真了解和把握中国保险市场的消费特征，制定自己的产品开发策略、渠道策略、服务策略。并根据市场反馈信息不断进行产品创新、服务创新和制度创断，这样才能提高企业的市场综合竞争力，在具有广阔发展前景的中国保险市场生存和发展。

3.3 合　　同

3.3.1 合同的含义和特点

《中华人民共和国合同法》（以下简称《合同法》），由中华人民共和国第九届全国人民代表大会第二次会议于 1999 年 3 月 15 日通过，以中华人民共和国主席第十五号令形式发布，从 1999 年 10 月 1 日起实施。其附则规定：《中华人民共和国经济合同法》《中华人民共和国涉外经济合同法》《中华人民共和国技术合同法》同时废止。

《合同法》规定："合同是平等主体的自然人、法人、其他组织之间设立、变更、终止民事权利义务关系的协议。"合同的本质就是当事人通过自由协商，决定其相互权利义务关系，并根据其意志调整他们相互间的关系，它具有如下法律特征：

（1）合同是一种民事法律行为。民事法律行为是一种最重要的法律事实，是民事主体（包括自然人、法人和其他组织）实施的能够引起民事权利和义务的产生、变更或终止的合法行为。只有在合同当事人作出的意思表示符合法律要求的情况下，合同才具有法律约束力，并受到国家法律的保护。

（2）合同的目的是为了设立、变更或终止债权债务关系。

（3）合同的内容须是两个以上当事人协商一致的协议。

（4）合同必须是当事人在平等、自愿的基础上订立。

除此之外，合同还具有全面、具体、准确等特点。

合同的订立和执行应遵循合同自由原则、公平正义原则和诚实信用等原则。《合同法》以平等主体之间的合意为出发点，它作为调整平等民事主体之间的交易关系的法律，规范合同的订立、合同的有效或无效，合同的履行、变更、解除、保全，违反合同的责任等问题，是民法的重要组成部分，它对于维护交易秩序、保障合同自由、维护合同正义、保护当事人利益、促进经济发展、规范市场行为至关重要。

3.3.2　合同的种类

《合同法》按照内容，把合同规定为 15 种，分别是：买卖合同，供用电、水、气、热力合同，赠与合同，借款合同，租赁合同，融资租赁合同，承揽合同，建设工程合同，运输合同，技术合同，保管合同，仓储合同，委托合同，行纪合同，居间合同。

按照形式，把合同规定为书面形式合同、口头形式合同和其他形式合同。有些合同，法律直接规定应采取某种特定形式，如不动产转让合同、涉外合同或标的数额较大的合同，除即时清结者外，法律均要求采用书面形式。这是因为这些合同所涉关系比较复杂，标的数额较大，对当事人的利益产生重大影响，一旦产生纠纷不易举证，所以法律将其强行规定为书面形式。口头形式，是指当事人只用语言为意思表示订立合同，而不用文字表达协议内容，这种形式简便易行，在日常生活中经常被采用，如集市上的现货交易、商店里的零售等，一般都采用口头形式。

书面形式是指合同书、信件以及数据电文（包括电报、电传、传真、电子数据交换和电子邮件）等可以有形地表现所载内容的形式，常见的有以下几种：

（1）文字叙述合同，当事人将双方商定的内容用文字叙述的方式记录下来，这是普通的书面形式合同。

（2）表格合同，它是当事人双方合意的内容及条件，主要体现为一定表格上的记载，能全面反映当事人权利义务的简易合同。表格合同及其附件、有关文书、通用条款，组成完整的合同。

（3）车票、保险单等合同凭证。这种凭证虽然不是合同本身，但它是借以确认双方权利义务的载体，表明当事人之间已存在合同关系，这在法律及有权机关制定的规章中已有明确规定。

（4）合同确认书。即通过信件、数据电文等方式签订合同，事后双方以书面形式据以确认的合同形式。它可以把分散的协议文件统一起来，使之更加具体明确，便于双方保管和履行。

（5）定式合同。又称格式合同、标准合同、定型化合同，是指合同的条款事先由一方当事人拟订好，在订立合同时，另一方当事人要么接受，要么不接受的合同。

我们主要介绍文字叙述合同的撰写方法。

3.3.3 合同的撰写

合同的成立要有以下几个先决条件：

一是必须具有双方或多方当事人。合同是平等主体的自然人、法人、其他组织之间设立、变更、终止民事权利和义务的协议，是当事人之间的合意，因此，合同必须有双方或多方当事人。只有一方当事人根本不可能成立合同。

二是当事人对合同内容协商一致，否则无法确定当事人的权利和义务。

三是合同的成立要经过要约和承诺两个阶段，要约是希望和他人订立合同的意思表示，承诺是指受要约人同意接受要约条件以缔结合同的意思表示。两项过程完成，合同才能成立。

合同的内容由当事人约定，一般包括以下条款：（1）当事人的名称或者姓名和住所；（2）标的；（3）数量；（4）质量；（5）价款或者报酬；（6）履行期限；（7）履行地点和方式；（8）违约责任；（9）解决争议的办法。

合同的撰写在结构上包括以下几个部分：

1. 标题

即合同的名称，用于提示合同的性质，如《买卖合同》《租赁合同》等。

2. 当事人名称

即签订合同的双方（或多方）当事人名称，要写全称。为了表述方便，可在当事人名称后面用括号注明“甲方”“乙方”“丙方”，或依据合同内容称“借方”“需方”，或“承租方”“出租方”，但不能称“我方”“你方”“他方”。

3. 正文

一般也要有开头、主体和结尾三部分。

开头，写明当事人双方签订合同的依据或目的。当事人双方签订合同的依据必须是《中华人民共和国合同法》及有关政策规定，目的也要明确，如：

> 根据《中华人民共和国合同法》《建筑安装工程承包合同条例》和××市有关规定，经双方协商一致，签订本合同。

这一内容体现合同经过了要约和承诺的过程，合乎法定程序，具有法律效力，是不可缺少的。然后可以用“主要条款如下”或“条文如下”，引出合同的具体内容。

主体，写明双方协商的主要条款。

（1）标的。是合同中权利和义务所指向的对象，是合同的中心内容，如买卖合同的标的是某种产品，建设工程的标的是工程项目。任何合同如果缺乏标的，它本身也就不存在了。标的必须具体明确，否则容易造成差错。

（2）数量和质量。是衡量标的的尺度，也是衡量当事人双方权利、义务大小的尺度。合同数量规定要准确、可靠，计量单位要明确，有些产品要规定合理的磅差和正负尾数，否则发生纠纷不易分清责任。质量是区别标的的具体特征，是检验标的的内在素质和外观形态优劣的标准。产品质量的技术要求，包括物理（或机械）性能、化学性能、使用特性、耗能指标、工艺要求、卫生和安全要求等，凡是有法定标准可依据的，要指出遵循的是哪级标准；没有法定标准可依据的，要明确双方协议的具体标准以及检验方法。合同中明确标准，对于检验和保证产品质量具有积极意义。

（3）价款或酬金。取得对方产品而支付的代价叫价款，获得对方的劳务或智力成果所支付的代价叫酬金。价款或酬金简称价金，是货币形式的交换条件，体现了商品交换关系的客观要求。当事人在订立合同时，必须明确规定标的的价金和计算标准。除法律另有规定的以外，必须用人民币计算支付；除国家允许使用现金履行义务以外，必须通过银行转账结算；在履行合同过程中，如果价格有变动，合同中也规定按国家统一调整的价格执行的，则按新价格执行，否则临时协商解决。

（4）履行的期限、地点和方式。明确期限有利于双方合理安排生产和工作，所以必须订得具体、明确，使双方分清责任，按时完成任务；履行的地点和方式包括包装要求、费用负担、交货方式、交货地点和运输负担等，都要写清楚。

（5）违约责任。又称罚责，是对不按合同规定履行义务的制裁措施，包括经济责任和法律责任，具有补偿性和制裁性的双重属性。

除了以上 5 种主要条款外，当事人双方协商一致的符合法律规范的其他内容也可写入合同。

结尾，注明合同的份数和保存。一般是双方各执一份，起凭证作用，有的双方当事人的上级主管部门各执一份，有的还需交鉴证机关一份，起到监督和保证作用。

如果有表格、图纸或实样，可以附在合同后面，在这里注明件数和名称。

4. 落款

（1）署名。写明合同双方的单位名称全称和代表姓名，并签名盖章。如果需要双方上级单位证明和鉴证机关审核意见，也要写明双方上级单位和鉴证机关名称并盖章。

（2）签订的日期。写在署名的右下方，也可以写在标题的下方。

订立合同是一项严肃的法律行为，为了完整周全地体现双方当事人的意愿，减少合同纠纷，合同的语言必须准确稳妥，表达周密详尽而无遗漏。

合同语言的特点

例文

房屋买卖合同

卖方（以下简称甲方）：×××
买方（以下简称乙方）：×××

甲、乙双方根据国家法律、法规之相关规定，在自愿、平等和诚实信用的原则下，经协商一致，订立本合同。

一、房产状况

甲方自愿出售位于×市×区×路×号×号楼×单元×室的房产给乙方，房屋所有权证书号：××字第××号；房屋所有权人为：×××；产别：私有房产；房屋建筑面积为：××平方米。（以上内容以《房屋所有权证》登记为准）。附属设施包含：无。房屋抵押租赁情况：无。

甲方保证和承诺此房产无任何权属等经济纠纷，并如实陈述房产权属状况、设备装饰情况及相关关系；乙方对甲方上述转让的房产具体状况已做充分了解，自愿购买甲方上述房产。

二、成交价格

甲乙双方经协商一致，同意本合同项下房产及其配套设施的总价款为：　人民币（大写）：××元整（小写￥××）。

三、付款方式

签订合同当日，乙方向甲方支付定金人民币（大写）××元整（小写￥××）。如乙方违约，甲方有权扣留定金；如甲方违约，乙方有权索回双倍定金。

甲乙双方办理房屋权属过户手续当日，乙方将房款人民币（大写）××元整（小写￥××）向甲方全部结清。

四、甲乙双方办理过户等手续所产生的相关税费由甲乙双方各自承担。

五、甲方负责在房屋交付日之前腾出该房屋并结清相关缴费。乙方负责在房屋交付日签订房屋交接书作为房屋转移占有的标志。自交付日起，房屋及其配套设施物品损坏或所发生费用由乙方自行承担。甲方在房屋交付日向乙方交付钥匙。

六、其他约定事项

1. 甲方声明系房屋所有权人并在房产交割之前将户口从该房产所在地迁走。如因甲方原因造成房屋不能过户，视为甲方违约。

2. 如因乙方原因造成房屋不能过户，视为乙方违约。

3. 约定过户时间为合同签署并结清定金××天之内。

七、争议解决方式：本合同在履行中如发生争议，由甲乙双方协商解决，协商不成的，双方同意提交××仲裁委员会仲裁。

八、本合同自双方签字之日起生效。本合同正本一式两份，甲乙双方各执一份。

甲　　方（签字）：	乙　　方（签字）：
身份证号码：	身份证号码：
联系电话：	联系电话：
共有人（签字）：	共有人（签字）：
委托代理人（签字）：	委托代理人（签字）：
身份证号码：	身份证号码：
年　月　日	年　月　日

3.4 审计报告

3.4.1 审计报告的含义和特点

审计报告是审计人员根据审计准则的规定，在执行审计工作的基础上，对财务报表发表审计意见的书面文件。它是审计工作的最终成果，具有法定证明效力。

其特点主要表现在：

（1）审计人员应当按照审计准则的规定执行审计工作。

（2）审计人员在实施审计工作的基础上才能出具审计报告。

（3）审计人员通过对财务报表发表意见履行业务约定书约定的责任。

（4）审计人员应当以书面形式出具审计报告。

3.4.2 审计报告的种类

按照不同的标准，审计报告可以分为不同的类型：

1. 按审计报告的使用目的，可分为公布目的的审计报告和非公布目的的审计报告

（1）公布目的的审计报告。是指审计人员依法对被审计单位的经济活动进行审计后出具的，对社会公众公布的审计报告。一般用于对企业股东、投资者、债权人等非特定利害关系人公布的附送财务报表的审计报告，如注册会计师审计报告。

（2）非公布目的的审计报告。是指审计人员依法对被审计单位进行审计后出具的，提供给特定使用者使用的审计报告。一般用于企业经营管理、合并或业务转让、融通资金等特定目的而实施审计的审计报告。特定使用者一般指经营者、合并或业务转让的关系人、提供信用的金融机构等。

2. 按审计报告的格式，可分为标准审计报告和非标准审计报告

（1）标准审计报告。是指注册会计师出具的无保留意见的审计报告，它不附加说明段、强调事项段、其他事项段或任何修饰性用语。

（2）非标准审计报告。是指带强调事项段或其他事项段的无保留意见的审计报告和非无保留意见的审计报告。非无保留意见的审计报告包括保留意见的审计报告、否定意见的审计报告和无法表示意见的审计报告。

3. 按审计报告的详略程度，可分为简式审计报告和详式审计报告

（1）简式审计报告。是指审计人员对应公布的财务报表进行审计后所编制的简明扼要的审计报告。篇幅短、内容概括，通常用于注册会计师实施的年度财务报表审计，一般适用于公布目的。

（2）详式审计报告。是指审计人员对审计对象所有重要的经济业务和情况都要做详细说明和分析的审计报告。内容丰富、详细，通常用于政府审计和内部审计，一般适用于非公布目的。

4. 按出具审计报告的主体，可分为政府审计报告、内部审计报告和注册会计师审计报告

（1）政府审计报告。是指政府审计机关出具的审计报告，具有很强的权威性和强制性，一般不对外公布，采用详式审计报告形式。

（2）内部审计报告。是指由部门或单位内部的审计机构出具的审计报告。

（3）注册会计师审计报告。是指会计师事务所出具的审计报告。其记载的事项为法规或审计准则所规定，格式和措辞基本统一，一般采用简式审计报告形式。

此外，审计报告还可按照内容和目的，分为财政财务审计报告、财经法纪审计报告、经济效益审计报告和验资报告；按照内容范围，分为综合审计报告和专项审计报告；按照审计工作性质和报告目的，分为通用目的审计报告和特殊目的审计报告；按审查的财务报表，分为年度审计报告、中期审计报告和清算查账审计报告等。

3.4.3　审计报告的撰写

以注册会计师审计报告为例，审计报告一般包括：标题，收件人，审计意见，形成审计意见的基础，管理层对财务报表的责任，注册会计师对财务报表审计的责任，会计师事务所的名称、地址及盖章，注册会计师的签名和盖章，审计报告日期。

1. 标题

审计报告的标题统一规范为“审计报告”。

2. 收件人

审计报告的收件人是指注册会计师按照业务约定书的要求致送审

计报告的对象，一般是指审计业务的委托人，通常为被审计单位的股东或治理层。审计报告应当载明收件人的全称，如“××股份有限公司全体股东”或“××有限责任公司董事会等”。

3. 审计意见

审计意见包括两部分内容。

第一部分指出已审财务报表，包括：（1）指出被审计单位的名称；（2）说明财务报表已经审计；（3）指出构成整套财务报表的每一财务报表的名称；（4）提及财务报表附注，包括重大会计政策和会计估计；（5）指明构成整套财务报表的每一财务报表的日期或涵盖的期间。

第二部分是注册会计师发表的审计意见，应当说明，财务报表是否在所有重大方面按照适用的财务报告编制基础（如企业会计准则）编制，公允反映了被审计单位的财务状况、经营成果和现金流量。

4. 形成审计意见的基础

紧随上述审计意见之后，提供关于审计意见形成的重要背景，包括：（1）说明注册会计师按照审计准则的规定执行了审计工作；（2）提及审计报告中用于描述审计准则规定的注册会计师责任的部分；（3）声明注册会计师按照与审计相关的职业道德要求独立于被审计单位，并履行了职业道德方面的其他责任；（4）说明注册会计师是否相信获取的审计证据是充分、适当的，为发表审计意见提供了基础。

5. 管理层对财务报表的责任

管理层对财务报表的责任这一部分，应当说明管理层负责下列方面：

（1）按照适用的财务报告编制基础的规定编制财务报表，使其实现公允反映，并设计、执行和维护必要的内部控制，以使财务报表不存在由于舞弊或错误导致的重大错报。

（2）评估被审计单位的持续经营能力和使用持续经营假设是否适当，并披露与持续经营相关的事项（如适用）。对管理层评估责任的说明应当包括描述在何种情况下使用持续经营假设是适当的。

6. 注册会计师对财务报表审计的责任

注册会计师对财务报表审计的责任部分，应当包括以下内容：

（1）说明注册会计师的目标是对财务报表整体是否不存在由于舞弊或错误导致的重大错报获取合理保证，并出具包含审计意见的审计报告。

（2）说明合理保证是高水平的保证，但并不能保证按照审计准则执行的审计在某一重大错报存在时总能被发现。

（3）说明错报可能是由于舞弊或错误导致。注册会计师应当从下列两种做法中选取一种：①描述如果合理预期错报单独或汇总起来可能影响财务报表使用者依据财务报表做出的经济决策，则通常认为错报是重大的；②根据适用的财务报告编制基础，提供关于重要性的定义或描述。

（4）说明在按照审计准则报告审计工作的过程中，注册会计师运用职业判断，并保持职业怀疑。

（5）通过说明注册会计师的责任，对审计工作进行描述。这些责任包括：①识别和评估由于舞弊或错误导致的财务报表重大错报风险，设计和实施审计程序以应对这些风险，并获取充分、适当的审计证据，作为发表审计意见的基础；②了解与审计相关的内部控制，以设计恰当的审计程序，但目的并非对内部控制的有效性发表意见；③评价管理层选用会计政策的恰当性和作出会计估计及相关披露的合理性；④对管理层使用持续经营假设的恰当性得出结论；⑤评价财务报表的总体列报、结构和内容（包括披露），并评价财务报表是否公允反映相关交易和事项。

（6）说明注册会计师与治理层就计划的审计范围、时间安排、重大审计发现和在审计中识别的值得关注的内部控制缺陷等事项进行了沟通。

（7）对于上市实体财务报表审计，还应当指出注册会计师就已遵守与独立性相关的职业道德要求向治理层提供声明，并与治理层沟通可能被合理认为影响注册会计师独立性的所有关系和其他事项，以及相关的防范措施（如适用），还包括决定按照相关规定沟通关键审计事项的其他情况。

7. 按照相关法律法规的要求报告的事项（如适用）

除审计准则规定的注册会计师对财务报表出具审计报告的责任外，相关法律法规可能对注册会计师设定了其他报告责任，注册会计师还可能被要求实施额外规定的程序并予以报告，或对特定事项（如会计账簿和记录的适当性）发表意见。在某些情况下，相关法律法规可能要求或允许注册会计师将对这些责任的报告作为对财务报表出具的审计报告的一部分。这些责任是注册会计师按照审计准则对财务报表出具审计报告的责任的补充。

如果注册会计师在对财务报表出具的审计报告中履行其他报告责任，应当在审计报告中将其单独作为一部分并以“按照相关法律法规的要求报告的事项”为标题，以便将其同“对财务报表出具的审计报告”以及注册会计师的财务报表报告责任明确区分。另一些情况下相关法律法规可能要求或允许注册会计师在单独出具的报告中进行报告。

8. 注册会计师的签名及盖章

审计报告应当由项目合伙人和另一名负责该项目的注册会计师签名和盖章。在审计报告中指明合伙人，有利于明确法律责任，增强审计报告的透明度。

9. 会计师事务所的名称、地址及盖章

根据《中华人民共和国注册会计师法》的规定，注册会计师承办业务，由其所在的会计师事务所统一受理并与委托人签订委托合同。因此，审计报告除了应由注册会计师签名和盖章外，还应载明会计师事务所的名称和地址，并加盖会计师事务所的公章。

10. 审计报告日期

审计报告应当注明报告日期。审计报告日期是指注册会计师完成审计工作的日期。审计报告日期不应早于注册会计师获取充分、适当的审计证据，并在此基础上对财务报表形成审计意见的日期。

在确定审计报告日期时，注册会计师应当确信已获取下列两方面的审计证据：

（1）构成整套财务报表的所有报表（包括相关附注）已编制完成；

（2）被审计单位的董事会、管理层或类似机构已经认可其对财务报表负责。

审计报告的日期非常重要，它是划分责任时段的关键。在实务中，注册会计师在正式签署审计报告前，通常把审计报告草稿和已审计财务报表草稿一同提交给管理层。如果管理层批准并签署已审计财务报表，注册会计师即可签署审计报告。注册会计师签署审计报告的日期通常与管理层签署已审计财务报表的日期为同一天，或晚于管理层签署已审计财务报表的日期。

例文：标准无保留意见审计报告格式

审计报告

ABC 股份有限公司全体股东：

一、审计意见

我们审计了 ABC 股份有限公司（以下简称“ABC 公司”）财务

报表，包括××××年12月31日的资产负债表，××××年度的利润表、现金流量表、股东权益变动表以及相关财务报表附注。

我们认为，后附的财务报表在所有重大方面按照企业会计准则的规定编制，公允反映了ABC公司××××年12月31日的财务状况以及××××年度的经营成果和现金流量。

二、形成审计意见的基础

我们按照中国注册会计师审计准则的规定执行了审计工作。审计报告的“注册会计师对财务报表审计的责任”部分进一步阐述了我们在这些准则下的责任。按照中国注册会计师职业道德守则，我们独立于ABC公司，并履行了职业道德方面的其他责任。我们相信，我们获取的审计证据是充分、适当的，为发表审计意见提供了基础。

三、关键审计事项

关键审计事项是我们根据职业判断，认为对本期财务报表审计最为重要的事项。这些事项是在对财务报表整体进行审计并形成意见的背景下进行处理的，我们不对这些事项提供单独的意见。

（一）事项描述

截至××××年12月31日，ABC公司资产负债表中列示了×万元的递延所得税资产。其中×万元递延所得税资产与可抵扣亏损相关。在确认与可抵扣亏损相关的递延所得税资产时，ABC公司管理层在很有可能有足够的应纳税利润来抵扣亏损的限度内，就所有未利用的税务亏损确认递延所得税资产。这就需要ABC公司管理层运用大量的判断来估计未来应纳税利润发生的时间和金额，结合纳税筹划策略，以决定确认的递延所得税资产的金额。评估递延所得税资产能否在未来期间得以实现需要管理层做出重大判断，并且管理层的估计和假设具有不确定性。

（二）实施的审计程序及结果

在审计相关税务事项时，我们的审计团队包含了税务专家。在税务专家的支持下，我们实施的审计程序主要包括：我们对ABC公司与税务事项相关的内部控制的设计与执行进行了评估；我们获取了与可抵扣亏损相关的所得税汇算清缴资料，并在税务专家的协助下复核了可抵扣亏损金额；我们获取了经管理层批准的相关子公司未来期间的财务预测，评估其编制是否符合行业总体趋势及各该子公司自身情况，是否考虑了特殊情况的影响，并对其可实现性进行了评估；我们复核了递延所得税资产的确认是否以未来期间很可能取得用来抵扣亏损的应纳税所得额为限。

四、其他信息

ABC公司管理层对其他信息负责。其他信息包括年度报告中除财务报表和本审计报告以外的信息。

我们对财务报表发表的审计意见不涵盖其他信息，我们也不对其他信息发表任何形式的鉴证结论。

结合我们对财务报表的审计，我们的责任是阅读其他信息，在此过程中，考虑其他信息是否与财务报表或我们在审计过程中了解到的情况存在重大不一致或者似乎存在重大错报。

基于我们已经针对审计报告日前获取的其他信息执行的工作，如果我们确定该其他信息存在重大错报，我们应当报告该事实。在这方面，我们无任何事项需要报告。

五、管理层和治理层对财务报表的责任

ABC公司管理层（以下简称“管理层”）负责按照企业会计准则的规定编制财务报表，使其实现公允反映，并涉及、执行和维护必要的内部控制，以使财务报表不存在由于舞弊或错误导致的重大错报。

在编制财务报表时，管理层负责评估ABC公司的持续经营能力，披露与持续经营相关的事项（如适用），并运用持续经营假设，除非计划清算ABC公司、停止运营或别无其他现实的选择。

治理层负责监督ABC公司的财务报告过程。

六、注册会计师对财务报表审计的责任

我们的目标是对财务报表整体是否不存在由于舞弊或错误导致的重大错报获取合理保证，并出具包含审计意见的审计报告。合理保证是高水平的保证，但并不能保证按照审计准则执行的审计在某一重大错报存在时总能发现。错报可能由于舞弊或错误导致，如果合理预期错报单独或汇总起来可能影响财务报表使用者依据财务报表做出的经济决策，则通常认为错报是重大的；

在按照审计准则执行审计的过程中，我们运用职业判断，保持了职业怀疑。同时，我们也执行了以下工作：

（1）识别和评估由于舞弊或错误导致的财务报表重大错报风险；对这些风险有针对性地设计和实施审计程序；获取充分、适当的审计证据，作为发表审计意见的基础。由于舞弊可能涉及串通、伪造、故意遗漏、虚假称述或凌驾于内部控制之上，未能发现由于舞弊导致的重大错报风险高于未能发现由于错误导致的重大错报的风险。

（2）了解与审计相关的内部控制，以设计恰当的审计程序，但目的并非对内部控制的有效性发表意见。

（3）评价管理层选用会计政策的恰当性和做出会计估计及相关

披露的合理性。

(4) 对管理层使用持续经营假设的恰当性得出结论。同时，根据获取的审计证据，就可能导致对 ABC 公司持续经营能力产生重大疑虑的事项或情况是否存在重大不确定性得出结论。如果我们得出结论认为存在重大不确定性，审计准则要求我们在审计报告中提请报表使用者注意财务报表中的相关披露；如果披露不充分，我们应当发表非无保留意见。我们的结论基于审计报告日可获得的信息。然而，未来的事项或情况可能导致 ABC 公司不能持续经营。

(5) 评价财务报表的总体列报、结构和内容（包括披露），并评价财务报表是否公允反映相关交易和事项。

我们与治理层就计划的审计范围、时间安排和重大审计发现（包括我们在审计中识别的值得关注的内部控制缺陷）等事项进行沟通。

我们还就遵守关于独立性的相关职业道德要求向治理层提供声明，并就可能被合理认为影响我们独立性的所有关系和其他事项，以及相关的防范措施（如适用）与治理层进行沟通。

从已与治理层沟通的事项中，我们确定哪些事项对本期财务报表审计最为重要，因而构成关键审计事项。我们在审计报告中描述这些事项，除非法律法规禁止公开披露这些事项，或在极其罕见的情形下，如果合理预期在审计报告中沟通某事项造成的负面后果超过在公众利益方面产生的益处，我们决定不应在审计报告中沟通该事项。

××会计师事务所 中国注册会计师（项目合伙人）：×××
（盖章） （签名并盖章）
中国注册会计师：×××
（签名并盖章）
中国××市 ××××年×月×日

3.5 纳税检查报告

3.5.1 纳税检查报告的含义和特点

纳税检查，又称税务检查或税务稽查，是指税务行政机关依据国家税法和其他相关法律规范，主要通过税务查账，对纳税人履行纳税义务的情况进行监督的一种税务行政执法活动。

纳税检查人员对被查纳税人的税收违法问题及其处理意见所作的书面报告，就是纳税检查报告。它是纳税检查实施环节的最后一项总结性工作，也是纳税检查审理的前提和作出处理决定的主要依据。

纳税检查报告具有总结性和针对性的特点：

（1）总结性。在检查的初期阶段，对查出的问题作出的原始记录和取得的其他证据比较零散，不能全面、系统地反映被查纳税人的违法事实。通过检查报告，把这些零散的原始记录和证据进行归类整理，把查出的问题依据有关税收法规条款作出分析，并正确计算出应补退的税款，有利于全面、系统、准确地反映检查的成果，具有总结性的特点。同时，通过检查报告，根据税收法规的有关规定，对查出的税收违法问题客观公正地提出综合性处理意见，也有利于审理部门和领导审理、审批及准确定案。

（2）针对性。纳税检查报告只针对在纳税检查中查出的纳税人的税收违法行为，反映纳税人在财务管理方面存在的问题，同时也在一定程度上反映了税收管理存在的问题，通过检查报告，将这些问题形成文字材料，并提出改进建议，有利于纳税人加强经营管理，提高经济效益，也有利于税收征管机关健全纳税资料，加强税源管理。经过税务检查，未发现问题的，一般不制作纳税检查报告，按照简易程序，由检查人员直接制作“税务处理决定书”报批即可。

3.5.2　纳税检查报告的撰写

纳税检查报告包括文字报告、税务检查底稿和其他证据材料三部分，其中文字报告是根据在纳税检查过程中记录的“税务检查底稿”和取得的其他证据材料编写的、反映检查过程和结果并提出处理意见的一种书面材料，是主体部分，后两部分一般作为文字报告的附件。这里着重介绍文字报告。

文字报告一般由标题、主送机关、正文、落款和附件等部分组成。

1. 标题

通常采用公文式标题，由被查单位名称、检查内容和文种组成，如《关于××厂税务检查的报告》《关于××企业纳税情况的检查报告》等，有的也只写《税务检查报告》。

2. 主送机关

一般是税务主管机关。

3. 正文

（1）前言，概括交代案件来源、检查目的、检查人员、检查范围、检查时间，这些内容往往有统一的表格，直接填写即可。然后交代被查单位的基本情况，包括单位名称、法人代表、经济性质、生产经营范围、经营规模、人员概况、主要经济指标完成情况、经济效益等。

（2）查出的主要问题，一般按问题的性质分为几类，分别说明违反了税法的哪些有关规定，应补缴数额等。这一部分要分条列项，笔笔算清。

（3）处理意见，对查出的各类问题，根据国家有关规定恰当定性，并提出处理意见。如："根据营业税、企业所得税、城市维护建设税、房产税、投资方向调节税暂行条例及其实施细则、教育费附加和《税收征管法》第四十条的有关规定，对该企业查出的以上纳税问题，均属于'在账簿上多列支出或者不列、少列收入，或者进行虚假的纳税申报的手段，不缴或者少缴应纳税款'的偷税行为，应追缴所偷税款。该企业所偷税额超过 10 000 元，但经计算未超过应纳税额的 10%；同时鉴于该企业在 1997 年曾经因偷税被税务机关处罚过一次，而在这次检查中企业能如实提供材料的情况，建议处以偷税额 2 倍的罚款，即 77 216 元（38 608 ×2）。并要求按规定调整账务。"

（4）结尾语，纳税检查报告的审批是纳税检查工作的重要环节，纳税检查报告虽然不是期复性文件，但必须经主管税务机关复核、审批后方能生效执行，所以文字报告的结尾一般用期请用语，如"以上报告，如无不妥，请批准执行。"

4. 落款

在正文右下方，签署检查人员姓名，标明完稿日期。

5. 附件

一是纳税检查底稿，这是在检查的实施阶段对查出的纳税违法问题随时进行记录的一种表格，是对违法问题定案的主要事实依据，也是编写文字报告的主要根据，主要包括：检查的账簿名称、凭证序号、记账时间、对应科目、问题摘要、金额等。

二是其他违法事实的有关资料、凭证、原始单据等，这些证据都是纳税检查定案、作出结论的重要依据。

例文

税务稽查报告

案件编号	×地税稽字99×	纳税人识别号	××××××××××××		
纳税人	空调机厂	经济类型	集体	法定代表人	董××
检查时间	××年度	检查人	赵××、王××		
检查类型	日常检查	检查实施时间	××年5月4~6日		

根据日常检查计划的安排，我检查组与国税局稽查局联合对空调机厂××年度的纳税情况进行了3天的检查。该厂为市属集体企业，××年度企业有职工500人，总资产4 000万元，申报的产品销售收入1 400万元，利润总额和应缴税所得额均为89 000元，适用所得税税率27%，应纳所得税24 030元，应纳各税税额56万元。

一、查出的问题

经过检查，对该企业在缴纳企业所得税、营业税、城建税、投资方向调节税及教育费附加方面共查出以下问题：

1. “其他应付款”账7月25日银收23号，将房屋出租收入记入往来账，违反了《中华人民共和国营业税暂行条例》第一条关于提供的应税劳务应纳营业税的规定，逃避了应纳的营业税及其附加税费；同时，违反了《房产税暂行条例》第三条关于房产出租的，以租金收入计征房产税的规定，逃避了应纳的房产税；违反了《企业所得税暂行条例》第一条、第三条、第四条、第五条有关租金收入应纳企业所得税的规定，逃避了企业所得税。

2. “原材料”账8月23日银付8号，将购进的基建用钢材记入材料账，核算了增值税进项税额，在少纳增值税的同时少纳了附加税费。该账10月25日转字号，将基建领用的钢材挤入管理费用中，违反了《企业所得税暂行条例》第七条关于资本性支出不得在税前扣除的规定，减少了应纳税所得额，少纳了企业所得税；同时违反了《固定资产投资方向调节税暂行条例》第二条等有关基建投资应纳税的规定，该项支出应缴未缴投资方向调节税。

3. “管理费用”和“产品销售费用”账两账合计，全年共列支业务招待费85 000元，超过了《企业所得税暂行条例实施细则》第十四条和《工业企业财务制度》第四十九条规定的，企业年销售净额在1 500万元以下的，业务招待费在不超过年销售净额5‰的据实列支的规定，多列支业务招待费15 000元（85 000 − 14 000 000 × 5‰），企业申报纳税时未调整应纳税所得额，少纳了所得税。

4. “产成品”账8月5日转字12号，将空调用作固定资产未核算应纳的增值税，在违反增值税有关规定的同时，也违反了《城市维护建设税暂行条例》第二条、第三条以及国家税务总局国税发［1994］051号文《关于城市维护建设税征收问题的通知》和《国务院关于教育费附加征收问题的紧急通知》中有关纳税人应依据实际缴纳的增值税等3税税额为依据，计算缴纳城市维护建设税和教育费附加的规定，应纳未纳附加税费；同时，违反了《企业所得税暂行条例实施细则》第五十五条关于纳税人在基本建设、专项工程等方面使用本企业的产品的，均应作收入处理的规定，未将转作固定资产的空调作收入处理，少缴了所得税。

5. “营业外收入”账9月6日银收21号，销售钢材下脚料计入营业外收入中，在少纳增值税的同时少纳了附加税费。

二、应补退的各种税费

1. 将房屋租金收入记入“其他应付款”账应补税费。

应补营业税 = 50 000 × 5% = 2 500（元）

应补城市维护建设税 = 2 500 × 7% = 175（元）

应补教育费附加2 500 × 3% = 75（元）

应补房产税 = 50 000 × 12% = 6 000（元）

按租金收入总额扣除以上应补的各种税费后调增应纳税所得额。

2. 将基建用钢材购进时核算进项税额，领用时挤入管理费用应补税费。（略）

3. 全年多列支业务招待费15 000元，应调增应纳税所得额。（略）

4. 将空调转作固定资产应补税费。（略）

5. 将钢材下脚料收入计营业外收入应补税费。（略）

6. 计算应补缴的所得税。（略）

7. 应补各种税费合计。（略）

三、处理意见

根据营业税、企业所得税、城市维护建设税、房产税、投资方向调节税暂行条例及其实施细则、教育费附加和《税收征管法》第四十条的有关规定，对该企业查出的以上纳税问题，均属于“在账簿上多列支出或者不列、少列收入，或者进行虚假的纳税申报的手段，不缴或者少缴应纳税款”的偷税行为，应追缴所偷税款。该企业所偷税额超过10 000元，但经计算未超过应纳税额的10%；同时鉴于该企业在1997年曾经因偷税被税务机关处罚过一次，而在这次检查中企业能如实提供材料的情况，建议处以偷税数额2倍的罚款，即77 216元（38 606×2）。并要求按规定调整账务。

以上报告当否，请予审理。

附：税务检查底稿

税务稽查调账事项表

××年×月×日

3.6 经济新闻

党的工作重点转移到经济建设上来以后，作为党和人民的舆论工具，经济报道已经成为新闻报道的重点和中心，它迅速反映经济领域中有价值、有意义的事实材料，让人们了解国内外经济发展的现状和趋势，指导自己的生产和经营管理，以取得较好的经济效益。经济报道涉及工业、农业、商业、金融、财税等经济建设和管理的各个方面，内容广泛；消息、通讯、时事评论都可采用，体裁多样。

3.6.1 经济新闻的含义和特点

经济新闻是对新近发生的经济活动或经济工作事实的简要报道。与一般新闻不同，经济新闻特指经济领域里的事实，不包括军事、科技、文艺、体育等其他社会内容，范围较集中；与一般经济信息不同，它必须具有新闻价值和特点。

新闻有广义和狭义之分。广义的新闻，是消息、通讯、特写、新闻评论等诸多新闻文体的总称。狭义的新闻，则专指“消息”。

经济新闻的特点：

（1）真实性。真实是新闻的生命，当然，真实也应该是经济新闻的本质属性。经济新闻的真实性体现在两个方面：一是所报道的事实必须完全符合客观实际，无论是时间、地点、人物、事件、结果，还是事情的过程、细节、数字、背景，都要准确，不能有任何形式和程度的虚构和想象。这与文学作品的经过加工处理的“艺术真实”有着本质的区别。二是作者对事物的分析和概括，也必须准确恰当，不能以偏概全，随意拔高或贬低。原中共中央宣传部部长陆定一曾说："新闻工作搞来搞去还是个真实问题。新闻学千头万绪，根本性的还是这个问题。有了这一条，就有信用了。有了信用，报纸就有人看了。"1923 年美国报纸编辑协会制定的《新闻工作准则》中也规定："诚实、真实、准确——忠诚于读者是一切新闻工作的名副其实的基础。"

（2）新颖性。有新意的内容才称得上是"新"闻，才会吸引人。这种新意体现在事实新、思想新。以前从未出现过的新事物、新情况、新成就、新动向报道出来，本身就具有新鲜感；以前出现过的事物，选择一个新的角度，反映时代的新精神，给人以新的启迪，也会使人耳目一新。要使写出的经济新闻有新意，其写作者必须有发现经济领域新情况的超强敏感和对经济发展总体情况的全面了解，要经常学习国家有关的经济政策，了解经济体制改革的战略部署，对当前经济活动的重点及主要经济部门的动态做到心中有数，还要对经济领域和经济部门的生产、技术、业务等充分熟悉，积极补充现代化科学技术知识，这样才能对经济领域出现的新动向作出及时的、有意义的反映，为人们提供准确而有价值的经济信息。

（3）时效性。人们总是对新近发生的事件最感兴趣，正如俗话所说的：先睹为快。因此，力求迅速及时地把新近发生、发现的事实报道出去，最大限度地缩减新闻事实的发生与报道出去这两者之间的时间距离，是新闻报道的重要特征，也是新闻存活及构成新闻价值的重要条件，一旦事过境迁，新闻便会成为旧闻，失去新闻的价值。经济活动的空前活跃，要求经济报道必须以高度的敏感，及时有效地捕捉最近、最新的经济动态，并迅速作出反应，这样才能把握经济发展的脉搏，指导、推动经济工作的开展。一般来说，一条新闻的发布离事实发生的时间越近，它所具有的新闻价值就越大，它所产生的社会效益和经济效益也就越大，尤其在当今社会，交通、电讯技术飞速发展，为提高新闻的时效性创造了有利条件。经济新闻在注重时效性的同时，也应注意选择适当的报道时机，有些内容在政策允许的情况下才能报道，所以，也不能一味图快。

（4）趣味性。俗话说，"隔行如隔山"，经济活动、经济门类本身十分复杂，经济部门的分工也越来越细，报道经济新闻如果不考虑读者的实际，过于注重技术性、业务性，将无法满足人们关注经济建设的需求。有经验的作者下笔总是善于抓住有特点的事实和细节，加上生动的叙述，恰当的描写，巧妙的修辞，把枯燥乏味的专业术语、统计数字，变得具体可感，通俗易懂，把思想性和可读性有机地结合起来，使经济新闻变得具有趣味性。这样，经济新闻才能起到既传播信息，又提高人们认识水平的作用。

3.6.2 经济新闻的分类

经济新闻可以从不同的角度，划分出不同的类别，常用的有以下几种：

1. 动态经济新闻

这是报刊中最常见的一种新闻类型，它及时报道国内外重大经济事件或某单位、某部门的某一经济事件以及社会生活经济领域中的新情况、新动向、新变化和新成就，具有形式短小，内容集中、新颖等特点，如《中央财政全面支持企业复工复产》，及时报道了2020年随着国内新冠肺炎疫情防控形势逐步好转，财政部在继续抓好疫情防控相关工作的同时，统筹推进疫情防控和经济社会发展的重点工作，多措并举全面支持企业复工复产的情况。再如《内地高铁和城际铁路实现电子客票全覆盖》，报道了内地高铁和城际铁路电子客票推广应用的相关信息。

2. 典型经济新闻

这种新闻用来报道经济建设中的新典型、新经验，用典型推动一般，具有很大的借鉴意义，如《山东激励金融机构支持小微》，介绍了近年来山东省财政积极发挥职能作用，完善政策，创新机制，着力化解中小微企业融资难题，促进实体经济发展的成功做法。

3. 综合经济新闻

这种新闻主要围绕一个主题，综合反映某地区、某系统、某时期带有全局性的经济情况或问题，反映面比较大，内容概括性比较强。如《经济日报》2019年12月9日报道的《提质增效保障民生》，分别从“就业形势保持稳定”“社会保障网愈织愈密”和“拓展养老服务体系新内涵”三个方面，详细报道了当年在经济下行压力加大、财政收入放缓的形势下，国家采取有力措施，保障和改善民生取得的累累硕果，彰显了党和国家发展为了人民、发展依靠人民的深厚的民生情怀，提振了人们对未来的信心。

4. 述评经济新闻

这种新闻是就某一经济问题进行评述，说明它的价值和意义，在写作形式上，一般夹叙夹议，在叙述事件的发生、发展的同时，对所报道的事实进行分析，发表意见和看法，对经济活动具有指导和监督作用，如《房地产市场调控向何处去——我国房地产市场调控问题述评》。

3.6.3　经济新闻的撰写

写让老百姓能够看懂的经济新闻

如前所述，狭义的“新闻”即指“消息”，消息是报刊上最常见的新闻文体，这里我们主要分析“消息”的写作方法。

1. 消息的结构

消息采写要“快速出击”“闻风而动”，在长期的写作实践中形成了自己独特的结构形式，常用的有以下几种：

（1）“倒金字塔式”结构。就是把最重要、最新鲜、最精彩的新闻事实放在最前面，把次要的内容放在稍后，按重要性递减的顺序安排材料，这种结构形式很像倒置的金字塔。这种结构起源于 19 世纪 60 年代美国南北战争时期，是一种传统的最常见的新闻结构形式。这种结构的好处是符合新闻的特点，把最重要的事实摆在第一段，可以避免一般事实掩盖重要事实。读了第一段，便知道了消息的主要内容，便于读者阅读，也便于编辑及时、有效地处理稿件。它的局限性是程序固定、单一，掌握不好，容易写得呆板、生硬，与标题、导语、主体重复。“倒金字塔”式结构多用于动态消息。

（2）“金字塔式”结构。这种结构是相对于“倒金字塔”式结构而言的，它不像“倒金字塔”式依据材料的重要性安排结构，而是依据事件发展的顺序来写。事件的开头，便是消息的开头，事件的结束，便是消息的结尾。直到最后，才把事情的结果、最重要的材料显示出来。就像讲故事一样，从头到尾娓娓道来，情节步步推进，把高潮安排在后面，这种形式与我国传统的小说类似，西方也称之为“编年体”。它在“倒金字塔”未产生之前，一直为世界各国的新闻写作者所采用。这种结构行文自然、流畅，不足之处是容易平铺直叙，缺乏起伏变化。

（3）“悬念式”结构。这种结构针对读者急于了解事实结果的心理，抓住事件发展的关键性环节，把读者一步一步引向事件的高潮。“悬念式”结构适合于那些故事性较强，以情节取胜的新闻。

除上述几种结构外，在报纸上还可以看到不少结构比较自由的消息。这些灵活多样、没有固定格式，但在总体上又符合新闻写作的要求，恪守新闻的真实性、实效性、客观性等原则的消息结构，可称为“自由式”结构。

2. 消息的要素

消息的构成要素一般包括：标题、导语、主体、背景材料和结尾等。

（1）标题。标题的制作极为重要，它是新闻最关键的部位，点睛之笔，俗话说："读书看皮，读报看题"，读者往往通过浏览标题来选定阅读对象，有的报纸还专设了"标题新闻"。一方面，标题要高度概括新闻事实，使读者一目了然；另一方面，要新颖、生动、醒目，最大限度地吸引读者的注意力。

新闻的标题有多行标题、双行标题和单行标题三种形式。多行标题是指三行以上的标题，其中最常见的是三行标题，由引题、正题、副题构成。引题在正题之上，也叫眉题或肩题；正题也叫主题或母题，是一则消息的本题；副题又叫子题或辅题，在正题之下。这种标题形式，信息含量丰富，宣传声势大，常用于报道重大的事件。在字体使用上，正题要大一些，引题、副题要相对小一些，以突出正题的地位。在作用上，引题交代新闻背景，介绍新闻发生的原因、意义，或烘托气氛，引出正题；正题是标题的主体部分，是对主要事实和思想的概括；副题对正题加以补充说明。新闻的标题根据需要，可以使用三行标题，也可以省去引题或副题，使用双行标题，还可以使用单行标题，只保留正题。如：

三行标题：

美联储主席格林斯潘认为（引题）

美国经济面临颠簸调整（正题）

纽约股市当日先涨闻讯后跌（副题）

双行标题：

又是一个丰收年（引题）

河南扛稳粮食安全责任（正题）

今日沂蒙好风光（正题）

——中央财政老区转移支付专项资金项目实施纪实（副题）

单行标题：

踢球的孩子为啥越来越少（正题）

拟制新闻标题，首先要注意虚实结合，所谓实，指标题包含实质性内容，用新闻事实命题；所谓虚，指不包含实质性内容，只是介绍背景、渲染气氛或点明意义。单行标题，都是一个相对完整的句子，必须是实题；双行或多行标题，一般虚实结合，可以正题为实，引题、副题为虚，也可以正题为虚，其余为实。其次要准确简洁，鲜明生动，在恰当概括消息基本内容的同时，注意采用多种修辞技巧，使引题、正题、副题形成一个完整的整体。

（2）导语。导语是新闻文体特有的一个概念，也是消息区别于其他新闻文体的一个显著特征。它是消息的开头，往往用一两句精炼的话，概括出最主要的事实或思想，它担负着揭示主题和吸引读者注意力的重任。可以概括事实，可以描写场景，可以提出问题，可以对比映衬，可以摆出结果，还可以作出评论，都要根据报道的主题和内容来确定，切忌平淡空洞，套话连篇。

导语一般包含五个要素，即：何时（When）、何地（Where）、何人（Who）、何事（What）、何故（Why），这五个要素英文单词的第一个字母都是“W”，所以习惯上被称为“五个W”，一般来说，新闻中具备了这“五个W”，基本事实也就交代周全了。有时还要加一个“H”，即怎样How。但并不是所有的导语都必须五、六要素俱全，可以根据实际写作的需要加以选择。

报纸上刊登的消息，在开首部分还要有消息头表明消息来源，如“本报讯”或“××社××地×月×日电”等。消息头在其他文体中是见不到的，属消息文体独有。紧接消息头之后的便是导语。

（3）主体，紧承导语，对导语提及的事实内容做具体的叙述与展开。这一部分的写作，要围绕主题，用一定的形式把事实材料组织起来，可以按照内容重要性递减的顺序展开，也可以按照事件发展的顺序展开，还可以按照事物内在的逻辑顺序安排层次。

（4）背景材料，这是对经济新闻事件发生的历史条件、现实环境和原因的说明，可以帮助读者更好地了解消息反映的内容。经济新闻的背景材料主要有三种，一是对比性材料，通过对经济现象历史与现实的比较，进一步突出新闻事实的意义，衬托深化主题；二是说明性材料，用于说明产生新闻事实的历史或现实原因、政治背景、地理环境、物质条件等，帮助读者全面、完整地掌握新闻事实，理解新闻事实产生的必然性；三是注释性材料，对文中所提到的专业术语、技术知识、产品特点性质做解释说明，帮助读者准确理解新闻内容。

背景材料在文中没有固定位置，多数把它放在主体部分，也可以放在导语或结尾，可以独立成段，也可以分散穿插，但要注意适度使用，不能喧宾夺主，要与新闻事实自然衔接，不可相互脱节，彼此游离。背景材料的交代也没有固定的要求，用与不用，用在何处，应根据内容的需要灵活掌握。

（5）结尾，一般比较简短，应紧扣消息主题和新闻事实顺势而成，不要画蛇添足。有些新闻事实在主体部分已写清楚，其意已明，就不必再硬加一个结尾。

例文 1

中央财政全面支持企业复工复产[①]

本报讯 记者董碧娟报道：随着国内新冠肺炎疫情防控形势逐步好转，财政部在继续抓好疫情防控相关工作的同时，统筹推进疫情防控和经济社会发展重点工作，多措并举全面支持企业复工复产。

比如，出台减税降费政策，包括对小微企业和个体工商户减免增值税、对防疫补助收入免征个人所得税等税费支持措施和一系列社保缴费减免政策，较大幅度减轻了企业负担。同时，出台财政贴息政策，为疫情防控重点保障企业专项贷款提供贴息支持，降低企业融资成本，助力企业稳产保供。

此外，还出台政府兜底采购收储政策，充分发挥中央政府储备作用，鼓励重点企业保质保量增加紧缺的重点医疗物资生产。在促进就业方面，通过加大失业保险稳岗返还力度、鼓励地方采取缓缴社保费等方式，有针对性地开展援企稳岗、扩大就业工作。

为帮助各地做好困难群众兜底保障工作，同时落实好国务院关于阶段性加大价格临时补贴力度的要求，财政部进一步加大对困难群众的保障力度。截至目前，中央财政累计下达困难群众救助补助资金 1 560 亿元，已超过去年的实际执行数，积极支持各地切实保障好困难群众的基本生活。

为支持地方切实做好保基本民生、保工资、保运转工作，中央财政及时下达转移支付资金。在去年四季度已提前下达转移支付资金 6.1 万亿元的基础上，今年以来预拨均衡性转移支付资金 700 亿元、县级基本财力保障机制奖补资金 406 亿元，增强地方财政经费保障能力，支持地方做好疫情防控和保基本民生、保工资、保运转工作。同时，下达部分中央基建投资、促进企业复工复产等方面的资金，促进经济社会平稳发展。

---

① 原载《经济日报》，2020 年 5 月 18 日。

例文2

山东激励金融机构支持小微①

□本报记者 管 斌

近年来，山东省财政积极发挥职能作用，完善政策、创新机制，着力化解中小微企业融资难题，促进实体经济发展。

推进政府性融资担保体系建设。今年2月，山东省财政出资10亿元作为首期注册资本，挂牌成立山东省投融资担保集团。集团公司定位于不以营利为目的、准公益性的政策性担保机构，以开展再担保分险业务为主，着力引导市县担保机构提高小微企业和“三农”主体的担保比重。9月，山东省发布省级再担保风险补偿资金管理暂行办法，设立1亿元省级再担保风险补偿资金，突出鼓励担保机构支小支农、降费让利。

积极设立应急转贷基金。今年，山东省省级安排2亿元，鼓励市县政府出资，吸引国有企业、社会资本等参与组建应急转贷基金。截至9月底，山东省级企业应急转贷基金共完成转贷业务606笔，实现转贷总规模73.7亿元，为资金周转暂时困难的民营企业和中小企业提供续贷服务。

创新“政银保”贷款保证保险业务。为缓解中小微企业融资难、融资贵的现状，2018年，山东省印发了“政银保”贷款保证保险补贴资金管理办法，进一步提高政策的针对性，对金融机构向购买保证保险的小微企业发放贷款出现的本金损失，由保险、财政、银行按照5∶3∶2比例承担，对保险费（3%）按照1.5%给予补贴，对保险公司超赔风险给予最低20%、最高50%的补偿。

此前，山东还设立了山东省小微企业贷款风险补偿资金，对金融机构向小微企业发放的流动资金贷款和技术改造类项目贷款，单户企业贷款余额不超过1 000万元，发放贷款确认为不良部分的，省级风险补偿资金给予合作金融机构贷款本金30%的损失补偿。截至2018年底，共拨付补偿资金1.1亿元。

在缓解融资贵的同时，山东财政还充分发挥职能部门的导向作用，激励创新。

实施自主知识产权企业培育“春笋行动”，不断强化知识产权金

---

① 原载《经济日报》，2019年12月5日。

融服务。进一步完善知识产权质押融资风险分担补偿机制，推广“知银保”知识产权质押融资新模式，对企业购买专利权质押保险的给予60%的保费补贴，对国家级知识产权示范企业购买专利权质押保险的给予80%的保费补贴。此外，继续实施知识产权质押融资贷款贴息补助政策，将知识产权质押融资贷款贴息补助范围，由小微企业扩大到中小微企业。

出台新产品保险补偿政策。2018 年以来，山东省财政按照“政府引导、市场运作、鼓励创新、防范风险”的原则，持续加大财政资金投入，建起了覆盖首台（套）装备及核心零部件、首批（次）新材料、首版软件等三类产品的保险补偿政策体系。2018 年以来，山东省已安排保险补偿资金 1. 29 亿元，争取中央资金 2. 27 亿元，累计投保保费金额 3. 56 亿元，投保产品总价值超过 150 亿元。

积极开展创业担保贷款贴息。对自主创业个人和吸纳就业困难人群达到一定比例的小微企业贷款进行担保和贴息。对还款积极、带动就业能力强、创业项目好的借款个人和小微企业，还款后可继续提供创业贷款担保和贴息。

3.7 经济论文

3. 7. 1 经济论文的含义

经济论文是经济学学术论文的简称，是运用经济学理论知识和专业知识，在分析、研究经济问题的基础上写成的表述研究成果的学术论文。经济论文是进行科学研究、介绍研究成果的工具，具有一定的学术水平和学术价值。经济论文对于提高人们的认识水平和实践能力，对于推进理论研究的深入和经济活动的开展，具有十分重要的作用。

3. 7. 2 经济论文的特点

1. 学术性

学术论文是学术研究成果的载体，是作者在某一专业领域中对某一课题进行潜心研究而获得的结果，具有很强的系统性和专业性。因此，学术性是经济论文的主要特点。没有学术性的论文，就不能称之为学术论文。正是由于这一点，经济论文就和偏重于说理、议论、评介的评论文章有了区别，也和有感而发、不求系统，只在某一点上谈感想、讲心得、说体会的普通文章不同。学术论文要求作者站在一定的理论高度，依托深厚的学识功力，对所研究的课题有全面系统的了解，熟悉学术界的研究动态，解决学术上有意义、有价值的问题。

2. 理论性

经济论文应具有一定的理论价值，揭示经济活动的客观规律。在写作过程中，作者需要对本质的东西加以剖析，对规律性的东西进行探讨。因此，经济论文作者不仅要对研究对象有全面的认识，还要善于深入思考，将自己的发现和认识提高到理论的高度。在论证过程中，作者要深入浅出，全面阐述自己的观点，运用概念、判断、推理等手段进行论证，使论文体现较强的理论色彩。理论性对于经济论文来说是非常重要的，它要求作者不仅对专业知识有良好的理论素养，而且要掌握相关的理论，具有较强的理论思维能力，并能在正确观点的指导下开展研究，进行写作。

3. 创新性

创新性是经济论文的核心。科学研究的意义在于发现和创新。对于经济学而言，没有发现和创新的研究，不仅对现实经济活动毫无益处，而且空耗时间、精力和财力。因此，创新是衡量一篇经济论文价值有无、影响大小的重要尺度。

经济论文的创新性体现在多个方面，或者选择的课题新，或者研究的方法新，或者展开的角度新，或者取得的成果新。任何科学研究都是建立在前人的研究基础之上的。作者要取得创新性的研究成果，必须站在学科前沿，了解最新的研究动态，选取合适的研究对象，经过扎实的研究，取得突破性的成果，提出富有创见性的观点和看法。有价值的经济论文往往能够体现作者的新发现、新创造、新见解，能在学术上取得新的突破。

3.7.3　经济论文的撰写

经济论文的撰写，包括选题、收集资料、分析研究资料、确立论点、拟订提纲、撰写成文等步骤。

1. 选题

所谓选题，就是确定一篇学术论文的主攻方向，也就是确定论文主要研究的问题或者主要解决的问题。选择研究的课题是写作经济论文的关键性一步。选题关系着研究工作的难易、成果的大小，关系着论文的价值，甚至关系到研究的成败。选题，往往能够反映作者的才智、眼光和学术识见。因此，选择一个好的研究课题是论文成功的一半。选题一般要遵循以下几条原则：

（1）选择有价值的课题。对于经济论文而言，有价值的课题就是关系国计民生及企业生产发展的问题，关系社会经济管理与发展的问题，以及关系经济理论发展的课题。

写作经济论文的最终目的是为了推动国家经济建设的发展，指导企业的经济管理活动。所以，选择关系国计民生的重大问题进行研究探讨，或者为某一企业单位的生产发展在理论上提供正确决策依据，是经济论文作者首先考虑的课题。例如《国有企业民营化的均衡模型》《中国城镇化水平和速度的实证分析与前景预测》《中国城镇居民劳动收入差距演变及其原因》《我国地区间公共事业发展成本差异评价研究》等，这些选题或关系到国家宏观经济发展，或关乎百姓民生利益，选题具有较高的价值。还有一类纯理论探讨的课题，虽然不能直接用于实际的生产和其他社会实践，但是对于解决经济理论上的疑难问题，完善经济理论体系，有着巨大的理论价值，这样的经济论文也有重要的科学价值。

（2）选择有新意的课题。科学研究永远处于开拓性状态之中，论文选题必须注重有新意、有特色，写出作者的真知灼见和独特创造，这样的论文才会取得新突破，具有创新性价值。有新意的选题可以是别人从未涉足的研究领域，填补学术上的空白；可以是边缘学科的研究或比较研究；也可以是学术领域内具有时代特点的新课题；还可以是从新的角度解决悬而未决的旧问题。如《中国经济发展中碳排放增长的驱动因素研究》《外商直接投资对区域经济的产出效应》《中国的资本外逃问题研究》《半强制分红政策的市场反应研究》等，这些选题关注的领域、切入的角度或研究的方法无疑具有一定的新意。

（3）选择难易适中的课题。选题的可行性原则，是指写作者必须从主观和客观两方面的条件来考虑课题实施的可行性。有些选题固然有理论价值，但是是否具有现实的可行性，还需要作者认真考虑。如果难度太大，超出了作者自身的能力与水平，或者目前尚不具备研究解决的条件，这样的选题就不可行。因此选题时应该考虑到主客观的实际情况，实事求是，量力而行。

选题是否可行，从客观上讲，应从资料条件、研究时间、实验设备、经费保障等方面进行分析。如果条件具备，研究工作就能顺利开展；如果条件不具备，即使选题很好，也难以完成。从主观方面来说，首先，要选择难度适当的课题，切忌好高骛远，脱离实际，又应经过努力可以完成；其次，要选择自己有浓厚兴趣的课题；最后，要选择能充分发挥自己业务专长的课题，扬长避短，力求取得论文的最佳效果。

2. 搜集资料

课题选定以后，还不能立即动笔写作，而是需要围绕课题搜集有关资料。搜集资料是开展学术研究、撰写学术论文最重要的一步。科学研究实质上就是从纷繁的资料中发现事物的内在规律，揭示资料蕴含的本质意义。在经济论文写作中，经济观点的提出，需要经济资料作依据；经济资料的数量和质量直接影响论文质量的高低；结论的推断需要建立在对全部资料的分析研究基础之上，论证观点需要资料的支撑。

搜集经济论文资料应注意的问题：

（1）通过经济资料的搜集，应准确、及时地掌握前人的研究成果，了解课题目前已达到的研究程度，确立自己研究的“起点”。

（2）收集与论文相关的数据资料。需要作者花费大量的精力和时间，通过调查有关研究对象和阅读有关图书情报资料获得相关数据资料。

（3）了解国家有关的经济政策、方针以及法律、法令。写作经济管理论文往往会涉及有关的经济政策，有时还会涉及国家法律，因此在搜集论文资料时，应注意这方面的材料。

3. 分析研究资料

搜集来的资料需要经过研读、鉴别、分析、综合等处理工作，才有可能成为对论文真正有用的资料，为经济论文写作提供可靠的资料保证。

研读既是对材料的鉴别、筛选，也是对材料的理解、思考。在经济论文中直接使用的资料，应该是经过研读、鉴别后精心挑选出来的。所以，在阅读文献资料过程中，要求对资料进行分析、比较、鉴别，力求去粗取精、去伪存真。

研读、鉴别材料的过程，也是对材料的意义和蕴含进行分析、综合的过程。分析和综合是一切科学研究的重要环节，也是写好学术论文的关键所在。分析，是一种基本的思维方法。运用这一方法可以在思维中把客观事物分解成各个部分、阶段、属性，区分出本质的和非本质的、偶然的和必然的各种因素，使我们的认识由直观性、表面性，深入事物的内部以及它的各个部分、要素中去，并找出它的本质方面，获得深刻的认识。对资料分析的过程，其实就是透过现象认识本质的过程。综合则是在分析的基础上，把对象的各个部分、各个方面、各个环节、各个因素联结起来，结合成一个统一整体进行考察的思维形式。综合是按对象各部分之间的有机联系从整体上把握事物，更深刻地揭示事物的本质。对资料的分析与综合是学术论文写作的主要思维方法。

4. 确立论文观点

论文观点，是作者研究成果的集中体现。它的产生，需要建立在前人研究的基础之上，建立在对所搜集资料的分析研究之上。

确立论文观点，要善于吸收前人的研究成果，了解前人已经取得的成就，在此基础上，应当考虑如何深化前人的研究，或纠正前人的谬误，或补充前人的遗漏，或开拓前人未涉足的领域；或标新立异，翻新旧说，等等。这是确立论文观点可以选取的几种思路。同时，还要有一种“问题意识”，结合对资料的分析研究，注意抓住矛盾，发现问题，深入寻找解决问题的办法，以求取得突破。一方面，需要通过对材料的系统分析，梳理出其中的条理、顺序，归纳出材料间共同的规律，得出独到的结论；另一方面，通过“去粗取精、去伪存真、由此及彼、由表及里”的过程，在抽象概括中高屋建瓴，确立自己的观点。

5. 撰写成文

（1）标题。标题是文章内容的集中体现，或揭示研究对象，或表明中心论点，或概括主要内容。一个好的标题，不但要生动醒目，吸引读者，而且要精练简洁，开门见山。作者应根据论文内容的特点和个人的写作习惯，拟订恰当的标题。

（2）绪论。亦称序言、引言、导言、前言，是论文的开头。学术论文的绪论或用以说明研究的动机、目的，或介绍研究的背景，或研究课题的价值与意义，或概述论文的中心内容。绪论主要是统领全文，为下文的展开创造条件。绪论一般要求语言简洁，开门见山。

（3）本论。本论是学术论文的主干部分。在这一部分中，要求作者有条有理、逻辑严密地论述课题研究的过程、方法和结论。从内容看，本论部分是在收集的资料的基础上，展开论证，提出观点。就内容的表现次序看，主要有两种结构形式。一种是按照作者对研究对象的认识发展过程，依次安排论文内容的层次。比如，针对某一经济现象，可以按照提出问题，分析问题与解决问题的自然顺序结构。另一种是将论文的总论点分解为若干个分论点的逻辑顺序结构。总论点居于统帅地位，分论点分别从不同角度、不同层面支持总论点。这一结构形式要求论文具有严密的逻辑性和明晰的条理性。总论点是论文的中心观点，是论文全部内容的集中指向。而分论点是从研究对象的不同侧面，不同层次或各个阶段进行分析。总论点是统帅，是焦点，分论点是基础，是前提。本论部分的写作要注意处理总论点与分论点之间，以及分论点与分论点之间的内在联系。根据各层次与主题的疏密关系以及层次间的逻辑关系，确定每个层次在论文中的地位和次序。与主题关系最紧密的层次，无疑是最重要的，占有主要地位。层次之间的关系若是并列关系，则次序先后灵活掌握；若是连锁式的层层深入关系，则次序先后不容颠倒。

（4）结尾。结尾是论文的总收束。它是本论部分的自然延伸，内容发展的必然结果。结尾应对本论分析、论证的问题，加以科学地总结，高度综合、概括出论文的结论。当然，有时论文会在结尾强调所论述问题的重要性，或有待进一步探讨和研究的地方。但是无论怎样，切忌使用号召式和余音式结尾，既不可拖泥带水，该收不收，也不能草率收尾，不了了之。

（5）附注。附注是学术论文的附加部分。附注的作用主要是注明引文出处，标注参考文献。加注的形式主要有尾注、脚注两种形式，作者可根据有关要求选择使用。但是，在同一篇论文中，加注的形式必须统一。

在对引文进行注释时，要根据引文的文献出处标注，以便读者核查。如引自专著，需要在作者之后，写明书名、出版社、出版年月、版本、引文所在页码。如引自期刊，需要写明原文作者、篇名、期刊名、年份、期号。

本章小结

财经专用文书具有很强的专业性，是财经类专业必须掌握的写作内容。选取其中比较有代表性的几种文体进行具体讲述，不仅使学生能够熟练掌握这几个文体，而且可以对自学其他文体起到一定的示范作用。

市场调查、经济新闻是报刊中常见的文体，结合教材的理论知识，多找些实例加以分析，根据实际工作需要多写多练，理论和实践结合，才能真正掌握它们的写法；合同、审计报告、纳税检查报告相对来说专业性更强，也要结合工作实际，有所侧重地学以致用；经济论文是运用所学的理论知识和专业知识，来分析、研究和解决实际经济问题的重要手段，是培养经济管理人员创造能力的重要途径，在现实工作中也有重要的实践意义。

思考与练习

一、简答题

1. 简述财经专用文书的含义和特点。
2. 什么是市场调查报告，它有什么特点？
3. 举例说明市场调查报告的撰写方法。
4. 什么是合同？它有哪些特征？
5. 合同有哪些种类？
6. 合同的主要内容有哪些？
7. 简述合同的结构。
8. 什么是审计报告？简述审计报告的特点。
9. 简述审计报告的内容和结构。
10. 什么是纳税检查报告？
11. 简述纳税检查报告的内容和结构。
12. 什么是经济新闻？经济新闻有什么特点？
13. 常见的经济新闻有哪些类型？
14. 简述经济新闻的结构形式。
15. 经济新闻的标题有哪些形式，试举例说明。

二、分析题

1. 以下合同用语是否妥当，请说明理由。

（1）上等材料。

（2）一流工艺。

（3）优质产品。

2. 某一中外合资项目合同中，外方用一条船作为投资，作价20万美元，在合同中仅写了“一条船”，无其他文字说明，当中方单位派人去接船时，一看是一条破旧不堪的船，根本无法开动，结果合同难以履行。问：在合同中怎样对这条船做些具体的说明，才不会导致问题产生？

3. 指出下面这份合同写作上存在的问题。

借款合同

为扶持和支持农村个体专业户发展商品生产，县政府委托专业户服务公司（为甲方），因××镇专业户王××同志（为乙方）申请建设养鸡项目的要求，经协商签订本合同共同遵守。

（1）甲方自2000年8月20日提供给乙方月息7.2‰的贷款5万元，乙方接受贷款后，保证用于该建设项目。

(2) 贷款期限为一年，即2001年8月20日终止。乙方必须在终止之前还清本利，逾期不还者，除按月息7.2‰计算全贷期的利息外，并按合同法处以罚款。

(3) 担保单位除负责该项贷款专款专用外，并保证按期还清本息，否则应承担经济责任。

(4) 本贷款由县建设银行，根据贷款有关规定予以监督支付使用。

(5) 本合同一经签字后，即具有法律效用，如有违约者，由鉴证机关按照合同法给予经济处罚。

本合同正本二份，甲、乙双方各执一份，副本六份，分别送县政府、建行、计委、商品粮基地办公室、担保单位、鉴证部门各一份。

甲方：李××（盖章）
乙方：王××（盖章）
鉴证机关：××县工商行政管理局（盖章）
担保单位：×××（盖章）

×年×月×日

三、写作题

1. 阅读所给材料，请按提供的思路，完成市场调查报告。材料如下：

A. 在调查中发现，现在青年人的消费结构有两个失衡之处：一是物质消费增长很快，精神消费则严重滞后；二是在精神消费中重娱乐消遣，轻读书学习。

B. 饮食日益注重营养。在“你对饮食最注重的是什么?”一问中，回答“讲究营养”的青年人数占40.4%，“方便省事”的占25.3%，“吃饱就行”的占23.4%。

C. 穿着注重“方便舒适”和“体现个性”。在“你对服饰穿着最注重的是什么?”一问中，回答“方便舒适”的青年人数占46.6%，“体现个性”的占30.5%，“款式新颖”的占16.5%，“讲究名牌时髦”的占6.4%。

D. 如今，青年人的消费观念正在发生变化，以往视“粗茶淡饭”“勤俭持家”为美德的观念淡化了。许多青年注重“吃要讲营养，穿要讲式样，玩要讲多样，用要讲高档”。关于对这个“四讲”问题的评价，认为“符合现代生活方式”的青年占42.5%，认为“不符合中国国情”的占21.3%，认为“助长好逸恶劳”的占

7.2%，认为“容易引入高消费误区”的占23.9%，回答“说不清”的占5.1%。这表明当今相当多青年的消费观念已经发生变化，有42.5%的人向往“四讲”的生活方式，但对“四讲”的生活方式持怀疑和否定态度的人数也多达52.4%。

E. 中国青少年研究中心联合北京、上海、广州、山东、辽宁、黑龙江等6个省市的青少年研究所和广西壮族自治区团校，最近在全国9个省、市、自治区对青年人的消费观念、消费现状与趋势、消费结构进行了大规模调查。

F. 住宅舒适被列为改善生活的主要目标。在对“你认为生活改善的主要目标是什么?”一问的回答中，多达55.9%的青年把“住宅舒适”列为改善生活的主要目标，其次才是“旅游”，占21.9%，“家用电器齐全”占16.1%。在被调查的青年人中，约有1/3的人想买房，但当前许多人却买不到房，有的则认为房价过高。

G. 据对9省、市、自治区的调查，青年中“基本不买书报”的人占被调查人数的12.6%，“偶尔买点”的人数占26.4%，把“购买书报列为每月固定支出项目”的却只有9.9%；家中基本没有藏书（存书在50册以下）的青年多达34%，而拥有100册以上的人仅占28%。这种情况令人忧虑。消费结构失衡，不利于青年一代健康成长。因此，结合加强爱国主义教育，鼓励和引导青年多读书、读好书，应当受到社会各界的关注。

H. 沿海地区青年人买大件消费品趋向高档化。据一些大城市及沿海经济发达地区的调查，青年高档消费的指向产品，依需求人数比例高低的排序是：立体声音响（46.8%）、空调（40.5%）、彩色电视（39.7%）、摩托车（37.6%）、电冰箱（31.5%）。(略)

关于当代青年消费问题的调查报告

调查的基本情况

材料________________

一、青年消费观念的变化

材料________________

二、青年的消费现状与趋势

材料________________

三、青年的消费结构失衡

材料________________

2. 请根据所给材料，代双方起草一份苹果买卖合同。

××贸易有限公司拟向××农场购买一批红富士苹果数量50吨，

等级一级（依农业部当前标准），并且个体重量在250克以上；单价：2.5元/千克。

双方约定：卖方应当在2019年8月28日前将苹果包装完毕并进行保鲜处理，标准为××，等待买方提货；买方应当在2019年9月1日前到××农场验收苹果，并将苹果运走，运费由买方承担；买方应当在合同签订之日向卖方交纳定金10 000元，在提货当天以现金方式支付价款50 000元，并在2019年9月10日前付清剩余货款。

双方还约定了违约责任和纠纷解决方式，违约情况包括：卖方未在2019年8月28日前将苹果包装完毕，卖方提供的苹果达不到农业部规定的一级标准或者保鲜和包装不符合以上规定的标准，买方不能在2019年9月1日前将苹果提走，买方在2019年9月10日前不支付剩余货款等。

附录

党政机关公文处理工作条例

第一章　总　　则

第一条　为了适应中国共产党机关和国家行政机关（以下简称党政机关）工作需要，推进党政机关公文处理工作科学化、制度化、规范化，制定本条例。

第二条　本条例适用于各级党政机关公文处理工作。

第三条　党政机关公文是党政机关实施领导、履行职能、处理公务的具有特定效力和规范体式的文书，是传达贯彻党和国家的方针政策，公布法规和规章，指导、布置和商洽工作，请示和答复问题，报告、通报和交流情况等的重要工具。

第四条　公文处理工作是指公文拟制、办理、管理等一系列相互关联、衔接有序的工作。

第五条　公文处理工作应当坚持实事求是、准确规范、精简高效、安全保密的原则。

第六条　各级党政机关应当高度重视公文处理工作，加强组织领导，强化队伍建设，设立文秘部门或者由专人负责公文处理工作。

第七条　各级党政机关办公厅（室）主管本机关的公文处理工作，并对下级机关的公文处理工作进行业务指导和督促检查。

第二章　公文种类

第八条　公文种类主要有：

（一）决议。适用于会议讨论通过的重大决策事项。

（二）决定。适用于对重要事项作出决策和部署、奖惩有关单位和人员、变更或者撤销下级机关不适当的决定事项。

（三）命令（令）。适用于公布行政法规和规章、宣布施行重大强制性措施、批准授予和晋升衔级、嘉奖有关单位和人员。

（四）公报。适用于公布重要决定或者重大事项。

（五）公告。适用于向国内外宣布重要事项或者法定事项。

（六）通告。适用于在一定范围内公布应当遵守或者周知的事项。

（七）意见。适用于对重要问题提出见解和处理办法。

（八）通知。适用于发布、传达要求下级机关执行和有关单位周知或者执行的事项，批转、转发公文。

（九）通报。适用于表彰先进、批评错误、传达重要精神和告知重要情况。

（十）报告。适用于向上级机关汇报工作、反映情况，回复上级机关的询问。

（十一）请示。适用于向上级机关请求指示、批准。

（十二）批复。适用于答复下级机关请示事项。

（十三）议案。适用于各级人民政府按照法律程序向同级人民代表大会或者人民代表大会常务委员会提请审议事项。

（十四）函。适用于不相隶属机关之间商洽工作、询问和答复问题、请求批准和答复审批事项。

（十五）纪要。适用于记载会议主要情况和议定事项。

第三章　公文格式

第九条　公文一般由份号、密级和保密期限、紧急程度、发文机关标志、发文字号、签发人、标题、主送机关、正文、附件说明、发文机关署名、成文日期、印章、附注、附件、抄送机关、印发机关和印发日期、页码等组成。

（一）份号。公文印制份数的顺序号。涉密公文应当标注份号。

（二）密级和保密期限。公文的秘密等级和保密的期限。涉密公文应当根据涉密程度分别标注“绝密”“机密”“秘密”和保密期限。

（三）紧急程度。公文送达和办理的时限要求。根据紧急程度，紧急公文应当分别标注“特急”“加急”，电报应当分别标注“特提”“特急”“加急”“平急”。

（四）发文机关标志。由发文机关全称或者规范化简称加“文件”二字组成，也可以使用发文机关全称或者规范化简称。联合行文时，发文机关标志可以并用联合发文机关名称，也可以单独用主办机关名称。

（五）发文字号。由发文机关代字、年份、发文顺序号组成。联合行文时，使用主办机关的发文字号。

（六）签发人。上行文应当标注签发人姓名。

（七）标题。由发文机关名称、事由和文种组成。

（八）主送机关。公文的主要受理机关，应当使用机关全称、规范化简称或者同类型机关统称。

（九）正文。公文的主体，用来表述公文的内容。

（十）附件说明。公文附件的顺序号和名称。

（十一）发文机关署名。署发文机关全称或者规范化简称。

（十二）成文日期。署会议通过或者发文机关负责人签发的日期。联合行文时，署最后签发机关负责人签发的日期。

（十三）印章。公文中有发文机关署名的，应当加盖发文机关印章，并与署名机关相符。有特定发文机关标志的普发性公文和电报可以不加盖印章。

（十四）附注。公文印发传达范围等需要说明的事项。

（十五）附件。公文正文的说明、补充或者参考资料。

（十六）抄送机关。除主送机关外需要执行或者知晓公文内容的其他机关，应当使用机关全称、规范化简称或者同类型机关统称。

（十七）印发机关和印发日期。公文的送印机关和送印日期。

（十八）页码。公文页数顺序号。

第十条　公文的版式按照《党政机关公文格式》国家标准执行。

第十一条　公文使用的汉字、数字、外文字符、计量单位和标点符号等，按照有关国家标准和规定执行。民族自治地方的公文，可以并用汉字和当地通用的少数民族文字。

第十二条　公文用纸幅面采用国际标准 A4 型。特殊形式的公文用纸幅面，根据实际需要确定。

第四章　行文规则

第十三条　行文应当确有必要，讲求实效，注重针对性和可操作性。

第十四条　行文关系根据隶属关系和职权范围确定。一般不得越级行文，特殊情况需要越级行文的，应当同时抄送被越过的机关。

第十五条　向上级机关行文，应当遵循以下规则：

（一）原则上主送一个上级机关，根据需要同时抄送相关上级机关和同级机关，不抄送下级机关。

（二）党委、政府的部门向上级主管部门请示、报告重大事项，应当经本级党委、政府同意或者授权；属于部门职权范围内的事项应当直接报送上级主管部门。

（三）下级机关的请示事项，如需以本机关名义向上级机关请示，应当提出倾向性意见后上报，不得原文转报上级机关。

（四）请示应当一文一事。不得在报告等非请示性公文中夹带请示事项。

（五）除上级机关负责人直接交办事项外，不得以本机关名义向上级机关负责人报送公文，不得以本机关负责人名义向上级机关报送公文。

（六）受双重领导的机关向一个上级机关行文，必要时抄送另一个上级机关。

第十六条　向下级机关行文，应当遵循以下规则：

（一）主送受理机关，根据需要抄送相关机关。重要行文应当同时抄送发文机关的直接上级机关。

（二）党委、政府的办公厅（室）根据本级党委、政府授权，可以向下级党委、政府行文，其他部门和单位不得向下级党委、政府发布指令性公文或者在公文中向下级党委、政府提出指令性要求。需经政府审批的具体事项，经政府同意后可以由政府职能部门行文，文中须注明已经政府同意。

（三）党委、政府的部门在各自职权范围内可以向下级党委、政府的相关部门行文。

（四）涉及多个部门职权范围内的事务，部门之间未协商一致的，不得向下行文；擅自行文的，上级机关应当责令其纠正或者撤销。

（五）上级机关向受双重领导的下级机关行文，必要时抄送该下级机关的另一个上级机关。

第十七条　同级党政机关、党政机关与其他同级机关必要时可以联合行文。属于党委、政府各自职权范围内的工作，不得联合行文。

党委、政府的部门依据职权可以相互行文。

部门内设机构除办公厅（室）外不得对外正式行文。

第五章　公文拟制

第十八条　公文拟制包括公文的起草、审核、签发等程序。

第十九条　公文起草应当做到：

（一）符合党的理论路线方针政策和国家法律法规，完整准确体现发文机关意图，并同现行有关公文相衔接。

（二）一切从实际出发，分析问题实事求是，所提政策措施和办法切实可行。

（三）内容简洁，主题突出，观点鲜明，结构严谨，表述准确，文字精练。

（四）文种正确，格式规范。

（五）深入调查研究，充分进行论证，广泛听取意见。

（六）公文涉及其他地区或者部门职权范围内的事项，起草单位必须征求相关地区或者部门意见，力求达成一致。

（七）机关负责人应当主持、指导重要公文起草工作。

第二十条　公文文稿签发前，应当由发文机关办公厅（室）进行审核。审核的重点是：

（一）行文理由是否充分，行文依据是否准确。

（二）内容是否符合党的理论路线方针政策和国家法律法规；是否完整准确体现发文机关意图；是否同现行有关公文相衔接；所提政策措施和办法是否切实可行。

（三）涉及有关地区或者部门职权范围内的事项是否经过充分协商并达成一致意见。

（四）文种是否正确，格式是否规范；人名、地名、时间、数字、段落顺序、引文等是否准确；文字、数字、计量单位和标点符号等用法是否规范。

（五）其他内容是否符合公文起草的有关要求。

需要发文机关审议的重要公文文稿，审议前由发文机关办公厅（室）进行初核。

第二十一条　经审核不宜发文的公文文稿，应当退回起草单位并说明理由；符合发文条件但内容需做进一步研究和修改的，由起草单位修改后重新报送。

第二十二条　公文应当经本机关负责人审批签发。重要公文和上行文由机关主要负责人签发。党委、政府的办公厅（室）根据党委、政府授权制发的公文，由受权机关主要负责人签发或者按照有关规定签发。签发人签发公文，应当签署意见、姓名和完整日期；圈阅或者签名的，视为同意。联合发文由所有联署机关的负责人会签。

第六章　公文办理

第二十三条　公文办理包括收文办理、发文办理和整理归档。

第二十四条　收文办理的主要程序是：

（一）签收。对收到的公文应当逐件清点，核对无误后签字或者盖章，并注明签收时间。

（二）登记。对公文的主要信息和办理情况应当详细记载。

（三）初审。对收到的公文应当进行初审。初审的重点是：是否应当由本机关办理，是否符合行文规则，文种、格式是否符合要求，涉及其他地区或者部门职权范围内的事项是否已经协商、会签，是否符合公文起草的其他要求。经初审不符合规定的公文，应当及时退回来文单位并说明理由。

（四）承办。阅知性公文应当根据公文内容、要求和工作需要确定范围后分送。批办性公文应当提出拟办意见报本机关负责人批示或者转有关部门办理；需要两个以上部门办理的，应当明确主办部门。紧急公文应当明确办理时限。承办部门对交办的公文应当及时办理，有明确办理时限要求的应当在规定时限内办理完毕。

（五）传阅。根据领导批示和工作需要将公文及时送传阅对象阅知或者批示。办理公文传阅应当随时掌握公文去向，不得漏传、误传、延误。

（六）催办。及时了解掌握公文的办理进展情况，督促承办部门按期办结。紧急公文或者重要公文应当由专人负责催办。

（七）答复。公文的办理结果应当及时答复来文单位，并根据需要告知相关单位。

第二十五条　发文办理主要程序是：

（一）复核。已经发文机关负责人签批的公文，印发前应当对公文的审批手续、内容、文种、格式等进行复核；需做实质性修改的，应当报原签批人复审。

（二）登记。对复核后的公文，应当确定发文字号、分送范围和印制份数并详细记载。

（三）印制。公文印制必须确保质量和时效。涉密公文应当在符合保密要求的场所印制。

（四）核发。公文印制完毕，应当对公文的文字、格式和印刷质量进行检查后分发。

第二十六条　涉密公文应当通过机要交通、邮政机要通信、城市机要文件交换站或者收发件机关机要收发人员进行传递，通过密码电报或者符合国家保密规定的计算机信息系统进行传输。

第二十七条　需要归档的公文及有关材料，应当根据有关档案法律法规以及机关档案管理规定，及时收集齐全、整理归档。两个以上机关联合办理的公文，原件由主办机关归档，相关机关保存复制件。机关负责人兼任其他机关职务的，在履行所兼职务过程中形成的公文，由其兼职机关归档。

第七章　公文管理

第二十八条　各级党政机关应当建立健全本机关公文管理制度，

确保管理严格规范，充分发挥公文效用。

第二十九条　党政机关公文由文秘部门或者专人统一管理。设立党委（党组）的县级以上单位应当建立机要保密室和机要阅文室，并按照有关保密规定配备工作人员和必要的安全保密设施设备。

第三十条　公文确定密级前，应当按照拟订的密级先行采取保密措施。确定密级后，应当按照所定密级严格管理。绝密级公文应当由专人管理。

公文的密级需要变更或者解除的，由原确定密级的机关或者其上级机关决定。

第三十一条　公文的印发传达范围应当按照发文机关的要求执行；需要变更的，应当经发文机关批准。

涉密公文公开发布前应当履行解密程序。公开发布的时间、形式和渠道，由发文机关确定。

经批准公开发布的公文，同发文机关正式印发的公文具有同等效力。

第三十二条　复制、汇编机密级、秘密级公文，应当符合有关规定并经本机关负责人批准。绝密级公文一般不得复制、汇编，确有工作需要的，应当经发文机关或者其上级机关批准。复制、汇编的公文视同原件管理。

复制件应当加盖复制机关戳记。翻印件应当注明翻印的机关名称、日期。汇编本的密级按照编入公文的最高密级标注。

第三十三条　公文的撤销和废止，由发文机关、上级机关或者权力机关根据职权范围和有关法律法规决定。公文被撤销的，视为自始无效；公文被废止的，视为自废止之日起失效。

第三十四条　涉密公文应当按照发文机关的要求和有关规定进行清退或者销毁。

第三十五条　不具备归档和保存价值的公文，经批准后可以销毁。销毁涉密公文必须严格按照有关规定履行审批登记手续，确保不丢失、不漏销。个人不得私自销毁、留存涉密公文。

第三十六条　机关合并时，全部公文应当随之合并管理；机关撤销时，需要归档的公文经整理后按照有关规定移交档案管理部门。

工作人员离岗离职时，所在机关应当督促其将暂存、借用的公文按照有关规定移交、清退。

第三十七条　新设立的机关应当向本级党委、政府的办公厅（室）提出发文立户申请。经审查符合条件的，列为发文单位，机关合并或者撤销时，相应进行调整。

第八章　附　　则

第三十八条　党政机关公文含电子公文。电子公文处理工作的具体办法另行制定。

第三十九条　法规、规章方面的公文，依照有关规定处理。外事方面的公文，依照外事主管部门的有关规定处理。

第四十条　其他机关和单位的公文处理工作，可以参照本条例执行。

第四十一条　本条例由中共中央办公厅、国务院办公厅负责解释。

第四十二条　本条例自 2012 年 7 月 1 日起施行。1996 年 5 月 3 日中共中央办公厅发布的《中国共产党机关公文处理条例》和 2000 年 8 月 24 日国务院发布的《国家行政机关公文处理办法》停止执行。

《党政机关公文格式》（GB/T 9704—2012）

《标点符号用法》（GB/T 15834—2011）

参考书目

蔡文泉：《经济应用文写作教程》（第二版），清华大学出版社2018年版。

包锦阳：《应用写作教程》，浙江大学出版社2017年版。

马琳：《应用文写作实训教程》，山东人民出版社2017年版。

胡伟、唐燕儿、温子勤：《应用文写作》，北京大学出版社2015年版。

吴伟凡、朱琳、张小乐：《大学经济应用文写作新教程》，首都经济贸易大学出版社2015年版。

辛华、李忠朋：《党政机关公文写作》，经济科学出版社2012年版。

葛树强：《应用文写作》，山东人民出版社2011年版。

邱飞廉：《职场应用写作》，中国人民大学出版社2011年版。

于成鲲、陈瑞端、秦扶一、金振邦：《公务与事务文书写作规范》，复旦大学出版2011年版。

刘锡庆：《基础写作学》，人民教育出版社2008年版。

谈青、郭建庆：《应用写作进阶》，上海人民出版社2008年版。

马建智：《中国古代文体分类研究》，中国社会科学出版社2008年版。

路德庆：《普通写作学教程》（修订二版），高等教育出版社2006年版。

孙秀秋、吴锡山：《应用写作教程》，中国人民大学出版社2006年版。

王涛、游磊、权小宏：《如何进行商务文书写作》，北京大学出版社2006年版。

马正平：《高等写作学引论》，中国人民大学出版社2003年版。

谢亦森：《大手笔是怎样炼成的》，长江文艺出版社2019年版。

董广安：《现代新闻写作》，郑州大学出版社2005年版。

叶圣陶：《怎样写作》，中华书局2007年版。

王光祖、杨荫浒：《写作》，华东师范大学出版社 1989 年版。
李昌远：《中国公文发展简史》，复旦大学出版社 2007 年版。
李冰、陈勇：《审计基础》，经济科学出版社 2020 年版。
杨明增、李美亭：《审计学》，经济科学出版社 2018 年版。